# 信息采集

侯延香 王霞 编著

**内容提要**

本书全面论述了信息采集的相关理论、方法和技术,包括信息采集的概念与类型、内容与程序、信息需求分析、信息源的筛选、主要采集方式与途径、信息采集的效率与质量等内容。本书内容完整、系统性强,注重理论与案例分析相结合,具有较强的可读性和可操作性。既可作为信息管理、情报学、图书馆学、企业管理等专业的教材,也可供广大政府及企事业单位信息管理工作者及其他对信息采集有兴趣的人士阅读参考。

**责任编辑:** 于晓菲

**图书在版编目(CIP)数据**

信息采集/侯延香,王霞编著.—北京:知识产权出版社,2011.9
ISBN 978-7-5130-0772-6

Ⅰ.①信⋯ Ⅱ.①侯⋯ ②王⋯ Ⅲ.①信息学 Ⅳ.①G201

中国版本图书馆 CIP 数据核字(2011)第 169323 号

**信息采集**

XIN XI CAI JI

侯延香 王霞 编著

出版发行:知识产权出版社

| | | | |
|---|---|---|---|
| 社　　址: | 北京市海淀区马甸南村1号 | 邮　　编: | 100088 |
| 网　　址: | http://www.ipph.cn | 邮　　箱: | bjb@cnipr.com |
| 发行电话: | 010-82000893 82000860 转 8101 | 传　　真: | 010-82000893 |
| 责编电话: | 010-82000860 转 8127 | 责编邮箱: | yuxiaofei@cnipr.com |
| 印　　刷: | 北京中献拓方科技发展有限公司 | 经　　销: | 新华书店及相关销售网点 |
| 开　　本: | 787×1092mm 1/16 | 印　　张: | 19.5 |
| 版　　次: | 2011 年 9 月第 1 版 | 印　　次: | 2011 年 9 月第 1 次印刷 |
| 字　　数: | 308 千字 | 定　　价: | 42.00 元 |

ISBN 978-7-5130-0772-6/G·432(3672)

**出版权专有　侵权必究**

如有印装质量问题,本社负责调换。

# 前　言

当今社会，信息已渗透进社会的每一个角落，其重要性已逐渐被人们所认识。正如美国前总统卡特所说："对于我们，信息就像阳光和氧气，它点燃创造智慧的火花，它照亮了通向未来的道路。"然而，随着网络和科技的发展，信息总量呈爆炸式增长趋势。品种繁多、形态多样、分布不均、良莠不齐的非结构化信息铺天盖地，给人们的信息采集和利用带来了困难，甚至可能遭遇"无用信息遍地皆是，有用信息芳踪难觅"的尴尬。因此，如何采用科学的方法，快速、及时、准确地采集到新颖可靠的信息，是人们密切关注的焦点。

信息采集是信息管理的首要环节，是管理利用信息的基础。然而，迄今为止，有关信息采集的理论著述散见于《信息资源管理》、《信息管理学》等著作中，直接论述信息采集理论的著述较少。1995年，孟雪梅老师主编的《信息采集》是目前可以查到的较为全面和专业的信息采集著述，但随着时代的发展，其中许多内容已经过时。2002年，张安珍教授出版了《信息采集、加工与服务》，较为专业地论述了信息采集的相关理论，但其中部分内容，尤其是网络信息采集部分已较为陈旧。2005年以来出版的《网络信息采集与应用》、《网络信息采集》、《网络商务信息采集》、《市场信息的收集与处理》等著作，或侧重于网络信息采集，或侧重于市场调查信息采集。因此，目前尚缺乏系统、新颖的信息采集理论著述。针对上述情况，本书力求在系统阐述信息采集理论的基础上，结合信息采集发展现状与趋势，打造一本内容丰富、理论系统、实践性强的信息采集著述。

本书全面系统地阐述了信息采集的相关理论，全书共分10章，第1章为信息采集概述，由侯延香撰写；第2章为信息采集的内容与程序，由王霞撰写；第3章为信息需求分析，由沈洪杰撰写；第4章为信息源的筛选，由周秀霞和丁莉撰写;第 5 章为信息采集的方式与途径,由梁宏撰写;第 6 章为基于因特网的信息采集,由卢文锋撰写;第 7 章为基于数据库检索的信息采集,由张立新撰写;第 8 章为基于社会调查的信息采集,由侯延香撰写;第 9 章为信息采集的效率与质量,由宗蕾、徐秀杰撰写;第 10 章为大学生与信息采集,由韩宇撰写。全书由侯延香拟定写作大纲,负责统稿;由侯延香和王霞负责稿件审核;最后由侯延香定稿。

本书的写作,得到了山东建筑大学管理学院领导的支持和教研室主任邓晓红教授的鼓励,在此表示衷心的感谢！在本书写作过程中,我们参考和借鉴了大量的中外文书刊和网站资料。借此机会,我们向这些参考文献作者表示诚挚的谢意。由于篇幅所限,我们未能一一列出所有参考文献,还有部分文献来自网络,无法列出作者的姓名,在此,我们对未能列出的参考文献作者表示深深的歉意和诚挚的谢意！感谢我的家人对我工作的支持,感谢我的博士导师王知津教授的谆谆教诲！感谢知识产权出版社于晓菲编辑的辛苦劳动！

由于信息采集是一个快速发展和不断更新的领域,加之编者的学识、水平和能力有限,缺点、疏漏和错误在所难免,恳请各位专家、学者和广大读者批评指正,以便在本书修订时加以补充、更正和完善。

侯延香<br>
2011 年 6 月

# 目 录

**第1章 信息采集概述** ····················································· 1
  1.1 信息的概念与特点 ················································ 1
    1.1.1 信息的概念 ··················································· 1
    1.1.2 信息的特点 ··················································· 2
  1.2 信息采集的概念与类型 ········································· 4
    1.2.1 信息采集的概念 ············································· 4
    1.2.2 信息采集的类型 ············································· 5
  1.3 信息采集的意义 ··················································· 12
    1.3.1 信息采集是运用信息的前提和基础 ················· 12
    1.3.2 信息采集是科技创新的重要支撑 ····················· 13
    1.3.3 信息采集是组织机构决策的信息保障 ············· 13
  1.4 信息采集的发展与趋势 ········································· 14
    1.4.1 信息采集的发展历程 ····································· 14
    1.4.2 信息采集的发展趋势 ····································· 16

**第2章 信息采集的内容与程序** ····································· 21
  2.1 信息采集的原则 ··················································· 21
    2.1.1 主动性原则 ··················································· 21
    2.1.2 针对性原则 ··················································· 21
    2.1.3 连续性原则 ··················································· 22
    2.1.4 经济性原则 ··················································· 22

  2.1.5 可靠性原则 ……………………………………………… 23
  2.1.6 系统性原则 ……………………………………………… 23
 2.2 信息采集的内容 ……………………………………………… 24
  2.2.1 科学技术信息 …………………………………………… 24
  2.2.2 经济贸易信息 …………………………………………… 25
  2.2.3 经营管理信息 …………………………………………… 27
  2.2.4 政治法律信息 …………………………………………… 28
  2.2.5 社会文化信息 …………………………………………… 28
 2.3 信息采集的范围 ……………………………………………… 29
  2.3.1 内容范围 ………………………………………………… 30
  2.3.2 时间范围 ………………………………………………… 30
  2.3.3 地域范围 ………………………………………………… 30
 2.4 信息采集的程序 ……………………………………………… 31
  2.4.1 分析信息需求 …………………………………………… 32
  2.4.2 设计采集方案 …………………………………………… 33
  2.4.3 实施信息采集 …………………………………………… 37
  2.4.4 加工采集信息 …………………………………………… 37
  2.4.5 提供采集结果 …………………………………………… 39

# 第 3 章 信息需求分析 …………………………………………… 41
 3.1 信息需求概述 ………………………………………………… 41
  3.1.1 信息需求的概念 ………………………………………… 41
  3.1.2 信息需求的特点 ………………………………………… 43
  3.1.3 信息需求的影响因素 …………………………………… 45
 3.2 信息需求的层次与类型 ……………………………………… 49
  3.2.1 信息需求的层次 ………………………………………… 49
  3.2.2 信息需求的类型 ………………………………………… 50
 3.3 信息需求的表达与分析 ……………………………………… 52
  3.3.1 信息需求的形成 ………………………………………… 52
  3.3.2 信息需求的表达 ………………………………………… 53

3.3.3　信息需求的分析 ……………………………………………… 56
　3.4　信息需求的规律 ………………………………………………………… 64
　　　3.4.1　需求分布律 ……………………………………………………… 64
　　　3.4.2　需求省力律 ……………………………………………………… 64
　　　3.4.3　需求变化律 ……………………………………………………… 65
　　　3.4.4　需求时限律 ……………………………………………………… 65
　　　3.4.5　需求分化律 ……………………………………………………… 66

# 第4章　信息源的筛选 …………………………………………………… 68
　4.1　信息源的概念与类型 …………………………………………………… 68
　　　4.1.1　信息源的概念 …………………………………………………… 68
　　　4.1.2　信息源的类型 …………………………………………………… 69
　4.2　常用信息源 ……………………………………………………………… 73
　　　4.2.1　常用内部信息源 ………………………………………………… 73
　　　4.2.2　常用外部信息源 ………………………………………………… 75
　4.3　信息源的评价 …………………………………………………………… 82
　　　4.3.1　直接评价法 ……………………………………………………… 83
　　　4.3.2　间接评价法 ……………………………………………………… 85
　4.4　信息源的选择 …………………………………………………………… 89
　　　4.4.1　信息源选择的目标 ……………………………………………… 89
　　　4.4.2　信息源选择的依据 ……………………………………………… 91
　　　4.4.3　信息源的选择策略 ……………………………………………… 95

# 第5章　信息采集的方式与途径 ……………………………………… 100
　5.1　信息采集的方式 ………………………………………………………… 100
　　　5.1.1　记录型信息采集方式 …………………………………………… 100
　　　5.1.2　实物型信息采集方式 …………………………………………… 103
　　　5.1.3　思维型信息采集方式 …………………………………………… 107
　5.2　信息采集的途径 ………………………………………………………… 109
　　　5.2.1　内部途径 ………………………………………………………… 109
　　　5.2.2　外部途径 ………………………………………………………… 110

## 5.3 信息采集的策略 …… 111
### 5.3.1 定向采集策略 …… 116
### 5.3.2 定题采集策略 …… 116
### 5.3.3 多向采集策略 …… 117
### 5.3.4 跟踪采集策略 …… 118
### 5.3.5 积累采集策略 …… 118
### 5.3.6 委托采集策略 …… 118
### 5.3.7 社交采集策略 …… 118
### 5.3.8 现场采集策略 …… 119

## 第6章 基于因特网的信息采集 …… 122
### 6.1 网络信息采集概述 …… 122
#### 6.1.1 网络信息资源的类型 …… 122
#### 6.1.2 网络信息采集的方式 …… 128
#### 6.1.3 网络信息采集的发展趋势 …… 132
### 6.2 网络信息采集技术 …… 134
#### 6.2.1 网页采集技术 …… 134
#### 6.2.2 文本挖掘技术 …… 136
#### 6.2.3 信息过滤技术 …… 138
#### 6.2.4 自动文摘技术 …… 140
### 6.3 网络信息采集工具 …… 142
#### 6.3.1 搜索引擎 …… 142
#### 6.3.2 邮件列表 …… 147
#### 6.3.3 新闻组 …… 150
#### 6.3.4 FTP …… 155
#### 6.3.5 RSS …… 158
### 6.4 网络信息采集软件 …… 161
#### 6.4.1 网络信息采集大师（NETGET） …… 162
#### 6.4.2 瞬速信息采集专家 …… 167

# 第7章 基于数据库检索的信息采集 173
## 7.1 信息资源数据库检索概述 173
### 7.1.1 信息资源数据库的概念与类型 173
### 7.1.2 信息资源数据库检索的基本程序 175
### 7.1.3 信息资源数据库的发展历程 179
## 7.2 常用中文数据库检索 180
### 7.2.1 CNKI 系列数据库 181
### 7.2.2 维普系列数据库 188
### 7.2.3 万方系列数据库 194
### 7.2.4 超星数字图书馆 198
### 7.2.5 馆藏书目数据库 202
## 7.3 常用外文数据库检索 207
### 7.3.1 EBSCO 数据库 207
### 7.3.2 Springerlink 数据库 211
### 7.3.3 Wiley 数据库 214
### 7.3.4 ProQuest 数据库 217
### 7.3.5 CSA 数据库 222

# 第8章 基于社会调查的信息采集 226
## 8.1 社会调查采集信息概述 226
### 8.1.1 社会调查采集信息的内容 227
### 8.1.2 社会调查采集信息的基本程序 228
## 8.2 社会调查采集信息的基本类型 232
### 8.2.1 普遍调查 232
### 8.2.2 抽样调查 235
### 8.2.3 典型调查 239
### 8.2.4 个案调查 241
## 8.3 社会调查采集信息的主要方法 243
### 8.3.1 问卷法 243
### 8.3.2 访谈法 246

    8.3.3 观察法 ·············· 250

  8.4 社会调查信息的加工处理 ·············· 252

    8.4.1 调查信息的整理 ·············· 253

    8.4.2 调查报告的撰写 ·············· 256

## 第9章 信息采集的效率与质量 ·············· 262

  9.1 信息采集的效率评价 ·············· 262

    9.1.1 采全率 ·············· 262

    9.1.2 采准率 ·············· 263

    9.1.3 费用率 ·············· 263

    9.1.4 劳动耗费率 ·············· 264

    9.1.5 其他指标 ·············· 264

  9.2 信息采集的质量评价 ·············· 264

    9.2.1 内容质量评价 ·············· 265

    9.2.2 表达质量评价 ·············· 268

    9.2.3 效用质量评价 ·············· 271

  9.3 信息采集的优化策略 ·············· 273

    9.3.1 推进采集过程的标准化管理 ·············· 273

    9.3.2 提高信息采集人员的素质 ·············· 274

    9.3.3 形成有效的信息采集保障环境 ·············· 275

## 第10章 大学生与信息采集 ·············· 279

  10.1 大学生信息需求的内容与特点 ·············· 279

    10.1.1 需求内容 ·············· 279

    10.1.2 需求特征 ·············· 280

  10.2 面向大学生的专题信息采集 ·············· 281

    10.2.1 课程信息采集 ·············· 281

    10.2.2 科研信息采集 ·············· 287

    10.2.3 考试信息采集 ·············· 288

    10.2.4 就业信息采集 ·············· 293

  10.3 大学生采集信息的管理 …………………………………… 297
    10.3.1 采集信息管理理念 ……………………………… 297
    10.3.2 采集信息管理工具 ……………………………… 297
**参考文献** ………………………………………………………………… 301

# 第 1 章　信息采集概述

**【本章提示】**

本章主要介绍信息采集的基本知识,包括信息的概念与特点及信息采集的概念、类型、意义、发展与趋势等。通过本章的学习,学生应当掌握信息采集的类型,理解信息采集的意义,了解信息的特点、信息采集的发展与趋势。

## 1.1　信息的概念与特点

### 1.1.1　信息的概念

随着科技的进步和互联网的发展,大多数人对"信息"一词已不再陌生。早在春秋战国时期,著名军事家孙武在《孙子兵法》中提出,"知彼知己者,百战不殆;不知彼而知己,一胜一负;不知彼,不知己,每战必殆",充分说明了信息的采集和利用在军事领域的重要作用。在信息时代,微软创始人比尔·盖茨(Bill. Gates)在《未来时速》中指出:"将您的公司和您的竞争对手区别开来的最有意义的方法,使您的公司领先于众多公司的最好方法,就是利用信息来干出色的工作。您怎样搜集、管理和使用信息将决定您的输赢。"更加体现了信息在竞争中的重要性。在日常生活中,信息也与我们息息相关:医生靠号脉、观察舌苔、询问等方式来采集病人的病情信息;母亲从婴儿的啼哭中,得到孩子饥饿的信息;到集市上走一遭,便收集了蔬菜的价格信息……可见,从古至今,从军事到企业竞争再到人们的日常工作生活,信息的影响已渗透到各个领域。

然而,对于什么是信息,目前还没有一个统一的定义。有人认为,信息是世界上事物存在方式和运动状态的反映,一切能够表示一定物理形式和物理量的代码、符号、声音、光亮、颜色等,都可以称为信息。还有人认为,只有那些能被人们发现、理解、接受,能对人们解决问题有用的事物表征,才能称为信息,即信息能消除人类认识中的"不确定性"。《辞海》中对"信息"的解释是:"信息是指对消息接受者来说,预先不知道的报道。"根据这种认识,那些对人们解决问题没有意义的、已被人们熟知的知识内容不能叫做信息。我们认为,信息有广义和狭义之分。广义上,信息是事物存在的方式和运动状态的表现形式,可用代码、文字、符号、声音、光、颜色等多种符号表达。狭义上,信息是为了特定目的而被人们发现、理解、传递、交流的事物表现形式。即:对其接受者来说是预先不知道的消息。广义的信息定义表明,信息是普遍存在的,在时间、资金、人力、设备等条件允许的情况下,应尽量拓展信息采集的范围,并注重对多媒体信息的采集利用。狭义的信息定义表明,信息是有针对性的,在时间、资金、人力、设备等条件有限的情况下,应明确信息采集的主次目的,并根据需求有目的有计划地开展信息采集。

### 1.1.2 信息的特点

与物质、能量等不同,信息有其独特的本质属性,其特点主要表现在以下几个方面:

**1. 时效性**

信息的时效性是指信息从产生、接收到利用的时间间隔与其价值存在一定的关系。这种比例关系在大多数情况下表现为一种正比例关系,即信息提供和利用的时间越早,信息的价值就越大;反之,就越小。如:股票市场上的交易信息瞬息万变,谁能及时掌握股票行情,谁就能获得直接的经济利益。当然,这种比例关系有时也表现为相反的情况,随着时间的推移,某些信息可能像陈年老酒一样不断增值,如基础理论的研究成果等。

**2. 传递性**

信息的传递性是指信息可以通过一定的传输工具和载体进行时间上和空间上的传递。人类之所以能够提供、接收和运用信息,就是因为信息具有可传递性。信息可通过多种渠道进行传递或交流。古代人类借助于声光、符号等载体传递信息。文字的发明和使用,突破了信息在时间和空间上传递的局限性,人类可以跨时代、跨地域地传递信息。纸张的发明,使信息的传递更加便捷。现代信息技术的应用扩大了人类传递信息的范围,提高了人类传递信息的速度。由计算机技术与现代通信技术相结合而形成的信息网络,高速度地处理、高密度地存储和远距离地传输信息,使信息传递发生了质的飞跃。

### 3. 依附性

信息的依附性是指信息的存储、传递和交流必须依附在一定的物质载体上。信息本身是看不见、摸不着的,它只能附着在某种载体上,并以一定形式表现出来,才能为人们所利用。一场激动人心的演讲,通过语言而催人泪下,借助声波而广为传递,利用磁带方可存储,而语言、声波和磁带只是信息载体,离开了这些物质载体,人们就无法采集利用信息。实际生活中,人们要运用语言、文字、图表、声像、实物等记载或反映信息,并要用纸张、胶卷、磁带、光盘等物体存储信息。人们要采集信息,首先要获得载有信息的载体,通过对载体的利用,才能解析出其中的信息内容。

### 4. 共享性

信息的共享性是指信息可由不同个体或群体在同一时间或不同时间共同享用。通常,物质的交换与转让,一方有所得,必使另一方有所失,而信息产品的使用价值可以同时被若干个用户所使用,任何一个用户不会因为信息资料的提供和传递而失去它。如:主持人为观众播报新闻,其掌握的信息不仅不会在播报中遗失,相反会在播报中得以巩固。英国文学家萧伯纳说过:"倘若你有一个苹果,我也有一个苹果,我们彼此交换苹果,那么,你和我仍然各有一个苹果;但是,倘若你有一种思想,我也有一种思想,我们彼此交换思想,那么,我们每个人将各有两种思想。"也充分说明了信息的可共享性。

### 5. 可伪性

信息的可伪性是指信息在其衍生过程中可能发生变化,产生虚假信息。在信息衍生过程中,由于信息失去了与源物质的直接联系以及人们在认知上的差异,对同一信息,不同的人可能会产生不同的理解,形成"认知伪信息",如:盲人摸象。由于传递过程中的失误,会产生"传递伪信息",如:计算机乱码。另外,也有人会出于某种目的,故意采用篡改、捏造、夸大、假冒等手段,制造"人为伪信息",如:虚假广告。人为伪信息会带来社会信息污染,具有极大的危害性,必须严加防范。

### 6. 效用性

信息的效用性是指使用信息能带来经济或社会效益。科学合理地应用信息会使信息增值。值得注意的是，信息的效用性是相对信息需求主体而言的，同一条信息对不同的用户，其价值不同。如：一份职称外语等级考试的通知对已是教授职称的教师没有多大价值，但对于正要申报高级职称的教师则是必备信息。

**案例 1-1  左撇子用品专营店**

日本人渡边曾经是个打工仔，被老板解雇的几次经历使他萌发了自己当老板的愿望。开始，他想在东京开家小商场，但经过调查了解后，知道东京的商场很多，竞争激烈，自己如再挤进去，没什么独特优势，很难生存。一天，他在一份报纸上看到：美国人中有 1/4、日本人中有 1/6、英国人中有 1/7 是左撇子。此信息令他忽生灵感：开一家左撇子产品专营店。因为当时众多厂家均以右手习惯来设计产品，几乎没有人考虑左撇子的习性和生活、工作需要。于是，他立即说服一些厂商专为他的商场设计、生产一些左撇子专用产品，如：汽车驾驶盘，网球、高尔夫球用具等，结果这些产品大受世界各地左撇子消费者的欢迎。不久，其左撇子用品专营店成为东京最有实力的大商场[①]。

## 1.2 信息采集的概念与类型

### 1.2.1 信息采集的概念

信息采集是根据用户的特定需求，通过各种途径对相关信息源进行科学地收集、检索、调查、采访、获取、鉴别、整理、分析，并最终形成所需有效信息的过程。信息采集实际上是一个泛指的概念。从使用的信息源来看，它囊括了文献、实物、口语、视觉资料等多种信息源；从适用的对象来看，各类决策人员、管理人员、研究开发人员、技术人员、统计人员、策划人员、调查人员、咨询人员、传播人员、政府工作人员等都要采集信息；从利用的工具和方法来看，它既包括利用专门的检索工具从序化信息中收集信息，也包括利用问卷、访谈等方法收集整理社会信息的过程，还包括利用扫描仪、读卡器等设备收集结构化信息。值

---

① 任洪润.市场信息的收集与处理.北京：电子工业出版社，2006.8：5.

得注意的是,信息采集不等于信息检索。信息采集包含信息查找、检索、访谈、调查、获取等多种内涵。而信息检索是仅根据特定的需求运用某种检索工具寻找序化信息的过程。

**案例 1-2　日本人对大庆油田的信息采集**

1959年9月25日,中国石油勘探队在东北松辽盆地找到了大庆油田,摘掉了中国贫油的帽子。当时,国家对大庆油田的位置和生产规模严格保密。然而当许多中国人(包括一些中上层国家干部)还不了解大庆时,日本却准确测知了大庆油田的所在位置和生产规模。日本人是怎样采集到这些重要信息的呢? 首先,他们从1960年《人民日报》关于"铁人"王进喜的报道中发现,油田在9月末就已寒气逼人,因而确定了油田所在的地理纬度;其次,1966年7月,《中国画报》上曾刊载王进喜头戴厚棉帽的照片,再结合运到北京的油灌车上剥离的黑土,得到油田位于零下三十摄氏度左右的东北地区。根据运原油的列车上灰尘的厚度,日本人还测算出了油田与北京的距离——油田应在哈尔滨与齐齐哈尔之间。另外,他们从1966年10月的《人民中国》杂志上看到,王进喜率井队到大庆,首先在马家窑车站下火车,利用地图,很快就测知了大庆油田的所在位置是在黑龙江省安达市车站附近。他们还从高空侦察照片上发现了大庆的储油罐,并根据照片上的人和油罐的比例关系,测算出1971年大庆石油年产量为1200万吨。日本人利用《人民日报》的报道、《人民中国》杂志的文章及实物黑土等信息源得到了他们想要的信息资料,并在实地调查的基础上,根据当地的气温、湿度等气候条件为大庆油田设计炼油设备,在相当长的一段时间内几乎垄断了我国的石油设备进口市场。

### 1.2.2　信息采集的类型

按照不同的标准,可以将信息采集划分为不同的类型。

**1. 按采集内容划分**

**(1)文献信息采集**

文献信息采集是指以文献作为采集对象,收集包含用户所需信息内容的文献。包括文献线索信息采集和文献文本信息采集。通常,可利用书目、索引、摘要及各类信息资源数据库等检索工具获取文献的线索信息,可通过购买、复制、检索、交换、接收、征集、申请等方式获取所需的文本信息。文献信息采集是最

信息采集

为常见的信息采集类型,对学生、科研工作者尤为重要。

[例1-1]2010年以来发表的网络团购的期刊论文有哪些?

\* 选用采集工具:CNKI中国学术期刊网络出版总库。

\* 确定采集方式:标准检索,检索词为"网络团购",检索条件为关键词。

\* 采集结果:通过检索汇总,得到如表1-1所示的期刊论文信息(注:此表仅摘录了33条检索结果中的10条信息)。

表1-1 2010年以来网络团购期刊论文信息表

| [1]费小燕.基于博弈论的网络团购研究[J].当代经济,2011(7). |
| [2]安慧子等.网络团购中的问题与对策[J].合作经济与科技,2011,(12). |
| [3]胡现玲.我国网络团购发展现状及存在的问题[J].经济师,2011,(5). |
| [4]林旭耀.基于Groupon网络团购模式的网络营销策略研究[J].中国商贸,2010,(26). |
| [5]江芸芸.对网络团购信任危机根源的研究[J].电子商务,2010,(12). |
| [6]王蒙.网络团购模式的创新[J].科技情报开发与经济,2010,(31). |
| [7]叶小珊.后危机时代团购市场分析[J].东方企业文化,2010,(14). |
| [8]何剑.网络团购运营模式初探[J].现代经济信息,2010,(24). |
| [9]徐梦园,庄伟.舶来团购——论团购的发展现状及问题[J].中国商贸,2010,(28). |
| [10]刘同山.网络团购的经济学分析[J].江苏商论,2011,(1). |

[说明]:根据题目要求和个人偏好,选用CNKI中国学术期刊网络出版总库(www.cnki.net)进行标准检索,并确定检索词为"网络团购",检索界面和检索结果分别如图1-1和图1-2所示。击图1-2右上方的"全选"后,击"存盘",即可得到如表1-1所示的论文信息。

图1-1 网络团购CNKI网络期刊总库检索界面

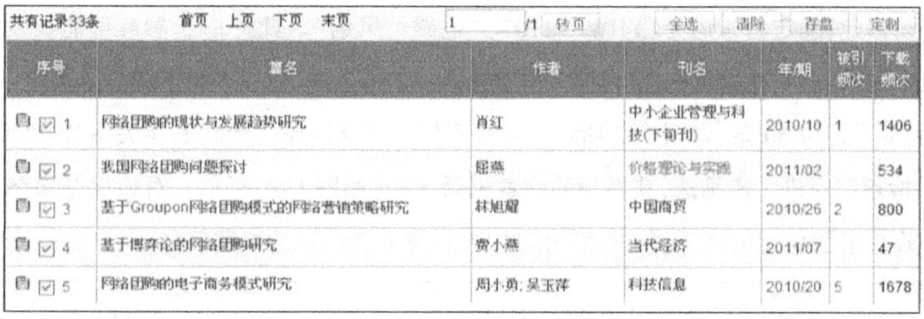
共有记录33条 首页 上页 下页 末页 1 /1 转页 全选 清除 存盘 定制

| 序号 | 篇名 | 作者 | 刊名 | 年/期 | 被引频次 | 下载频次 |
|---|---|---|---|---|---|---|
| 1 | 网络团购的现状与发展趋势研究 | 肖红 | 中小企业管理与科技(下旬刊) | 2010/10 | 1 | 1406 |
| 2 | 我国网络团购问题探讨 | 屈燕 | 价格理论与实践 | 2011/02 | | 534 |
| 3 | 基于Groupon网络团购模式的网络营销策略研究 | 林旭耀 | 中国商贸 | 2010/26 | 2 | 800 |
| 4 | 基于博弈论的网络团购研究 | 费小燕 | 当代经济 | 2011/07 | | 47 |
| 5 | 网络团购的电子商务模式研究 | 周小勇; 吴玉萍 | 科技信息 | 2010/20 | 5 | 1678 |

图 1-2 网络团购 CNKI 网络期刊总库检索结果界面

(2)数据信息采集

数据信息采集是指有关参数、数据、图表、公式、市场行情等信息的收集。通常,可以通过检索各种手册、年鉴、图谱、调查报告、统计数据库等获取经过评测、评价过的数据,也可以通过调查、实验、仪器观察等方式获得第一手数据资料。数据信息采集可以回答具体的问题,如:2009—2011 年管理科学与工程专业研究生复试的国家线是多少? 2011 年 1 月中国钢材出口数量是多少? 至 2010 年年底,滨州市建筑施工总承包企业有多少家? 2010 年拉手网的市场份额是多少?

**[例 1-2]利用搜索引擎采集 YHWF-110 型电磁炉风扇的技术参数。**

* 选用采集工具:综合性搜索引擎 google。

* 确定采集方式:基本检索,检索词为“YHWF-110 电磁炉风扇参数”。

* 采集结果:通过筛选,得到如表 1-2 所示的参数信息①。

**表 1-2 YHWF-110 型电磁炉风扇参数表**

| 型号 | 额定电压(V) | 工作电压(V) | 额定电流(A) | 额定转速(RPM) | 风量(CFM) | 风压($mmH_2O$) | 噪音(dBA) | 轴承 |
|---|---|---|---|---|---|---|---|---|
| YHWF-110L | 12 | 10.2~13.8 | 0.19 | 1800 | 73.32 | 2.25 | 34 | Sleeve |
| YHWF-110M | 18 | 16.2~19.8 | 0.21 | 2000 | 74.32 | 2.43 | 36 | Sleeve |
| YHWF-110H | 22 | 20.2~23.8 | 0.17 | 2000 | 74.32 | 2.43 | 36 | Sleeve |

[说明]:根据题目要求和个人偏好,选用综合性搜索引擎 google(www.google.com)。由于已提供具

① 无刷直流风扇. http://www.yuhong-micromotor.com/yh_c/productShow.asp? ArticleID=111. [2011-01-06]

**信息采集**

体的产品型号，因此，确定检索词为"YHWF-110"、"电磁炉风扇"。此外由于参数可能被表达为电器参数、技术参数等多种方式，故在此选用"参数"作为最后一个检索词，对三个检索词进行逻辑"与"检索，可快速找到相关检索记录60条，如图1-3所示。考虑到用户可能需要此产品的相关图片，因此选用"图文并茂"形式对检索记录进一步筛选，获得相关检索记录5条，如图1-4所示。对检索结果链接进行浏览筛选，可找到提供参数信息的网页，复制相关信息，得到表1-2所示的参数信息。

图1-3　YHWF—110电磁炉风扇参数相关检索记录1

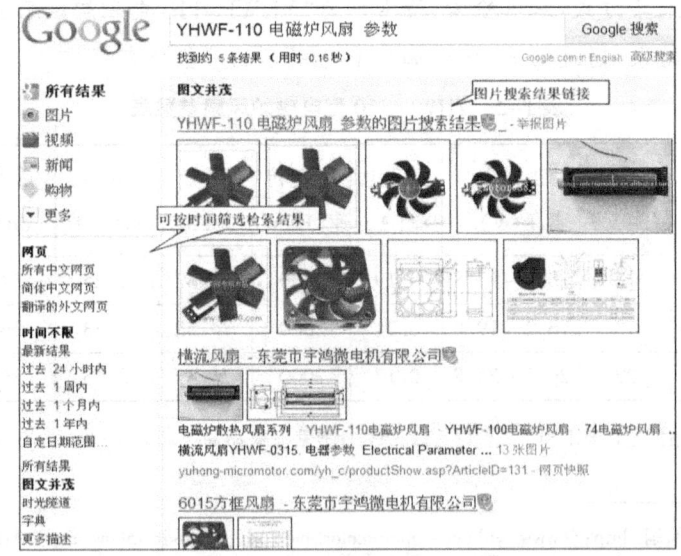

图1-4　YHWF—110电磁炉风扇参数相关检索记录2

(3) 事实信息采集

事实信息采集是指有关某一事物的特征、结构或某一事件发生的时间、地点或过程等事实信息的收集。通常，可以检索词典、百科全书、年鉴、名录、手册、指南型数据库等资料，也可以通过访谈、观察等方法获得事实信息。事实信息采集的结果是有关某一事物或事件的具体答案。如：2001年7月通过的奥运会申办城市的过程与结果怎样？2008年汶川地震具体是什么时间发生的？2011年日本核辐射事件产生的根源是什么？

[例1-3] 采集2008年上半年王石'捐款门'事件的相关信息

＊选用采集工具：元搜索引擎觅搜（www.metasoo.com）

＊确定采集方式：基本检索，检索词为"2008年王石捐款门事件时间表"

＊采集结果：通过筛选，得到如表1-3所示的事件时间表和相关专题网页，如：搜狐焦点房产网专题"王石的烦恼：未出捐款门又入辞职门"[①]、金融界股市人物第4期专题"王石引爆万科捐款门"[②]、"万科（捐款门）事件"[③]等。

表1-3 王石捐款门事件时间表

| 时间 | 事件演进历程 |
| --- | --- |
| 2008年5月12日 | 汶川地震当天万科捐款200万，网友质疑万科捐款数额太少 |
| 2008年5月15日 | 王石博客回应，认为"200万是个适当的数额"、"万科普通员工的捐款以10元为限"，遭众网友指责甚至漫骂 |
| 2008年5月21日 | 万科发布公告，宣布公司以1亿元资金参与四川地震灾区重建 |
| 2008年5月22日 | 王石就"捐款门"事件公开表示道歉 |
| 2008年5月23日 | 潘石屹发表博客为王石"辩护"，引发新一轮讨论 |
| 2008年6月05日 | 万科股东大会高票通过捐赠1亿元预案，王石再次无条件道歉 |

[说明]：根据可用资源和个人偏好，选用元搜索引擎觅搜，由于已知事件发生的大致时间、主人公和事件名称，因此，确定检索词为"2008年"、"王石"、"捐款门"，由于大部分事件发生历程会用事件时间表表示，故在此用"事件时间表"作为检索词，并对4个检索词进行逻辑"与"检索，以快速找到相

---

① 王石的烦恼. http://sz.focus.cn/ztdir/wangshijuankuanmen. [2009-06-09]
② 王石引爆万科捐款门. http://focus.jrj.com.cn/jkm.htm. [2009-06-09]
③ 万科"捐款门"事件. http://www.fdc001.cn/wangkan/200806.doc. [2009-06-09]

 信息采集

应的检索记录。考虑到网页专题的信息量比较大,因此,筛选后,主要选择了房产类杂志的专题网页信息。另外,还可以通过搜索引擎获得此方面的视频信息,如在百度搜索"王石捐款门"可找到相关视频 41 个。

**[例 1-4]** 采集山东省有自营进出口权的冰箱企业信息

\* 选用采集工具:万方数据的《中国企业、公司及产品数据库》

\* 确定采集方式:高级检索,检索表达式为"产品=冰箱"&"所在地区=山东"&"进出口权=YES",检索界面如图 1-5 所示。

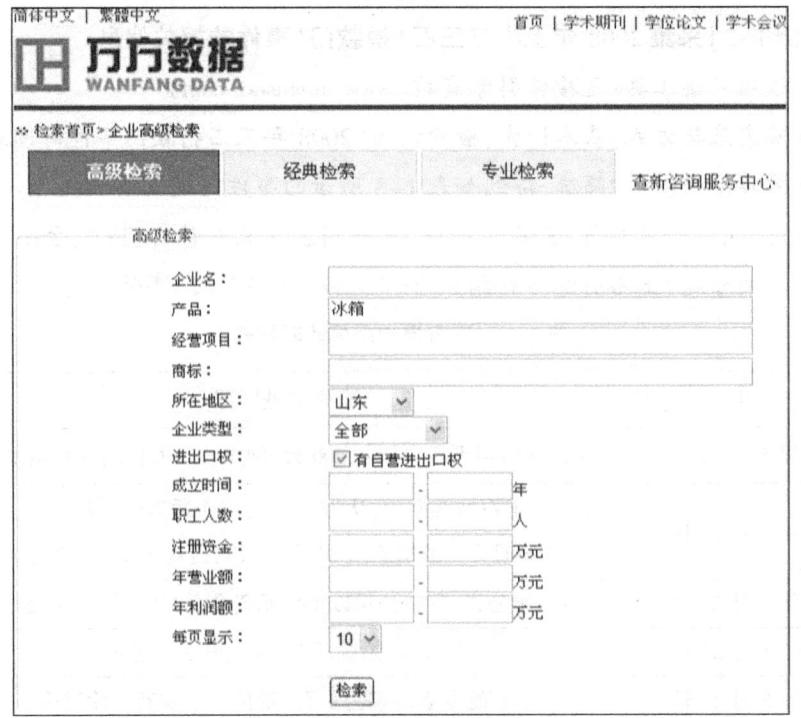

图 1-5 山东省有自营进出口权的冰箱企业检索结果

\* 采集结果:通过检索,得到如图 1-6 所示的检索结果,得知山东省有自营进出口权的冰箱生产企业有海尔集团和海信集团。若需要企业的具体信息,单击其公司名称链接即可。

[说明]:根据题目要求,可选择企业数据库或企业名录等工具进行相关信息的采集。本例采用的是万方数据库的《中国企业、公司及产品数据库》,可通过高校图书馆数字资源或购买万方数据检索阅读卡使用该数据库。

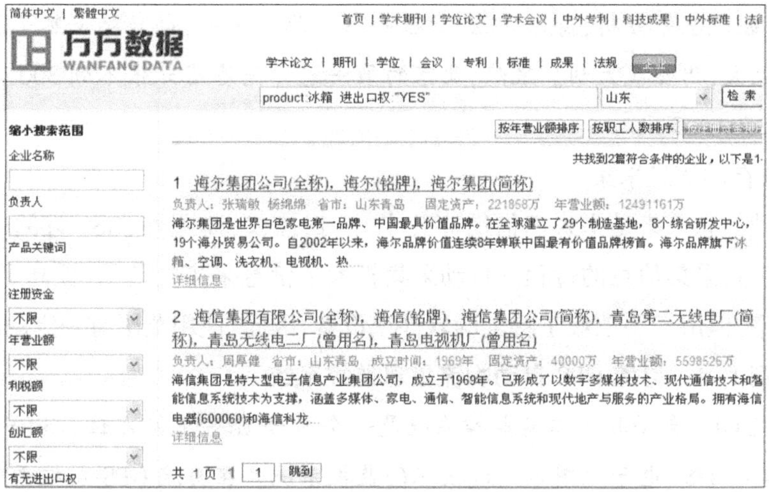

第1章　信息采集概述

图1-6　山东省有自营进出口权的冰箱企业检索界面

**2. 按采集手段划分**

**（1）人工信息采集**

人工信息采集是指人们利用目录、索引、数据库、调查问卷等采集工具采集所需信息内容的过程。人工信息采集具有方法灵活、适用范围广、便于控制采集信息的内容和范围等优点，但通常信息采集工作量较大，采集效率较低。未形成文献资料的信息内容，必须采用人工采集方式，如：调查用户对某新产品的质量反馈信息，了解某高校信息管理与信息系统专业学生2010年就业状况信息等。通常，可以通过调查、访谈、观察等人工采集方式获取一手信息资料。

**案例1-3　肯德基进入中国市场的信息采集**

肯德基炸鸡打入中国市场之前，公司派一位执行董事来中国考察市场。他来到北京街头，看到川流不息的人流，穿着都不怎么讲究，就报告说：炸鸡在中国有消费者，但无大利可图，因为中国消费水平低，想吃的多，但掏钱买的少。由于他没有具体进行相关信息的收集整理，仅凭直观感觉、经验做出预测，被总公司以不称职为由降职处分。接着公司又派了另一位执行董事前来考察。这位先生在北京的几个街道上用秒表测出人流量，然后请500位不同年龄、职业的人品尝炸鸡的样品，并详细询问他们对炸鸡的味道、价格、店面设计等方面的意见。另外，他还对北京的鸡源、油、面、盐、菜及北京的鸡饲料行业进行了详细

— 11 —

信息采集

的调查,经过总体分析,得出结论:肯德基打入北京市场,每只鸡虽然是微利,但消费群巨大,仍能赢大利。果然,北京的第一家肯德基店开张不到300天,就赢利高达250多万元①。

(2) 自动信息采集

自动信息采集是指人们借助穿孔卡片、扫描仪、监测器、RSS 订阅、计算机软件等工具采集信息的过程。自动采集扩大了信息采集的范围,提高了信息采集的效率,但由于要依赖于特定的软件或设备,因此,使用范围有一定的限制。

**案例 1-4　易流 GPS 自动物流信息监控系统**

易流 GPS 自动物流信息监控系统是一个融合 GPS 卫星定位、GPRS 移动通信、计算机网络、电子地图等先进技术的监控系统。在易流 GPS 监控平台上,管理者可以对车辆运输过程不限时间、不限地点地进行全程跟踪监控,再结合摄像技术,物流运输企业可以随时随地获得车辆在任何一个时刻的状态信息以及货物在货柜的状态信息。运输车辆安装了 GPS 以后,管理者只要联网登录易流 GPS 监控平台,就可以得到车辆当时的运行速度、位置、沿途道路状况、线路周边环境、车辆里程、车辆货柜门开启情况、车辆货柜内货物情况照片、车辆油耗情况等具体数据,从而实现车辆在物流运输中的运输过程状态信息"透明化"②。

## 1.3 信息采集的意义

### 1.3.1 信息采集是运用信息的前提和基础

从根本上说,信息、物质和能量是人类社会资源的三大支柱。作为资源,信息为人们提供无穷无尽的知识和智慧。信息采集是利用信息的基础,采集信息数量的多少,采集内容的全面与否,采集方法的科学与否,直接影响到信息采集的质量和效果,影响到信息利用的经济和社会效益。

**案例 1-5　韩国三星公司的吉他生意**

某日,韩国三星公司派驻洛杉矶的员工看到美国报纸刊登的一条消息:"由

---

① 任洪润. 市场信息的收集与处理. 北京:电子工业出版社,2006.8:2.
② 张景涛. 实现运输过程透明管理的方法. www.e6gps.com/transportTransparent/View_Details.aspx? Id=386.[2010-03-09]

于廉价的韩国产品的进口,美国最后一家吉他工厂将要关闭。"几分钟后,这条消息传到了首尔三星公司总部。吉他是美国独立和自由精神的象征,它的消失就像牛仔的消失一样,让美国人难以接受。信息分析专家认为,美国国会有可能对吉他进口采取限制,通过提高关税保护这一具有象征意义的产业。于是,三星总部打时间差,尽可能地抢先将更多的吉他运往美国,存入仓库。果如所料:不久,美国国会提高了吉他进口的关税,但三星备货在先,获利颇丰。

### 1.3.2 信息采集是科技创新的重要支撑

科学技术史表明,科技创新的重要前提是积累、继承和借鉴前人的成果。没有继承和借鉴,就不可能有提高和创新。在当前条件下,科学上的继承、借鉴、交流和综合主要是通过信息采集来实现的。任何一个科技创新项目,从选题立项、科学研究、产品研发到成果鉴定,每一步都离不开信息采集。只有充分掌握有关信息,才能避免重复,少走弯路,保证科技创新的高起点、高水平,获得预期效果。据统计,在科技信息传播过程中,80%的时间用来采集获取信息,20%的时间用来加工和产生新的信息[1]。因此,有效地采集所需科技信息,是每个科技工作人员的首要任务,也是组织机构开展科技创新的重要支撑。

**案例1-6 海尔公司研发能够洗土豆的洗衣机**

洗衣机问世以来,其功能一直被定格在洗衣服上,而从来都没有人想到要将其功能延伸到洗土豆、地瓜等物上。由于四川的农民喜欢用洗衣机洗土豆、地瓜等物,导致他们的洗衣机常常出故障。海尔公司得知这一信息后,马上组织人员进行技术攻关,解决洗衣机不能洗土豆、地瓜等物品的缺陷。不久,四川各地市场上都出现了贴有"主要供洗衣服、土豆、地瓜等物"标签的洗衣机。其实,洗衣机洗土豆、地瓜等物并不是什么难以攻克的科技难题。据报道,海尔公司攻克这个难题只用了几个月的时间,资金投入也不多[2]。

### 1.3.3 信息采集是组织机构决策的信息保障

科学的决策源于对信息资料的充分获取。管理者制定科学的管理决策,经营者确定合理的经营方针,商贸者制定恰当的谈判条款等,均离不开相关信息

---

① 张景元.信息存储与检索.北京:高等教育出版社,2004.11:3.
② 任洪润.市场信息的收集与处理.北京:电子工业出版社,2006.8:2.

的采集。经验表明,组织机构经营决策所需信息的 80% 可通过公开信息源采集。因此,及时、准确地采集决策相关信息,对组织机构至关重要。

**案例 1-7　长虹公司的聚苯乙烯采购**

海湾战争爆发前期,投资商纷纷撤离当地市场,由战争所导致的社会动荡成为扼杀市场的怪物。国内商人除了关注美伊的军事力量以外,对商业关注者寥寥无几。但长虹集团的老板倪瑞峰却从不停播放的战讯中看出了端倪。10 天后,伊拉克电台报道,由于战争即将爆发,石油及附属产品价格跌入谷底,聚苯乙烯的价格也不例外。于是,长虹集团董事会立即制订采购 500 万吨聚苯乙烯的计划,用做电视机外壳材料。后来,经过成功调运,长虹电视机外壳成本是国内同类产品成本的 45%,在利润分成中,长虹依靠这一商业信息而获得了 5000 万元的相对收益①。

## 1.4　信息采集的发展与趋势

### 1.4.1　信息采集的发展历程

信息采集是自有人类社会以来就有的社会活动。信息采集的发展,大体可分为以下几个阶段:

**1. 适应性信息采集阶段**

在适应性信息采集阶段,人们以个体为单位采集、积累和传递信息,采集信息的主要目的是适应个人生存发展的需要,采集的信息类型以自然信息、生活信息等为主,采集信息的方式主要为观察、交流、记录等。适应性信息采集起源于原始社会。此时,人类为了生存,必须同险恶的自然环境作斗争,他们必须竭尽全力去认识和捕捉与自己生存和发展有关的一切信息,如:观察野兽的行踪和地形地貌以便进行围捕,在寻找食物的过程中辨认各种野果等。人类以自己的感官接受自然信息,同自然界进行生存竞争,谋求人类的进步和发展,并在此过程中产生了语言。语言成为人类相互交流信息的第一载体,也使人们能收集获得更多的信息。随着个体信息的处理器官——大脑的日趋发达,人类又创造

---

① 情报比导弹还重要. http://www.cn99.com/cgi-bin/getmsg/body? listname = cklccd&id = 41.
[2009-08-05]

了文字。文字是人类历史上出现的第二信息载体,它使信息可以进行跨时空的传递和交换。但是,此阶段的信息采集基本上是以手抄、口传等个体方式进行。因此,个体性是适应性信息采集阶段的基本特征。

**2. 主动性信息采集阶段**

随着社会的发展,人类采集信息的活动从简单的适应性行为变成了有目的、主动的社会活动。主动性信息采集内容主要以军事、政治、历史、文化等信息为主,采集方式除了观察、交流、记录外,还增添了官方征集、间谍采集、查阅图书资料等方式。信息采集工具也不再局限于人的感觉器官,还增添了指南针、天文望远镜等多种采集工具。总体来看,主动性信息采集活动首先出现在政治军事领域。据《汉书·食货志》记载,西周天子为了解下情,由国家出资请孤寡老人收集民间表达"怨恨"的民歌,上报官府,"乡移于邑,邑移于国,国以闻于天子。故王者不出牖户,尽知天下所苦,不下堂而知四方"。该记载说明,通过行政系统来采集信息的制度,早在西周时代就已经形成[①],并逐代延续发展。唐代刘晏为了充分掌握经济信息,曾在各道巡院重金募"疾足",来采集全国各地的庄稼好坏、市场价格变动、物资余缺等信息,"四方货殖低昂及它利害,虽甚远,不数日即至"。可见,官方征集信息取得了较好的效果。而在各民族争霸等军事斗争中,向对方派出间谍以窃取信息,也是常用的信息采集方式。公元575年,北周发兵讨伐北齐,为了摸清北齐国内的政治、军事情况,韦孝宽培训并收买了大批间谍,打入北齐各地,搜集北齐的朝廷内部矛盾、兵力部署、军队动向等信息。随着时间的推移,藏书楼的出现和印刷术的发明,使图书成为人们采集知识信息的重要来源。"要通古今事,须看五车书"。藏书楼是我国古代官方机构、民间团体和私人收藏图书文献的建筑物,同时也是读书人收集、研读、考订、校雠图书信息的场所,主要用于收藏历史、文化、医学、政治等信息。总之,在主动性信息采集阶段,人们为了统治、管理、考试等多种需求开始主动采集信息,既拓展了信息采集的时空范围,也使信息采集方式日渐多元化和科学化。

**3. 现代化信息采集阶段**

自19世纪末开始,电磁技术、无线电通信技术、集成电路技术、电子计算机

---

① 杨树森. 中国古代的信息工作. http://changguanlin. blog. hexun. com/41043845_d. html. [2009-11-26]

技术等的发展,以及图书馆和因特网的出现,迅速扩大了信息交流的范围,信息采集逐渐进入了现代化阶段。在此阶段,社会信息量大大增加,信息成为重要的资源。正如约翰·奈斯比特在《大趋势》中所说:"新的力量的源泉不是少数人手中的金钱,而是多数人手中的信息。"因此,精明的现代人开始积极主动地、不遗余力地去采集捕捉有用信息。人们对信息的采集开始有了明确的目标、高度的自觉和合理的计划,并采用了搜索引擎检索、RSS 推送、自动化信息采集软件等现代信息技术手段和方法,信息采集质量和效率明显提高,正在向智能化、多元化等方向发展。

**案例 1-8　日本三菱商社的信息采集**

日本三菱商社拥有世界一流的信息采集和传递系统,每年在信息搜集上的花费达到 6000 万美元,其工作人员以"旅游者"、"摄影家"、"投资商"等身份遍布全球,他们对各自周围的一切,甚至一张报纸、一本杂志、一幅广告都要研究透彻,并能在 5 分钟内将世界各地的相关信息传至公司总部,素以高速度、高效率著称。在 20 世纪 80 年代,三菱商社的信息专家曾根据从欧美各国汇集的综合信息做出预测:正遭受西方国家严厉制裁的伊朗将在近期内获得全面解禁。据此,三菱商社加大了对伊朗的分析研究,并做出了重大举措:就在以美国为首的西方国家宣布取消对伊朗实行经济制裁和贸易禁运之前的一个月,由三菱商社总裁率领的代表团秘密飞往伊朗,立即与伊朗的商业、工程、运输、机械等部门进行贸易或投资合作、协商,并以"防止美国人阻挠"为由,要求谈判秘密进行。饱受多年制裁和禁运之苦的伊朗人欣喜若狂,在谈判中全面合作,并提供了各种优惠条件,仅一个星期,双方就签署了数十亿美元项目的协议。一个月后,几乎在美国宣布解除对伊朗的经济制裁和贸易禁运的同时,三菱商社已开始公布他们与伊朗签订的一笔又一笔合作协议,并迅速在伊朗开设了办事处。结果,日本商人抢占了伊朗市场,大发其财,其他各国商人却只能"望伊兴叹",目瞪口呆。

### 1.4.2　信息采集的发展趋势

随着网络信息技术的发展,信息采集逐渐呈现出许多新的特点,主要表现在以下方面:

## 1. 采集对象多样化

传统的信息采集的主要对象是以纸张为载体的印刷型文献,采集种类较少。随着信息技术和网络的发展,各种各样名目繁多的电子文献和网络文献层出不穷,信息采集的对象得到了极大范围地扩展,不仅包括传统的印刷型文献信息源,还包括各类仅在网上发布的电子文献信息源(如电子图书、电子报纸等);不仅包括正式出版的信息源(如网络数据库、网络期刊等),还包括各种非正式出版的信息源(如电子会议、电子布告栏、专业论坛等);不仅包括滞后信息源采集,还包括实时信息源采集(如:利用阿里旺旺、MSN 等即时通信软件获取客户信息);不仅包括文本信息源采集,还包括图像、音频、视频、软件等信息源采集。

## 2. 采集方式多元化

传统的信息采集主要是根据信息需求,通过购买、检索、交换、调查、接受赠送等方式获取信息,采集方式比较单一。随着计算机网络的发展,信息存储、传输和再现形式发生了质的变化,一些新的信息采集方式应运而生,例如:搜索引擎检索、数据库检索、网站浏览、RSS 订阅、新闻组获取、在线调查、网络访谈等方式,不仅扩大了信息采集的时空范围,也提高了信息采集的效率和自动化水平。

## 3. 采集手段智能化

传统的信息采集主要是以手工操作的方式进行,程序复杂、烦琐,不但要花费大量的时间,而且容易出现差错。网络环境下的信息采集实现了现代化、电子化、自动化和网络化,利用自动抓取、信息推送、数据挖掘等技术进行自动检索、统计、筛选等工作,不仅速度快、效率高,而且不容易出现差错。RSS、信息采集软件等自动化信息采集工具的应用,不仅提高了信息采集效率,节约了采集人员的时间和精力,也保证了信息采集的质量。未来的自动化智能采集软件将不仅可以跟踪和监测用户的需求特征,还能对网页文献的相关性及所含链接的质量做出判断,对权威网址进行自动选择,进而提供基于智能推拉技术的主动信息采集服务。

## 4. 采集过程简单化

传统的信息采集方式以检索、调查、访谈等方式为主,采集过程较为繁杂,

 信息采集

效率较低。随着网络信息技术的不断发展,自动标引、自动文摘、自动跟踪、自动漫游、机器翻译、数据挖掘、网络视频、在线调研、动态链等技术的逐步发展完善,网络软件自动采集、在线调查、在线访谈等信息采集方式将备受青睐,采集过程也将更加简单。

**5. 采集内容个性化**

传统的信息采集内容多以科技、经济、管理信息为主,且服务对象主要为机构或团体用户。随着信息资源的迅猛增长和互联网的飞速发展,个人信息需求将凸显于标准化、单一的"大众需求"之上,呈现出个性化、专业化特征,个性化信息采集将占据更大的比例。个性化信息采集的实质是针对性信息采集,即根据用户兴趣、定制主题或即时交互等方式确定信息需求,进而采取不同的采集策略,提供真正适应用户需求的信息内容。同时,随着采集工具个性化功能的不断强化,用户将可以用自己喜欢的方式来采集信息,预先选择自己需要的信息源,向自己感兴趣的、值得信赖的信息源提问,并能对采集结果进行阶段限定,提高信息采集的质量和效率。

**6. 采集结果可视化**

传统的信息采集结果表现形式较为简单,多以文字表格形式展现。随着计算机网络技术的发展,信息采集结果将朝可视化方向发展。在可视化环境中,允许用户即时修改信息的显示方式,并可对相关信息进行主题、作者或年代聚类,及时进行采集结果反馈。可视化信息采集更注重向用户提供透明的信息采集结果,以图形显示的采集结果更为直观易用。目前,信息可视化研究结果已初步应用于信息检索领域。2010年6月,由中国科学院国家科学图书馆信息系统部开发的可视化检索示范系统已经基本完成①。该可视化检索示范系统对跨库检索的结果用图像形式进行了可视化揭示,可实现检索结果的主题、关键作者、关键期刊聚类,基于图形的检索结果呈现方式更加简洁明了,便于用户使用。

**习题**

1. 什么是信息采集?

---

① 信息系统部. 可视化检索示范系统上线供用户测试. http://www.las.ac.cn/subpage/Information_Content.jsp?InformationID=5409. [2010-06-07]

2. 信息的特点有哪些？

3. 按照采集的内容不同，信息采集主要可划分为哪些类型？

4. 阅读下述材料，并回答问题。

(1) 材料中提及了哪些类型的信息？

(2) 结合材料说明信息有哪些特点？

(3) 诺基亚与爱立信相比，其信息采集的成功之处在哪里？

### 火灾引发爱立信退出手机生产市场

2001年爱立信公司终于宣布退出手机生产市场[①]。根据《华尔街日报》的分析，爱立信公司之所以选择退出，原因有飞利浦芯片厂火灾引起的损失、市场营销不力和产品设计等方面的问题，其中在飞利浦芯片厂火灾之后，没有注重对相关信息的采集和迅速响应，是爱立信和诺基亚拉开距离的主要原因。

2000年3月17日晚上8时，美国新墨西哥州大雨滂沱，电闪雷鸣。雷电引起电压陡然增高，迸出的火花点燃了飞利浦公司第22号芯片厂的车间，持续10分钟的火灾破坏了正在准备生产的数百万个芯片。在火灾发生后的几天内，诺基亚官员就发现订货数量上不去，似乎感到事情有点不对。3月20日诺基亚公司接到来自飞利浦方面的通知，他们尽量把事情淡化，只是简单地说火灾引起某些晶元出了问题，只要一个星期就能恢复生产。这个信息传到诺基亚零部件供应主管高亨(Korhonen)那里，高亨决定派两位诺基亚工程师到飞利浦的工厂去看看。但是飞利浦公司怕造成误会，婉言拒绝了诺基亚的要求。高亨随即就把飞利浦公司供应的这几种芯片列在了特别需要监控的名单上，这种情况在诺基亚公司每年会出现十几次，当时也没有人太在意。3月31日，即火灾两个星期以后，飞利浦公司正式通知诺基亚公司，可能需要更长时间才能恢复生产。高亨听到这个消息后，就不停地用计算器算来算去：他发现这可能影响到诺基亚400万台手机的生产，这个数字足以影响整个诺基亚公司5%的销售额，而且当时手机市场的需求非常旺盛。高亨发现由飞利浦公司生产的5种芯片当中，有一种在世界各地都能找到供应商，但是其他4种芯片只有飞利浦公司和飞利

---

① 胡晓宗. 爱立信停产手机的起因竟是一场火灾. http://tech.sina.com.cn/it/t/51693.shtml.  [2001-02-01]

 **信息采集**

浦的一家承包商生产。于是,高亨紧急召集了中国、芬兰和美国诺基亚分公司负责采购的服务工程师、芯片设计师和高层经理,共同商讨怎样处理这个棘手的问题。高亨还专门飞到飞利浦公司总部,与飞利浦公司的CEO科尔·本斯特沟通,要求飞利浦公司把工厂的生产计划全部拿出来,尽一切努力寻找可以挖掘的潜力,并要求飞利浦公司改变生产计划。为了应急,诺基亚还迅速地改变了芯片的设计,以便寻找其他的芯片制造厂生产。诺基亚公司还专门设计了一个快速生产方案,准备一旦飞利浦新墨西哥州的工厂恢复正常以后,就可快速地生产芯片,把火灾造成的200万个芯片的损失补回来。

与诺基亚形成鲜明对照的是,爱立信的行动相当迟缓。爱立信几乎是和诺基亚公司同时收到火灾消息,但是爱立信公司投资人关系部门的经理说,当时对爱立信来说,火灾就是火灾,没有人想到它会带来这么大的危害。爱立信公司负责海外手机部门的华而比先生直到4月初还没有发现问题的严重性。他承认说:"我们发现问题太迟了。"爱立信没有其他公司生产可替代的芯片,在市场需求最旺盛的时候,爱立信公司由于短缺数百万个芯片,一种非常重要的新型手机无法推出,眼睁睁地失去了市场。据爱立信方面的消息透露,由于零件供应短缺,错误的产品组合以及营销方面的问题,当年爱立信手机部门总共损失了16.8亿美元,整个爱立信公司损失15亿瑞典克朗。而爱立信公司公布重组手机部门,还需要80亿克朗的支持。消息传出后,爱立信的股票价格下跌了13.5%。2000年7月,当爱立信公司宣布由于火灾影响所受的损失以后,几个小时以后它的股票又下跌了14%。

# 第 2 章  信息采集的内容与程序

【本章提示】

本章主要介绍信息采集的原则、内容、范围和程序,重点是信息采集的程序。通过本章的学习,学生应该理解信息采集的原则,掌握信息采集的程序,学会设计信息采集方案,了解信息采集的内容与范围。

信息采集是信息管理的首要环节,它决定了后续信息工作的质量。为了提高信息采集的质量与效率,满足用户的特定信息需求,信息工作者应该首先明确信息采集的内容与范围,并遵照一定的原则和程序,采用科学的信息采集方法,在先进的采集技术和设备的支持下,完成信息采集工作。

## 2.1 信息采集的原则

信息采集的原则是信息采集的总体指导思想,它是由信息本身的特征决定的。

### 2.1.1 主动性原则

信息是有时效性的,采集到的信息应能及时反映事物的最新状态,因此,信息采集人员应在充分了解用户实际信息需求的基础上,熟悉信息源的类型和特点,掌握信息采集的主要途径和渠道,针对不同用户需求和客观条件,利用先进的信息采集技术方法和系统完善的信息采集网络,积极主动地追踪获取有价值的信息。

### 2.1.2 针对性原则

信息采集的最终目的是为了更好地获取和利用信息。任何用户和信息机构都不可能也没有必要对所有信息进行采集利用。只能针对信息服务机构本

 信息采集

身的特征、服务对象及信息采集的范围,有目的、有重点、有选择、有计划、有步骤地采集利用价值大、适合主要用户群的信息,从而做到有的放矢,以最小的代价最大限度地满足用户的信息需求。因此,在信息采集过程中,要理解用户的需求结构和层次,抓住主要需求,并根据实际情况,通过反馈信息,了解用户需求的变化,及时调整信息采集的重点,不断修订与完善采集策略与方法,有针对性地采集那些有价值和有效用的信息。

**案例 2-1　日本精工舍集团手表制造公司的信息采集**

由于信息采集方向明确,具有鲜明的针对性和主动性,日本精工舍集团手表制造公司在激烈的市场竞争中,才立于不败之地。这家公司每天上午十一点发给科长以上人员每人一份简报,每月发一份《每月主题》。其内容从国内新闻、欧美消息、瑞士消息,到竞争对手动向信息和新产品与新技术报道,全部内容均围绕钟表业,形成很有特色的行业信息采集方法[①]。

### 2.1.3　连续性原则

信息采集是一项连续性的工作,采集过程中要遵循连续性原则。首先,在信息采集的初始阶段,就需要不断补充新的信息,不仅要采集过去的信息,还要采集现在的信息,并尽可能采集反映未来发展趋势的信息,保持连贯性。其次,在信息发布、传递过程中,相关事物可能会呈现新的态势,因此,需要不断剔除陈旧的或者老化的信息,动态追踪采集相关信息。

**案例 2-2　儿童钢琴产品的信息采集**

某文献用品研究所从一本外国杂志中采集到一则"儿童钢琴广告",又从我国一家报纸上采集到一则"我国儿童钢琴生产还是空白"的信息,便推断出:我国儿童钢琴生产前景看好。于是,在索取外国产品样本的基础上,设计生产出具有中国特色的儿童钢琴。投放市场后,甚为抢手,获得了较高的经济收益[②]。

### 2.1.4　经济性原则

信息采集是一项耗费人力、物力和财力的工作,为了提高信息采集的效率,必然要遵循经济性原则,以实现"投入最少,效益最大"的目标。因此,事先应制

---

① 张安珍,张翔.信息采集、加工与服务.长沙:湖南科学技术出版社,2002:67.
② 张安珍.经济信息学理论与应用研究.长沙:湖南科学技术出版社,1996:153.

订比较周密详尽的计划,既要广辟信息源,又要避免信息源的交叉重复采集,要注意节约资金,少花钱多办事。另外,要充分考虑实际经济水平,突出重点信息的采集,兼顾一般性信息资料的收集,避免全面盲目采集造成资源与资金上的浪费。在谋求信息真实性的基础上,应处理好社会效益与经济效益、整体效益与局部效益的关系。

### 2.1.5 可靠性原则

在当前信息质量良莠不齐的情况下,信息采集人员要根据用户的需求,采集真实、可靠的信息。首先要注意信息源的可靠性,要避免道听途说。其次要鉴别信息本身的可靠性,对于原始信息,应注意随时记录保存,避免事后追忆、估计等行为。对于二次、三次信息,应该了解其性质、加工程度,判断其是否可靠,避免采集虚假信息,保障采集信息的真实性。

**案例 2-3 蔬菜公司经理亲自采集信息**

某蔬菜公司经理收到顾客的来信,反映买菜难的问题。为了掌握可靠信息,弄清缘由,该经理便亲自排队买菜。通过观察、询问,他发现国营菜店货源不足,品种单调,其原因是价格过高,交通运输困难,外地蔬菜一时运不进来。该经理对此采取了措施,直接从菜农处批量购进蔬菜,减少中间环节,从外地购进本地非季节蔬菜,适当控制价格,从而解决了消费者买菜难的问题①。

### 2.1.6 系统性原则

信息需求的系统性决定了信息采集要遵循系统性原则。信息的使用对象是不同年龄、文化和知识结构的用户群,他们对信息的需求和使用,在学科领域、内容、载体类型、时空范围等方面,均有一定的系统性和专指性。因此,在信息采集过程中,要满足用户的系统性信息需求,就要做好总体规划,全方位、多角度、全面系统地采集各种信息,并保持各类信息的合理比例。

**案例 2-4 某食品企业被迫廉价拍卖**

某大型食品企业将菠萝罐头加工厂建在墨西哥一条河流的三角洲地带。该公司在河流的上游地区拥有菠萝种植园,他们计划使用驳船将成熟的菠萝顺着河流运到下游的罐头厂,加工完成后,将菠萝罐头直接装上货运海轮,运送到

---

① 张安珍,张翔.信息采集、加工与服务.长沙:湖南科学技术出版社,2002:67.

该公司设在世界各地的市场,以节约运输费用。然而,在菠萝成熟期,公司遇到了麻烦:这个季节恰逢汛期,因河水湍急,他们无法将驳船逆流拖往种植园,使得用驳船装运菠萝的计划随之搁浅。由于没有其他可供选择的运输办法,公司无奈只好关闭了工厂,被迫将工厂廉价拍卖,工厂的新设备只得以成本价的5%出售给某墨西哥企业①。经过分析,导致该公司严重损失的主要原因就在于忽视了看起来简单且无碍大局的运输环境信息的采集。

## 2.2 信息采集的内容

信息采集的内容与信息需求密切相关,信息需求决定了信息采集的内容和范围。具体说来,信息采集的内容主要包括以下几方面:

### 2.2.1 科学技术信息

科学技术信息是技术创新的基础。现代科学技术的发展直接影响着经济的增长、社会的进步和文化的转型。尤其是对企业来说,广泛采集科技信息,积极同科研院所、高等院校、信息机构联合,能加速推动企业发展。通常,科技信息采集的内容有:基础研究信息、高新科技(含信息技术、生物技术、核技术、新材料技术、新能源技术、航天技术和自动化制造技术)信息、科技应用信息、科技推广信息、技术革新信息、科技市场动态信息、科技发展趋势信息等。其对应的信息源类型主要有:期刊论文、科技论著、专利文献、标准文献、技术档案、科技报告、学位论文、科技手稿、产品样本等。

**案例2-5 东昌化工公司的科技进步**

江苏省南通市东昌化工有限公司十分重视科技信息的收集。他们是一家专门生产有机化工原料和中间体、水产品用各种添加剂的企业,该公司每年均要委托山西省科技查新中心对其产品的开发、鉴定、申报专利、报奖等相关信息进行查新。通过项目查新,该公司深深感受到科技信息对推动企业科技进步的重要性。几年前,该公司开发的"鱿鱼保鲜剂"通过查新发现,产品的保鲜性能和无公害性均在国内市场处于领先地位。查新结论使其被国家

---

① (美)菲利普·R.凯特奥拉,约翰·L.格雷厄姆著;周祖城等译.国际市场营销学.北京:机械工业出版社,2005:47.

农业部指定为推荐使用产品。2001年,公司又对"甘氨酸甲酯盐酸盐"项目进行查新,结果发现国内已有其他厂家在生产同类产品。由于该公司生产中采用了膜分离技术,大大提高了其反应生成产品的转化率,降低了副产物的生成,进一步提高和稳定了产品的有效含量。由此查新报告给出结论:本委托项目生产的甘氨酸甲酯盐酸盐在质量综合指标上优于国内同类产品。查新报告的结论又使其项目在评审中得到肯定,被列入国家火炬计划项目。2002年,公司又对"N-苄基甘氨酸乙酯"项目进行查新,得出"在国内,尚无厂家发布生产 N-苄基甘氨酸乙酯的公开报道"的结论,使项目在江苏省科技厅组织的专家评审中被评定为"A类"项目,又被作为国家级高新技术产品推荐到国家科技部进行评审批①。

### 2.2.2 经济贸易信息

经济贸易信息具有极大的经济价值与使用价值,是国家、行业管理机构和企业开展经济管理的依据、条件与基础,是国家、行业、企业经济发展的生命线。经贸信息采集有助于准确了解经济发展动向、市场变化趋势、政策导向和投资环境,为经济管理和投资决策提供信息支持。通常,经济贸易信息采集的内容包括:市场行情信息、行业经济信息、区域经济信息、电子商务信息、国内外贸易信息、金融信息、生活状况信息、综合经济发展信息、财政信息、通货膨胀信息、资源开发状况信息、货币管制信息、外汇汇率信息等。其对应的信息源的类型主要有:经济年鉴、经贸分析评论、经济类数据库、经贸发展规划、年度报告、统计公报等。

**案例 2-6 中国经济信息网的经济信息产品**

中国经济信息网(www.cei.gov.cn)是国家信息中心组建的、以提供经济信息为主要业务的专业性信息服务网络,于 1996 年 12 月 3 日正式开通。它继承了国家信息中心多年来积累的丰富的信息资源和信息分析经验,利用自主开发的专网平台和互联网平台,为政府部门、金融机构、高等院校、企业集团、研究机构及海内外投资者提供信息保障。其主要提供网站分类栏目、数据库群、中经

---

① 王小卿. 科技查新促进企业科技进步. http://www.sxinfo.net:8080/kjxxw/article.do?curMenu=9&childMenu=12&articleId=1685. [2010-05-06]

## 信息采集

专网、视频节目等信息产品,提供的信息类型主要有:动态经济信息、统计数据和研究报告。其信息内容主要包括:宏观经济、金融、行业经济、地区经济、国际经济等方面的新闻、统计数据、市场预测、专家观点、政策法规、企业产品、行情、商业机会等信息。中经网通过卫星广播、专线传送、在线浏览、E-mail 定制、光/软盘、纸介质等方式为用户提供服务,是最大的中文经济网络信息库,是描述和研究中国经济的权威网站。如图 2-1 所示,是中国经济信息网提供的行业经济信息。

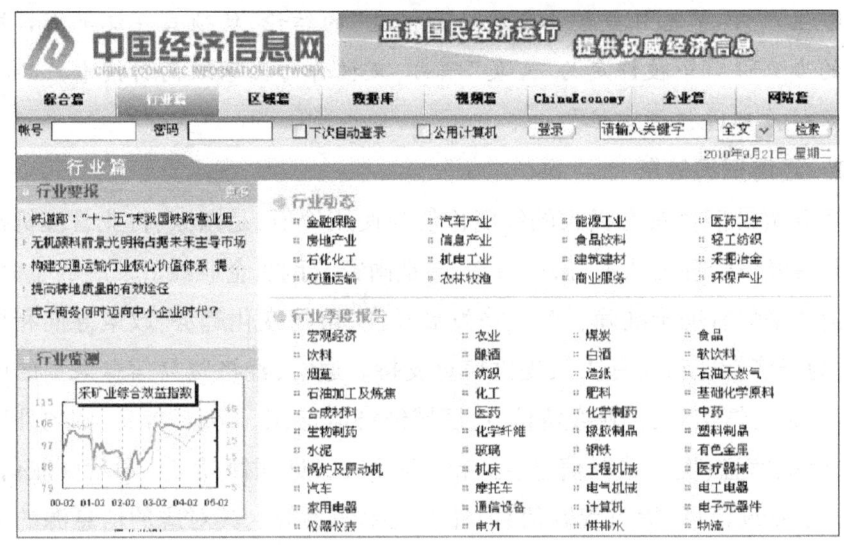

图 2-1 经贸信息门户网站——中国经济信息网

### 案例 2-7 娃哈哈儿童营养液利用经济贸易信息一炮走红

1989 年,娃哈哈营养食品厂成立。通过经济信息采集,娃哈哈食品厂注意到,我国国民保健意识不断增强,人们开始注重健康方面的投资,因此对保健食品、保健用品方面的需求越来越大。而此时,国内市场上专门针对儿童的健康营养品是一个空白。在此环境下,食品厂开发了"娃哈哈儿童营养液",并一炮打响,"喝了娃哈哈,吃饭就是香"的广告语响彻大江南北。1991 年,创业只有三年的娃哈哈营养食品厂产值已突破亿元大关,发生在小学校园里的经济奇迹开始引起了社会和各级政府的广泛关注①。

---

① 企业反情报战. http://www.cichina.com.cn/news/news_list.asp?id=597. [2005-08-09]

## 2.2.3 经营管理信息

经营管理信息是一笔巨大的财富,它对组织机构的振兴发展具有推动作用,对产品及技术创新具有引导功能。对企业而言,不但要采集本企业内部的经营管理信息,也要采集竞争对手的经营管理信息,还要采集供应商和分销商等的经营管理信息。通常,经营管理信息采集的内容主要包括:决策信息、计划信息、组织信息、控制信息、协调信息等,涉及有关的法规条例、规章制度、设备仪器管理、原材料与能源的供应消耗情况、产品的产量与质量、工艺技术、市场份额、价格信息、成本与利润状况、客户信息、人事管理等多方面信息。其对应的信息源类型有:报表、清单、会议纪要、总结报告、发展战略规划、市场调研报告、规章制度文件、内部技术及设计档案、研究开发记录、检测报告、图纸、配方、样品、样机、模型、模具、业务手册、产品说明书、合同文本等。

**案例 2-8 宁红减肥茶的经营管理信息采集**

江西宁红集团 1991 年在全国茶叶生产加工行业率先推出宁红系列保健茶,取得了成功。后来一度出现了产品供不应求、客户排队等货的现象,企业急需扩大生产规模①。但是,受到自身实力等条件的制约,企业不可能同时将六个品种大量地推向市场。通过市场调研分析发现,宁红减肥茶卖点最好,市场反应热烈。宁红集团又重点搜集了当时全国专门生产减肥茶的另外 8 家企业的经营管理信息情况,详细调查分析了它们的企业规模、生产能力、技术力量、产品质量以及特点、价格、市场份额等多方面的情况。同时,他们组织专家学者对这些原始的数据进行科学的分析,得出了翔实的报告。就是这份报告为宁红减肥茶成为该企业的主导产品打下了坚实的基础,进一步确定了宁红集团的战略目标、生产规模和经营策略。此后,宁红集团将全国各地的销售网点同时赋予信息采集工作站的功能,要求销售人员在推广产品的同时还需要负责搜集从市场到客户各方面的信息,掌握竞争对手的情况,了解消费者的反馈意见。1994 年上半年,宁红减肥茶的市场销售额出现了下降的趋势,他们利用全国各地的工作站了解到的信息,汇总分析出主要原因:一是现有各竞争对手的竞争日趋激烈,各家都采取了一些相应的促销措施;二是新的减肥产品不断面市,宁红原

---

① 王知津.竞争情报.北京市:科学技术文献出版社,2005.02:227-228.

信息采集

有的目标市场上出现了新的竞争对手,而且比起这些新对手,宁红的宣传力度明显不足;同时,由于自身产品的小部分用户减肥效果不够明显,造成少数消费者的不满。事实上宁红减肥茶对遗传性肥胖和药物性肥胖的减肥效果确实不明显,但在原来的销售宣传中并没有加以说明。为此,宁红集团决定将新一代减肥茶推向市场,由于新品宁红减肥茶采用双保险降脂手段强化减肥功能,可使减肥效果进一步提高。同时集团决定将新开发的男子汉茶同期投放市场,并加大宣传力度,加强服务。方案实施后,市场立即做出反应,销售量急剧上升。

### 2.2.4 政治法律信息

政治法律信息属于外部环境信息。政治形势及国家法律政策变化,可能对组织机构的经营管理活动带来较大的影响,构成重要的机会或威胁,因此,及时采集政治法律信息,并迅速采取应对措施十分重要。政治法律信息采集的主要内容包括:政党信息、政局信息、方针政策信息、国家标准规范、政治体制的变革信息、政治稳定信息、国际关系信息、法律法规信息(如商品质量检验法规、知识产权法、专利法、中外合资经营企业法、进出口关税条例、涉外经济合同法)等。通常,采集的信息源主要有:政府工作报告、时事要闻、国家标准规范、相关法律法规文件、会议纪要等。

**案例 2-9　限塑令背后的威胁与商机**

2008 年国务院出台了《关于限制生产销售使用塑料购物袋的通知》(简称"限塑令"),导致泉州千余家塑料袋生产企业处于停产、半停产状态。而晋江兴胜塑胶制品有限公司积极跟踪国家政策变化信息,快速应对,新上马了一条生产无纺布购物袋的生产线,无纺布袋的产量已占到公司总产量的 70% 以上。"限塑令"出台以后,公司接到的订单数较上一年同期增加了近 2 倍,到了 2008 年 6 月份,其生产日程已排到了 9 月①。与停产的同行企业形成了巨大反差。

### 2.2.5 社会文化信息

社会文化信息是指社会结构、风俗和习惯、信仰和价值观念、行为规范、生活方式、文化传统、人口规模与地理分布、自然资源与生态环境等因素的相关信

---

① 杜静,周辰恩. 限塑令的背后是商机. http://www.66163.com/bank/newsinfo.php? id = 2310&lanmu=zxzx. [2010-09-16]

息。它们可能对组织机构的经营管理造成直接影响(如:人口的结构影响市场的细分)。社会义化信息采集的内容主要包括:文化水平信息、风俗习惯信息、价值观念信息、宗教信仰信息、教育体制信息、人口数量与分布信息、自然灾害信息等。对应的信息源类型主要有:地方杂志、文化产业发展报告、地方年鉴、地方史料、地方著述等。

**案例2-10 麦当劳公司的社会文化信息采集**

麦当劳公司十分关注社会文化方面的信息采集。麦当劳捕捉到美国文化中有一种很重要的价值观:时间价值观念。快餐正是迎合了这种在外能随时随地方便用餐的需求。另一个社会文化因素便是美国普遍的家庭结构和主要以年轻人作为主导的文化趋势。由于孩子们常常是就餐方式的决定者,所以麦当劳的广告为顺应这种潮流,主要以儿童和青少年为主要宣传目标。与此同时美国典型家庭主妇的社会角色也发生着变化,她们越来越多地出去工作,从而增加了在外就餐的要求。此外,汉堡包在美国饮食文化习俗中占有重要地位,事实上,汉堡包是美国传统食品的代表,这一事实在麦当劳出现之前就已经存在。可以说,麦当劳产品的成功很大程度上是因为选择了这种已经存在并十分受欢迎的食品,美国的社会、文化环境为麦当劳的成功做好了铺垫。另外,麦当劳对儿童的电视广告也进一步促成了它的成功。但在许多其他国家,尤其在欧洲一些国家(如德国),此类广告是完全被禁止的。

## 2.3 信息采集的范围

信息采集的范围与信息需求息息相关。就某项具体的信息采集项目而言,其采集的范围主要有三种类型:内容范围、时间范围和地域范围,如图2-2所示。

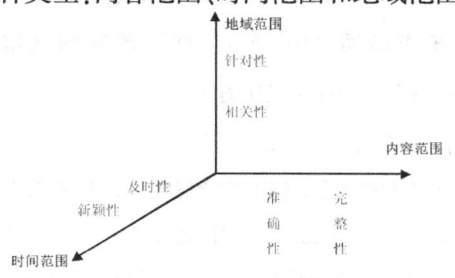

图2-2 信息采集的范围

信息采集

### 2.3.1 内容范围

内容范围是指在信息的内容上,与信息采集目标和需求具有一定相关性的特征所确定的主题范围。一般分本体内容范围和环境内容范围。本体内容范围是由与事件本身具有相关性的内容组成的范围;环境内容范围是由处于事件周边,又与事件相关的内容组成的范围。采集信息时,为了保证采集的信息具有较高的价值,要在符合内容范围的信息中,采集来源可靠、准确性高、完整性好的信息。

### 2.3.2 时间范围

时间范围是指在信息发生的时间上,与信息采集目标和需求具有一定相关性的特征所确定的时间段,这是由信息的时效性所决定的。采集信息时,为了保证采集的信息具有较强的适用性,要在符合时间范围的信息中,采集更加新颖、及时的信息。

### 2.3.3 地域范围

地域范围是指在信息发生的地点上,与信息采集目标和需求具有一定相关性的特征所确定的空间范围。这是由信息的地域分布特征和信息采集的相关性要求所决定的。采集信息时,为了保证采集的信息具有较强的适用性,要在符合地域范围的信息中,采集针对性强、相关性高的信息。

[例2-1]某教师购买家用轿车信息采集的范围分析

背景:山东省济南市某教师计划于2010年10月购买家用轿车1辆,要求车辆安全性能好、油耗低、价格在6—10万,并且是三厢轿车。

\*内容范围:汽车导购信息、热门车型信息、品牌口碑信息、车辆型号与配置信息、价格走势信息、上市时间与销售状况信息、试驾评测信息、汽车促销信息、汽车展销会信息、车市新闻、济南车市行情、油耗测试信息等。

\*时间范围:2009年—2010年10月

\*地域范围:山东省济南市为主

[说明]:在内容范围中,汽车促销信息、汽车展销会信息、车市新闻、济南车市行情、品牌口碑信息等均属于环境内容信息。考虑到汽车市场信息的时效性,将时间范围确定在2009年-2010年10月,但在采集实践中,也可能涉及此区间外的少部分信息,如:某品牌的口碑信息、试驾评测信息。在地域范围设定上,主要以济南市为主,但也可通过网络搜集其他地区的行情信息、车型质量反馈等相关信息。

## 第2章 信息采集的内容与程序

**[例2-2] 某学生就业信息采集的范围分析**

背景:2008年3月23日,济南某同学收到了天津顺祥幕墙装饰公司的面试通知,该同学要立即去参加面试,需要采集相关信息。

\*内容范围:面试内容与要求(时间、地点、内容、程序)、面试知识与技巧(面试常见问题、面试技巧、岗位技能和知识要求、专业知识准备、面试礼仪与着装等)、面试企业相关信息(公司简介、主要业务、主要产品、远景目标等)、交通信息、天气信息。

\*时间范围:面试内容与要求(2008年3月)、面试知识与技巧(2006年—2008年3月)、交通信息(2008年3月24—3月25日)、天气信息(2008年3月24—3月25日)。

\*空间范围:天津市(主要涉及到天津顺祥幕墙装饰公司)、济南市(主要涉及到学校图书馆、院资料室、车站等)。

[说明]:在内容范围中,交通、天气信息等均属于环境内容信息。考虑到不同信息内容涉及时间、地域不同,因此,根据用户的信息需求,为各项内容设置了采集的时间和地域范围,这些信息均可以通过网络获取。

## 2.4 信息采集的程序

信息采集的程序一般可以分为五个步骤:分析信息需求、设计采集方案、实施信息采集、加工采集信息、提供采集结果,如图2-3所示。

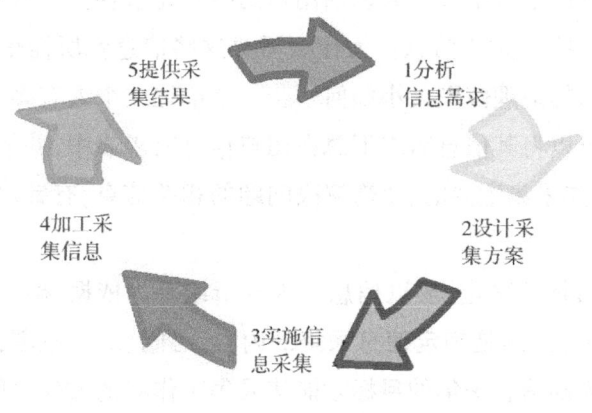

图2-3 信息采集的程序

### 2.4.1 分析信息需求

信息需求分析是整个信息采集的出发点,也是决定信息采集成败和效率高低的关键。信息需求分析的主要任务是明确信息服务对象,了解用户的真正需求,确定信息采集的目标。

信息服务对象有团体用户与个体用户之分。不同的团体用户,由于其性质、所处的环境、面临的任务不同,其信息需求也不同。如:一个课题科研小组所需求的信息,是有关该课题国内外研究现状与发展趋向的信息;一个新产品开发小组,所需要的是有关该产品国内外竞争对手开发状况信息、市场前景信息、技术标准信息、技术诀窍信息、生产工艺信息、原材料与能源供应信息、机器设备信息、资金保障信息与国家政策信息等。而不同的个体用户,因其职业特征、研究方向、工作任务的不同,其信息需求也不同。因此,不同的用户,采集信息的目的、内容、范围各不相同。并且由于用户需要解决的问题和信息需求是不断变化的,因此,了解并分析用户不同阶段、不同时间、不同层次、不同方面的信息需求十分必要。

当用户需求的信息范围较广时,还要了解用户重点要解决的问题和主要信息需求是什么。如:就一个企业而言,其重点要解决的问题,是企业主打产品的开发,还是普通产品的改进?是主要产品销路的打开,还是一般产品的经营问题?其主要的信息需求是产品营销信息,还是产品技术研发信息?通常,信息采集人员可以从以下六个方面来识别用户的信息需求:哪些部门/人需要信息?需要收集分析哪些方面的信息?为什么需要这些信息?所需信息的时间要求怎样?所需信息的地理范围大小如何?若一个单位或个人有多个信息需求时,信息采集人员可以将其信息需求汇总在用户信息需求表中,并依据人力、物力、财力等条件,优先采集主要的、急需解决问题的相关信息,有针对性地满足用户需求。

信息采集目标的确定,要以信息需求分析结果为依据,确定信息采集的范围和数量。其中,关键是确定信息采集的内容、时间、地域范围,明确信息采集的重点。只有明确信息采集的目标才能使采集工作有的放矢,并合理分配采集工作所需的人员、时间和经费。

第2章 信息采集的内容与程序

[例2-3]某高校教师接任网络营销课程需要采集的信息目标

背景:2009年9月,某教师接任大学三年级专业课《网络营销》,需确定其信息采集目标。

*内容目标与数量:课程教学大纲(3份)、课程教材(3本)、课程知识体系(2份)、课件及教案(2份)、教学案例(10个)、教学参考书(5本)、技能实训教程(3份)、任课班级的学生名单(1份)、历任教师情况(1份)、前导及后续课程信息(1份)等。

*涉及的时空范围:3年内的相关信息,以校内信息采集为主。

[说明]:根据该教师要解决的备课问题,主要确定了理论教学、实践教学、学生相关状况等方面的内容,并设立了具体的内容目标和数量要求。由于上述内容大部分可通过学校教学办公室、教研室、图书馆馆藏和电子资源等来获取,因此确定采集地域范围以本校为主。

### 2.4.2 设计采集方案

信息采集方案是整个信息采集活动的行动计划和纲领,对信息采集的顺利完成具有重要的指导作用。因此,信息采集方案设计的是否合理,决定着整个信息采集活动的成败。信息采集方案设计,就是根据信息采集的目标,对信息采集任务的各个方面和各个阶段进行通盘考虑和安排,制定合理的工作程序,提出相应的实施方案。

通常,一个完善的信息采集方案包括以下几方面内容:

(1)信息采集的目的和要求

信息采集方案应明确信息采集的具体目的和要求。其主要任务在于,明确用户需要利用信息解决什么问题,对采集信息的类型、语种、新颖性、相关性、完整性等有何要求,从而确定整个信息采集的目标与要求。

(2)信息采集的范围

信息采集方案应清楚地界定信息采集的范围,主要包括:采集的主要内容、涉及的时间与地域范围,尤其是要合理确定内容范围,采集的内容目标应具体、重点突出、主次分明,避免面面俱到、过于烦琐。

(3)主要信息源

信息采集方案应明确采集活动主要涉及的信息源,即要明确从什么地方去采集所需要信息。各种类型的信息源均有其优势与弱点。选择信息源的准则

是尽量选择权威、可靠、准确、全面、易用的信息源。在信息源可靠的前提下,哪种最经济、省力,就到哪种信息源中去采集。

(4)信息采集方法

信息采集方案应重点设计采集活动中运用的主要采集方法。采集方法的选择,要依据采集的目的与要求、内容与范围、可用信息源、采集人员、采集经费与设备等客观情况来确定。信息采集的方法多种多样,选择恰当的采集方法可以提高采集效率和采集信息的质量。

(5)信息采集人员分工

信息采集方案应确定信息采集人员名单及其分工状况。采集人员是实施采集计划的主体,其素质高低直接影响着信息采集的质量。因此要对信息采集人员进行合理地组织,尽量采取新老搭配、强弱搭配、老中青结合的方式,并实行岗位责任制,做到人适其岗、责任到人、检查到位,以利于采集工作的顺利开展。

(6)采集进度安排

信息采集方案应明确划分信息采集的阶段任务及时间界限,以利于采集人员依据采集任务和时间界限,合理安排工作日程,确保采集信息的时效性。通常,一个完整的信息采集过程包括信息采集准备、采集方案实施、采集信息加工整理三个阶段。其中,采集准备阶段的主要任务是准备信息采集工具(如调查表、采集设备)、组织采集人员、信息源的购置与配备等,该阶段负责人员应具备一定的组织和规划能力。而采集方案实施和采集信息加工处理阶段,占用的时间较多,安排的人员也需要有较强的信息采集技能,通常需要经过一定的培训或具备较丰富的信息采集经验。

(7)采集费用计划

信息采集方案还应合理规划采集费用的来源和用途。在制订采集方案时,要做到有计划地开支,要保障必要项目的经费开支,切不可随意支配造成浪费。

(8)采集绩效考核办法

信息采集方案中,还可以依据信息采集人员的职责与任务,制定出具体的、可操作的考核条例,以便引进竞争机制,奖惩分明,激励采集人员的工作积极性。考核时,可采用自我评价、同行评价、考核小组评价、领导评价等方式。

值得注意的是,有的信息采集活动较为简单,可能仅包括上述方案中的某几项内容,具体情况要根据用户的信息需求和采集机构的实际情况决定。通常,信息采集方案制订后要反馈给委托人审定,提出修改意见,反复几次才能最终完成。

**案例 2-11　某鞋业公司 2005 年国内市场信息采集方案**

一、市场信息采集的目的

该计划于 2005 年年初启动,旨在制订 2005 年度国内运动鞋市场营销策划方案,明确产品定位及品牌路线等问题,以便为企业经营者提供决策依据[①]。

通过本次市场信息采集,应明确以下几点问题:(1)了解当前市场竞争情况;(2)分析竞争对手的宣传策略;(3)征求代理商及批发商意见;(4)了解用户对××产品的实验意见。

二、市场信息采集的目标范围

地域范围为:广州、虎门、上海、成都、哈尔滨。以一级代理、二级代理、专卖店、大型商场及社区居民为主要市场信息采集目标。

(1)广州。广东是全国所有国产运动鞋销售额最高的省份,是运动鞋厂家的必争之地,因此,从广州可以了解到国内竞争产品的相关信息。

(2)虎门。虎门是广东省国产运动鞋销售额最高的城市,可由此了解目前二、三级市场渠道的流通模式。

(3)上海。上海是外地品牌最难进入的市场,上海的流行趋势引领了国内运动鞋产业发展的方向。

(4)成都。成都是古老的制鞋基地,菏花池批发市场辐射了西部大部分地区,可由此了解西部市场的发展状况。

(5)哈尔滨。哈尔滨是北方城市的典型之一,通过对其市场信息的分析了解北方市场行情。

三、市场信息采集的内容

(1)竞争品牌情况。主要采集以下信息:①已有竞争产品的品牌分类、目前主打款式;②竞争产品进场条件,包括入场费、广告费、售卖形式等;③主要竞争

---

① 任洪润.市场信息的收集与处理.北京:电子工业出版社,2006.8:24.

产品导购员素质;④代理商与竞争厂家关系密切程度;⑤竞争产品广告策略、表现形式、产品包装和终端陈列形式。

(2)批发商、大型商场和专卖店状况。主要采集以下信息:①名称、规模(面积、装修)、专用于售卖本类产品的面积、售卖形式(开架、柜售、散摊、批零)、卖场硬件(空调、电梯、休息区等)、人流、周边社区情况、周边其他销售点情况、成立时间、联系方式;②卖场及批发商实力、信誉、承诺兑现状况等,与同行的关系,有无死呆账的情况。

(3)消费者调查。主要采集以下信息:①通过问卷填写,了解消费者的喜好、购买习惯、价格承受能力、对产品的认识及其他考虑因素;②对产品价格、质量、包装的看法。

四、市场信息采集安排

2004年12月19日至2005年1月20日,每个城市约4—5天,每组2—4人,于2005年1月20日上交调研报告及产品上市方案,参见表2-1。

表2-1　2005年国内运动鞋市场信息采集计划表

| 阶段 | | 采集方法及信息源 | | 时间 | 人员数量 | 费用 |
|---|---|---|---|---|---|---|
| 采集准备 | | 访谈法(以拟订采集方案) | 企业决策者 | 2004年12月中旬 | 2 | — |
| 采集实施 | 市场信息调查 | 批发商访谈、观察法、问卷调查 | 广州 | 2004.12.19—12.23 | 4 | A1 |
| | | | 虎门 | 2004.12.22—12.23 | 2 | A2 |
| | | | 上海 | 2004.12.27—12.30 | 4 | A3 |
| | | | 成都 | 2005.1.3—1.7 | 4 | A4 |
| | | | 哈尔滨 | 2005.1.10—1.14 | 4 | A5 |
| | 二手资料查询 | 信息检索 | 报刊 | 2004.12.19-2005—1.20 | 全体成员 | B |
| | | | 杂志 | | | |
| | | | 网络 | | | |
| | | | 宣传材料 | | | |
| 加工采集信息 | | 分类整理分析 | — | 2005.1.15-1.20 | 6 | C |
| 提供结果 | | 调研报告产品方案 | — | 2005.1.20 | 2 | D |

### 2.4.3 实施信息采集

设计好信息采集方案后,就可以开展信息采集了。在实施信息采集过程中,要按事先制订的计划,带着明确的目的,按照既定的内容目标,采用科学的方法,准确地搜集。

实施信息采集前,要做好采集人员安排、采集工具(调查问卷、数码相机、录音笔等)的准备工作。若采集过程中,要通过访谈、调查等方法获取信息时,还要做好采集对象的组织联络工作,以便信息采集工作按计划进行。

在按计划方案采集的过程中,可能会遇到事先没有预计到的新情况和新问题,此时,应根据具体情况的需要,适当调整采集方法或内容,以圆满地完成采集工作。对于复杂的大型的信息采集项目,组织人员要及时掌握信息采集的进度,协调好各阶段和各区域的工作进度,及时了解信息采集实施过程中遇到的问题,并提出适当的解决办法。由于信息源与采集方法多种多样,很容易造成采集信息的重复或遗漏,因此,要在采集的过程中,边采集、边分析、边整理,以提高信息采集的效率与质量。

### 2.4.4 加工采集信息

通常,采集来的信息杂乱无序,要经过筛选、鉴别、分类、汇总等加工处理后,才能发挥更大的价值,防止虚假、过时、价值小的信息传至用户手中。加工采集信息的主要任务是去除重复信息、选择可靠信息、分类汇总同类信息。在此过程中,要对采集到的符合主题的原始信息进行筛选,判断信息的价值,删除重复的、不可靠的信息,选择真实、新颖、准确、全面、有价值的信息。

在信息筛选鉴别过程中,应该着重注意对以下不良信息的识别和剔除:①虚构信息,即出于某些不良动机虚构杜撰的信息;②添加信息,即虽有一定根据,但其中某些内容是通过想象添加进去的信息;③拼凑信息,即将不同时空、不同条件、不同性质的信息人为地组合成同一时空、同一条件或同一性质的信息;④偏颇信息,即通过夸大或缩小片面强调或故意遮掩等方式扭曲事实的信息;⑤模糊信息,即因信息收集者道听途说、捕风捉影而获得的不准确信息;⑥走样信息,即在信息记录或传递过程中出现乱码或错误的信息。在筛选过程中,主要可采用感官判断法、分析比较法、集体讨论法、专家裁决法、数学核算法、现场核实法等方法,对信息的真实性、可靠性、准确性等进行评价。其中,感官判断法是指信息采集人员在浏览审阅原始信息过程中依靠自己的学识和经验,凭直觉判断信息的真伪和可信度。该方法简单可行、费用低廉、节约时间,但对某些信息难以做出准确判断;分析比较法是指信息采集人员在筛选信息过程中,利用前后信息、不同渠道收集的同一类信息进行对比分析,以确定信息的真伪和可信度。该方法准确性较高,但较费时费力;集体讨论法是指对某些个人无法下结论的信息采用集体会诊方法来确定其取舍。该方法充分发挥了集体的智慧,获得的信息准确性较高;专家裁决法是指对一时无法确定取舍的信息交由专家裁决的方法。该方法的科学性取决于专家的个人素质;数学核算法是指对原始信息有疑虑而由信息采集人员重新予以核算的方法。该方法可以及时纠正那些因计算错误、笔误或者传递错误等造成的信息失真现象;现场核实法是指对有疑虑的信息,再次责成信息采集人员深入现场核实真伪的方法,该方法准确性较高,但较费时费力。

若筛选后的信息仍庞杂无序,可对其进行分类。对信息进行分类时,信息采集人员可依据确定的分类方法,对筛选后的原始信息进行分拣,必要时还可进行排序,使之形成井然有序的信息体系。对于通过调查法获取来的信息,还有必要进行分类汇总,以反映出调查整体状况。通常,主要的分类方法有:①来源分类法,即依据信息的来源地区、单位或部门等不同而进行的信息划分方法。如:将某企业的相关信息划分为来自上级主管部门的信息、来自某一信息中心的信息、来自咨询机构的信息、来自组织内某一部门的信息、来自消费者方面的信息等。该分类方法有利于对信息资料内容的权威性、可靠性、真实性做出判断。②时间分类法,即按照信息发布的时间对信息进行划分的方法。如:按年份或月份对采集的信息进行划分,该分类方法有利于对信息的时效性进行判断。③内容分类法,即以信息反映的主题内容划分信息的方法。如:将采集到的信息分为原材料信息、产品信息、市场信息、财务信息、售后服务信息等,该分类法有利于将同一主题的信息汇集到一起。④形式分类法,即按信息资料的形式划分信息的方法。如:将单据、合同、广告稿、新闻稿、报告书、建议书、信函、调查记录、报刊文章等按形式区分,相同形式的信息再按时间细分,该分类方法有利于及时查找到同种形式的多条信息。总之,在信息加工处理过程中,要遵循以用为重和渐进性的原则,具体采用哪种分类方法,要根据具体情况来确定。

对信息分类时先要确定一级类目,然后再进行细分,并确保类别间不能有概念的重复和欠缺。

### 2.4.5 提供采集结果

提供信息满足需求,是信息采集的最后步骤。经过信息筛选、鉴别、分类等一系列的信息加工整理后,可将价值大的、真实可靠的、及时新颖的信息,以调研报告、资料汇编、统计图表等形式提供给用户,初步满足用户的需求。通常,调研报告是将对某一情况、某一事件或问题的调查结果以书面形式陈述出来的形式,是最常见的信息采集结果形式,其写实性强,有针对性,图文并茂,主要适用于调查类信息采集结果汇报。资料汇编是一种将散见于各种信息源中有关某一问题或学科内容的原始记录,按专题编排而成的资料集,它具有内容集中、便于利用和真实可靠的特点,主要适用于检索类信息采集结果汇报。统计图表是以统计图、统计表的形式来反映总体信息状况的工具,具有直观性强、数据准确、客观等特点,适用于数据类信息采集结果汇报,也可以融汇在调研报告、资料汇编等信息采集结果形式中。

将信息提供给用户后,并不意味着信息采集过程的结束,还应将用户使用后的意见、建议与评价反馈回来,以调整与控制信息采集的过程与质量。另外,应分析本次信息采集的采全率、采准率、劳动耗费率等指标,总结采集过程中的经验和不足之处,以逐步提高信息采集的效率。

总之,信息采集过程应在分析用户信息需求的基础上,明确采集目标,设计科学的采集方案,有计划有重点地开展采集工作,才能使整个采集工作顺利进行。采集来的信息只有经过筛选、分类、汇总等加工之后,以用户需要的形式提供给用户,才能提高信息采集的效率。

**习题**

1. 信息采集的原则有哪些?
2. 怎样确定信息采集的范围?
3. 简述信息采集的基本程序。
4. 一个完善的信息采集方案主要包括哪些内容?
5. 阅读材料,并回答下述问题。

(1)利用网络查找"山东省老字号名单",并对获得的信息进行筛选,说明

 **信息采集**

筛选过程及结果。

（2）老字号企业可以通过申报驰名商标、著名商标、中华老字号、省老字号、文保单位、非物质文化遗产、专利等方式，提高品牌知名度，请组建济南市老字号企业品牌建设信息采集小组，拟定"济南市老字号企业品牌建设现状"信息采集方案，并实施该方案，以 PowerPoint 课件的形式展示小组信息采集结果。

**济南老字号企业生存状况堪忧**

美国零售业巨头沃尔玛公司创始人山姆·沃尔顿生前曾说："我创立沃尔玛的最初灵感，来自中国一家古老的商号。它的名字来源于传说中一种可以带来金钱的昆虫。我想，它大约是世界上最早的连锁经营企业。它做得很好，好极了！"沃尔玛的成功灵感来自老字号瑞蚨祥。然而，沃尔玛开业 40 多年如今已如日中天，而瑞蚨祥却难现当年的辉煌。

调查显示：济南老字号半数以上已歇业，活下来的多数也举步维艰，在市场中发展壮大的为数不多。据 1990 年省政协文史资料委员会编写的《济南老字号》一书记载，济南老字号企业共 51 家。如今 20 年过去了，这些老字号存在并继续营业的仅余 23 家。调查发现，济南老字号普遍存在消费群体窄小、资金短缺、经营状况不佳等难题。

# 第 3 章 信息需求分析

**【本章提示】**

本章主要介绍信息需求的概念、特点、影响因素和信息需求的层次与类型、表达与分析以及信息需求规律等内容。本章的重点是信息需求的表达、分析和规律。通过本章的学习,学生应该熟悉并学会运用信息需求的表达和分析方法,掌握信息需求的普遍规律,理解信息需求的层次,了解信息需求的主要类型和影响因素。

## 3.1 信息需求概述

信息需求分析是信息采集的前提和出发点,对信息需求进行分析,在信息采集工作中具有重要的意义。只有准确把握用户的信息需求,才能合理选择信息源和采集工具,确定科学的采集方式方法,进而保障信息采集的质量和效率。

### 3.1.1 信息需求的概念

信息是物质运动和人类社会活动的产物,普遍存在于自然界、社会实践和人类思维活动中。人类各种需求的满足过程,同时也是对信息不断需求和创造的过程。根据马斯诺提出的"需求层次论",人的需求有五个层次,即生理需求、安全需求、社交需求、尊敬需求和自我实现需求。为了满足这五个层次需求,人类所进行的一切活动所产生的信息需要均属于信息需求的范畴,涉及生活、学习、工作和社会活动等多个方面(参见表3-1)。

信息采集

表 3-1 人类信息需求表

| 类型 | 需求内容 | 类型 | 需求内容 |
| --- | --- | --- | --- |
| 生活信息需求 | 物质生活信息需求 | 工作信息需求 | 职业选择信息需求 |
| | 文化娱乐信息需求 | | 工作环境信息需求 |
| | 个人成长信息需求 | | 业务目标信息需求 |
| | 个人安全信息需求 | | 业务技能信息需求 |
| | 生活目标信息需求 | | 业务素质信息需求 |
| | 兴趣爱好信息需求 | | 规章制度信息需求 |
| 学习信息需求 | 基础知识信息需求 | 社会活动信息需求 | 价值观念信息需求 |
| | 升学考试信息需求 | | 法律规范信息需求 |
| | 专业知识信息需求 | | 风俗习惯信息需求 |
| | 学习环境信息需求 | | 商品交易信息需求 |
| | 实践技能信息需求 | | 社交礼仪信息需求 |
| | 方法工具信息需求 | | 人际关系信息需求 |

简单而言，信息需求是人们为解决生产、生活、科研等实践活动中的各种实际问题而产生的对信息的必要感和不满足感，是人们对信息的需要和要求。具体而言，信息需求就是人们对信息源以及所需信息的内容、形式、数量、质量等一个或多个方面的需要和具体要求（参见表 3-2）。包括：①对信息源的要求，主要是对信息源范围和载体形式的要求，可能比较具体，也可能比较笼统，必要时需要与用户沟通进行进一步细化；②对信息内容的要求，主要包括对信息所属的学科领域、主题内容、发展动向、主要结论、重要事实与数据等的要求；③对信息形式的要求，主要是指对信息的加工程度、外部特征等的要求，如：要求提供的是一手资料还是书目、文摘、综述等信息，以及对所提供信息的分类号、专利号、标准号、责任者、出版机构、语种等方面的具体要求；④对信息数量与质量的要求，主要是指对采集信息的数量、可靠性、先进性、完整性等方面的要求，当用户对信息的占有与存储感到不足或对信息产品支付等有困难时，常常反映出对原始信息的数量需求。而当用户信息意识增强，有一定的信息积累和较强的支付能力时，通常会对信息质量提出较高的要求，如：要求提供调研报告、可行性论证报告、综述等高质量的信息采集结果；⑤其他要求，主要是指用户可能还会对信息采集方式、途径、响应时间等提出具体要求。如：要求通过信息检索、阅读正式出版物、利用专门的信息系统等方式采集公开信息，要求利用社会交往、私人通信或参加会议等方式采集非公开信息。

**表 3-2　信息需求的结构组成表**

| 组成 | 含义 | 举例 |
| --- | --- | --- |
| 对信息源的要求 | 主要是对信息源范围和载体形式的要求,通常包括文献信息源需求(如:报纸、期刊、图书、档案等)和非文献信息源需求(如:产品样本、样机、模型、设备等)。 | (1)在《中国经营报》上查找有关房地产价格的相关信息;(2)查找关于网络团购的期刊论文;(3)到人力资源部查找张三的相关信息。 |
| 对信息内容的要求 | 主要是对信息所属的学科领域、主题内容、发展动向、主要结论、重要事实与数据等的要求。 | (1)查找有关大学生期望薪酬的数据;(2)查找奥运会赛场的赛后利用方式及案例;(3)查找物联网的发展趋势信息。 |
| 对信息形式的要求 | 主要是指对信息的加工程度、外部特征等要求,加工程度主要是指零次、一次、二次、三次信息,外部特征主要是指对分类号、专利号、标准号、责任者、出版者、出版或刊印时间、语种等的要求。 | (1)查找 2010 年出版的电子商务书目信息;(2)在 CNKI 数据库中查找李洪心发表的论文;(3)查找有关知识管理方面的文献综述。 |
| 对信息数量/质量的要求 | 主要是指对采集信息的数量、可靠性、先进性、完整性等方面的要求。 | (1)提供 3—5 本关于网上开店的图书信息;(2)采集近 5 年来的互联网发展统计报告。 |
| 其他要求 | 主要是指用户可能还会对信息采集方式、途径、响应时间等提出具体要求。 | (1)参加 2010 年长春汽车博览会采集最近汽车技术和产品信息;(2)检索 EBRARY 图书数据库,2010 年 5 月 5 日前提供知识管理最新图书信息。 |

### 3.1.2　信息需求的特点

随着信息社会和知识社会的到来,信息在人们生活和工作中发挥着越来越重要的作用,人们时刻关注收集着信息,并从各个方面、各个角度提出不同的信息需求。但总体来说,用户的信息需求主要呈现以下特点:

 信息采集

### 1. 多元化

信息需求的多元化主要表现在用户需求的信息内容、信息载体、信息类型均呈现多样化趋势。由于专业、职业、知识结构以及年龄等方面的个体差异,用户信息需求的内容也多种多样,除了需要本专业及相关学科领域的信息外,还需要完善知识结构、提高文化素养、提升生活质量等方面的信息。用户所需信息的载体也由原来单纯的文本形式,扩展到图像、声音、影像等多种形式。人们既需要直观、生动、容易被理解和接受的图文并茂的多媒体信息,也需要传统的印刷型信息,还需要大量的实物信息。既需要正式出版物提供的回溯性信息,也需要非正式出版物提供的动态信息,还需要通过 QQ、MSN、阿里旺旺等交流工具获得实时信息。信息来源不再局限于本单位、本地区,而是扩展到世界各地。

### 2. 精品化

信息需求的精品化主要表现在用户正在从大量的一般性信息需求转向对解决问题起关键作用的精品信息需求。现代信息环境的形成,使得社会信息总量激增,信息源丰富。这既推动了社会信息化进程,也造成了信息污染,削弱了有效信息的采集与利用。面对庞杂无序的信息源,用户很难找到精确的符合需要的信息。用户的信息质量意识逐渐加强,不再追求掌握待解决问题的全部相关信息,只希望能够迅速、准确地获得决策所需要的关键信息,以求问题得以快速解决。因此,用户越来越注重获得所关注领域内及时精确、内容专深、高质量的能解决问题的精品信息,更需要针对其科学研究、产品开发、事务处理等具体活动相关的有深度、新颖及时的信息。

### 3. 自助化

信息需求的自助化主要表现在用户可以利用信息采集工具自助性满足个人信息需求。新型信息工具的交互性特点,为用户直接进入信息查询系统提供了方便。网络上包罗万象的海量资源,多样化的搜索引擎及高效快捷的信息咨询服务等,使用户直接搜索获得所需信息成为可能。用户还可利用电子论坛、电子公告、电子邮件等工具,直接收集同行的意见建议,相互交流观点,实现即时信息交换,以快捷方式方便地采集各种知识信息,满足其信息需求。除此之外,用户可以通过网络进入信息机构的自助服务系统,找到用户指南并在其指

引下利用有关信息资源,或者进入信息机构的网络请求帮助系统,随时获取有关疑难问题的答案,还可以进入信息机构的在线专家系统,享受有关咨询服务。

4. 动态性

信息需求的动态性主要表现在用户的信息需求并不是一成不变的,它会随着其知识结构、认知能力、承担的任务的变化而变化。随着技术经济和社会知识的发展进步,以及个体信息采集经验的增长、信息处理能力的提高和工作研究领域的变动,人们对信息的需求无论从数量上还是从质量上都会有飞跃性变化。用户的知识不断增长,认知能力和社会技能不断提高后,就会在原有信息需求的基础上产生新的信息需求。另外,随着形势发展与问题的深入分析,潜在信息需求逐渐会转变为现实信息需求,以致发生质的变化。

5. 模糊性

信息需求的模糊性主要表现在用户对信息需求的内容、类型、范围等要求存在一定的模糊性。由于客观物质世界中许多事物均处于一种综合性、交叉性、不确定性状态,使得用户很难在初始阶段就对信息需求的数量、时间、内容、范围等方面有明确的思路。通常会在信息采集过程中,在外界客观因素的影响下,不断调整、逐渐明晰。用户信息需求的模糊性要求采集人员在开始采集前进行需求分析,采集过程中与用户进行有效沟通,采集完成后要了解用户的反馈意见,以随时根据用户的需求,合理安排采集任务和进度。

6. 独特性

信息需求的独特性主要表现在用户信息需求的类型、内容、结构、表现形式等方面具有个性化特征。每个用户都有自己特定的专业领域、工作任务、知识结构、兴趣偏好等,其所处的工作环境、生活环境、信息环境均存在一定的差异,因此,其信息需求与其他用户也存在较大的差异,并希望其独特的信息需求能得以个性化的满足。如:高校教师对知识型和事实型信息需求较大,而公司经理则对与自身业务相关的经营管理等信息有较大需求。用户信息需求的独特性已逐渐被人们认可,且在很多信息服务领域得到体现。

### 3.1.3 信息需求的影响因素

信息需求由用户的社会角色所决定,受个人主观因素和外界客观因素共同影响。因此,分析用户的信息需求,必须首先理清这些影响因素与信息需求的关系,从而了解用户的现实信息需求,预测用户的潜在信息需求,更好地为用户提供及时、适用、可靠的相关信息。影响信息需求的因素大体上可以分为用户个体因素、社会环境因素和自然环境因素三类。

**1. 个体因素**

用户个体因素对其信息需求的影响可分为内在因素与外在因素两个方面:

(1) 内在因素

内在因素主要包括:用户受教育水平及知识结构、用户智力水平与认知能力、用户个人偏好与特点、用户的信息素质等。其中,受教育水平决定了用户对不同信息类型的关注程度、对信息数量和质量的要求及对不同信息表现形式的接受能力。用户在成长、学习、工作历程中,逐渐形成的独特知识结构,也是影响其信息需求的重要决定因素。在用户受教育水平和知识构成相同的情况下,其智力水平和认知能力的差异将直接影响用户信息需求的认识与表达。用户的个人偏好与特点指用户的爱好、兴趣、志向、工作习惯及心理特点等,往往决定用户独特的个性化信息需求,影响着用户产生不同内容、不同深度、不同形式的信息需求。用户的信息素质包括对信息需求的认识与表达能力、信息系统的使用能力、信息采集和识别能力等,也时刻影响着用户的信息需求。提高用户的信息素质,有助于其将更多的潜在信息需求真正认识与表达出来,激发用户在学习工作中提出更多的信息需求。

(2) 外在因素

外在因素主要包括:用户的职业性质、工作任务、生活环境、社会人际网络、信息环境等要素。其中,用户的职业性质与工作任务是决定其信息需求的重要因素。据统计,一些从事党政领导、管理与社会科学研究的用户,对社会科学信息的需求占80%,对自然科学、工程技术信息的需求仅占20%。一些从事自然科学、工程技术、农业、医学工作者,对自然科学、工程技术、农业、医学信息的需求占70%,对社会科学信息的需求占30%[①]。由此可见,用户的职业不同,承担的任务不同,决定了用户所需信息的内容、类型和范围的不同。而用户个人和家庭的生活环境氛围、生活责任感等,决定了其对社会生活方面的信息需求。

---

① 张安珍,张翔.信息采集、加工与服务.长沙:湖南科学技术出版社,2001.2:56—60.

同时,用户信息需求还受到社会人际网络的影响,周围人群的职业类型、教育水平、问题解决能力与信息能力等均会对用户信息需求的产生、认识、表达、满足等起到刺激作用。此外,用户所处的信息环境中,信息设施是否完备易用、获得信息的可靠和便利程度、可有效使用信息源的数量与质量等都会影响用户的信息需求。

**案例3-1 应届本科毕业生A同学的信息需求**

应届本科毕业生A同学所学专业为信息管理与信息系统。2010年3月中旬,他查询到其考研成绩已达到国家线要求,但并未达到其所报院校的分数线要求。同时,其本科论文指导教师要求3月底前提交开题报告。由此,该同学产生了一系列的信息需求。在调剂信息需求方面,主要需要以下信息:调剂信息网络发布平台、可选调剂院校、调剂目标院校的要求及其联系方式、调剂流程、调剂请求反馈意见等。在开题报告撰写方面,主要需要开题报告的格式与要求、相关参考书、相关学士学位论文和期刊论文、指导日程安排等信息。由于考研调剂与开题报告写作时间存在一定的冲突,因此,该同学主要通过网络、同学、指导教师等信息源获取相关信息。

**2. 社会环境因素**

信息需求是一种社会性需求,用户所处的社会环境,决定着信息需求的产生及表现形式。社会因素对信息需求的影响往往是根深蒂固的,也是多角度、多层次的。

(1)社会政治环境

信息需求是在一定的社会政治环境下产生的,不同的社会制度、方针政策、法律制度、军事形势等环境因素,决定了不同的社会信息需求内容和结构。如:党的"十四大"提出了发展社会主义市场经济体制后,用户对"市场经济"、"知识经济"、"高科技"、"信息产业"、"网络信息技术"、"股市行情"、"世界贸易"、"经济法"、"信息战"等信息需求日益增加。

(2)社会产业结构

社会产业结构从总体上决定了社会各种专门信息的产生与需求,尤其是一个国家的信息技术、信息产业、信息经济的发展程度,直接影响到用户的信息需求及其满足程度。如:2010年《国务院关于加快培育和发展战略性新兴产业的

信息采集

决定》指出,"发展战略性新兴产业已成为世界主要国家抢占新一轮经济和科技发展制高点的重大战略",自此有关节能环保、新一代信息技术、生物、高端装备制造、新能源、新材料等新兴产业的基础理论研究信息及产品研发信息、专利技术信息等需求大幅增加,并随着网络信息资源和信息服务的提供和优化不断得以满足。

(3)社会人口状况

社会人口状况决定了人类总体的信息需求内容和类型。人是社会活动的主体,社会人口的数量、质量(智能、体能等)、结构(性别、年龄、阶层、职业、民族等)及其文化素养等要素,决定着信息需求的内容和类型。如:随着我国人口老龄化速度的加快,人们对养老保障、医疗保障、养老服务、劳动力状况等方面的信息需求逐渐加大;随着人们文化程度的提高和信息意识的加强,对需求信息的数量、质量等要求均明显提高。

**案例3-2 麦当劳公司选址时的信息需求**

麦当劳公司在计划进入某个城市之前,产生了经营环境分析的信息需求,他们总是先通过有关部门或者专业调查公司来采集该地区的相关资料,包括人口、经济水平、消费能力、发展规模和潜力、收入水平,以及前期研究商圈的等级、发展机会、成长空间等数据[①]。

**3. 自然环境因素**

自然环境是人类生存的场所,是影响社会发展的因素,对用户在社会活动中的信息需求必然产生一定的影响。

(1)自然资源状况

各国的国民经济及其产业发展,均是以开发和利用自然资源为基础的。不同的自然资源状况,形成不同的社会产业结构,进而导致信息需求内容及类型方面的差异。如:中东某些国家石油资源丰富,产生了大量的矿业及石油化工等方面的信息需求。而日本自然资源相对贫乏,电子制造业和汽车制造业是其支柱产业,因而产生了大量机械制造方面的科技信息需求。

(2)地理位置和地貌

---

① 肖明.信息资源管理(2版).北京:电子工业出版社,2008.9:131.

不同的地形、地势、地貌和地理位置从多方面决定了国家和地区各种生产和建设活动,进而决定了其社会信息需求的内容、类型、形式、方法与渠道。如:山区对矿业开采、果树种植等信息需求较大,而海滨地区则对水产养殖、潮汐、对外贸易等信息需求较大。

(3)气候状况

气候变化常影响到人们具体的工作内容以及任务完成的方式渠道,从而导致不同信息需求的产生。同时,气候状况通过影响人们的日常行为模式,影响着信息需求的内容、类型等。

**案例 3-3　上海密切监视日本核泄漏**

2011 年 3 月 11 日,日本东北部海域发生强烈地震后,福岛第一核电站机组相继发生爆炸,使人们产生了对"核爆炸"的恐惧。我国市民也因此产生了大量有关核辐射方面的信息需求,尤其是核辐射对我国的影响、核辐射的危害、核辐射防治措施等相关需求急剧增加。日本核泄漏发生后,上海监测站设立 4 个监测点,使用超大流量气溶胶采样仪采集空气样本,监测大气中是否含有异常的核物质,同时将采样周期缩短为一天多次,工作人员每 5 分钟便会计算一个均值,以对上海核辐射水平进行全面监测。根据国家环保部的规定,监测的样本必须在每天 9 时和 15 时集中汇总数据上报①。

## 3.2　信息需求的层次与类型

### 3.2.1　信息需求的层次

作为人类社会需求的一种,信息需求在不同影响要素的共同作用下,呈现出一种复杂、多维、动态发展的层次。著名情报学家科亨(Kochen)将用户的信息需求划分为客观状态、认识状态和表达状态三个层次(参见图 3-1)。

**1. 信息需求的客观状态**

信息需求的客观状态是指完全由客观环境决定的、不以个人主观意志为转移的需求,是个人对信息的总体的、客观的需求状态。该层次信息需求是由用户本身的工作环境、生活状态、知识结构等客观因素所决定的,既包括有意识的

---

① 吴洁瑾,韩晓蓉. http://shanghai.xinmin.cn/msrx/2011/03/14/9743764.html. [2011-03-14]

信息需求,也包括无意识的信息需求。由于待解问题过于复杂和隐蔽、个人认识能力有限及信息积累不足,或工作生活环境限制等原因,用户通常并不能完全认识自己的信息需求。

**2. 信息需求的认识状态**

信息需求的认识状态是指用户自己认识到的和通过外因刺激之后被唤起的信息需求。由于个人的信息认识能力和信息环境等制约因素的存在,用户不能完全认识到自己的客观信息要求,或者存在错误认识的信息需求状态。在此状态下,信息用户还没有将信息需求以任何形式表达出来,更不可能采取任何信息行为去完成信息采集。然而,用户必须尽可能全面地认识到自身的信息需求,才能激发自己的一系列信息行为,从而在信息采集过程中不断优化信息采集途径、方式以及内容等。

**3. 信息需求的表达状态**

信息需求的表达状态是指用户的信息需求被认识并表达出来的情况。由于受文化背景、工作环境、信息环境、知识结构等要素的制约,用户表达出来的信息需求常与信息需求的客观状态和认识状态存在一定的偏差。一般而言,用户的信息需求很难被全面表达,而且对信息需求表达是否恰当往往同用户个体的实际信息经验和表达方式有关。只有表达出来的信息需求才能获得外界的帮助与满足,即任何信息采集服务都只能在用户表达出来的信息需求的基础上运行。一般来说,认识状态的信息需求只是客观状态信息需求的一部分,而表达状态的信息需求也只是认识状态信息需求的一部分。

### 3.2.2 信息需求的类型

信息需求类型的划分有多种方式,如:按照信息需求的内容,可以将其划分为:数据事实等资料型信息需求、消息型信息需求、知识型信息需求等。按照需求信息的表现形式,可以划分为:文字信息需求、音频信息需求、视频信息需求、图像信息需求及隐性信息需求等。按照信息需求的目的,可以划分为:学习型信息需求、研究型信息需求、证实型信息需求、解疑型信息需求、娱乐型信息需求、随意型信息需求等。一般来说,习惯将职业和工作因素作为信息需求分类的主要依据。按照用户的职业和工作因素,可以将用户的信息需求划分为以下类型:

1. **管理决策者的信息需求**

管理决策者是指国家机关、科研机构、设计单位、工矿企业、农业部门、经济实体等机构的各级各类管理人员,他们在各自的岗位上以特有的方式进行各类决策。其信息需求的内容范围较广,侧重于全局性,可能涉及专业知识、经济、文化、管理、社会、市场、环境等方面的多种信息,对信息的要求为:明白易懂、简明扼要、准确可靠、全面系统。由于他们寻求的一般为解决某一问题可供选择的若干方案,因此,需求的主要信息源为调研报告、解决方案、总结报告、法律政策文件、发展规划方案等。由于他们需要利用客观、准确、完整和可靠的信息来辅助决策,因此,其需求的信息通常需要通过专人筛选、评价、整理和浓缩。另外,由于各自承担不同的工作任务,其信息需求还可能带有明显的针对性。

2. **研究人员的信息需求**

研究人员是指从事社会科学和自然科学理论和实践探索的科研工作者。其信息需求的学科领域较为固定,需求内容范围较为狭窄,对文献型学术信息和数据事实类信息需求较多,需求内容专深,对信息的准确性和可靠性要求较高。其需求的主要信息源为专业期刊、学位论文、研究报告、科研鉴定报告、学术会议论文集等。

3. **工程技术人员的信息需求**

工程技术人员是指农业、工业、林业、矿产、建筑等部门从事发明设计及技术操作的工程师、设计开发、生产技术人员等。其信息需求具有明显的行业性质,所需信息主要为有关新产品、新技术、新工艺等方面的具体信息,对应的主要信息源为技术期刊、专利、标准、产品样本、技术报告、实用手册、实物模型等。由于他们所面临的问题大部分为研究开发和生产实践中亟待解决的新问题,因而,十分强调信息内容的可靠性、准确性与新颖性。他们对信息需求的时间跨度小,对信息采集的时间期限要求严格。一般情况下,工程技术人员希望在规定期限内提供时间跨度不大的近期信息,尤其是对新产品样品、新材料、新设备等方面的实物信息,需求数量更大,内容更为专深。

4. **基层业务工作者的信息需求**

基层业务工作者是指各个部门和行业中的从事具体事务的工作人员。他们的信息需求内容涉及生产流程、生产工艺、设备使用和维护、检测检验等方面。由于其信息需求主要围绕工作中遇到的问题而变动,因此,他们对信息的时效性、针对性要求较高,但相对而言,其信息需求数量不大,对社会发展、事实性信息需求更多,需求的信息源类型主要为业务操作手册、规章制度文件、文档模板、范文样例、产品样本、技术标准规范、新闻消息等。

**5. 教育工作者的信息需求**

教育工作者指在大、中专院校和中小学从事教学工作的教师,包括教授、副教授、讲师、助教、中小学教师等。他们担负着教学和科研的双重任务,所需信息的学科范围比较固定,主题比较明确,十分重视信息的准确性和可靠性。在信息采集方式上,往往习惯于利用图书馆等资源亲自查阅文献,乐于与相关人员讨论问题,以及利用网络查询所需信息。

**6. 其他用户的信息需求**

其他用户还包括军事人员、医务人员、城乡个体户、专业户、学生以及社会上其他职业和待业人员等。他们的信息需求各具特点,如:医务人员常因临床中的特定问题而需要获得诊断、治疗方法、病例及药品剂量等方面的详细信息,需要以最快的速度获取准确可靠的信息。非正式渠道的交流是医务人员获取信息的主要方式。而学生的信息需求是由其学习任务所决定的,所需信息类型和内容比较单一,主要为教科书、专著和参考工具书。采集信息的方式主要为购买、借阅、复印、网络浏览等,所需信息的专业范围较明确,偏好系统性、权威性的信息源。

## 3.3 信息需求的表达与分析

### 3.3.1 信息需求的形成

在内外信息环境的刺激下,用户将产生信息需求动机。信息需求动机为一种内在驱动力,包括内在动机和外在动机。当用户发现自身知识结构在面对决策、问题解决、知识补充等方面存在信息缺失和知识盲点时,将引发内在动机,产生较强的信息需求;当用户的职业生产、生存环境、社会环境等发生改变时,需要不断调整自己以适应外界变化,将引发外在动机,产生新的信息需求。信息需求产生后,就要发生信息采集、信息交流、信息咨询等信息行为,从而获得信息需求的满足或产生新的信息需求,由此周而复始,如图3-1所示。

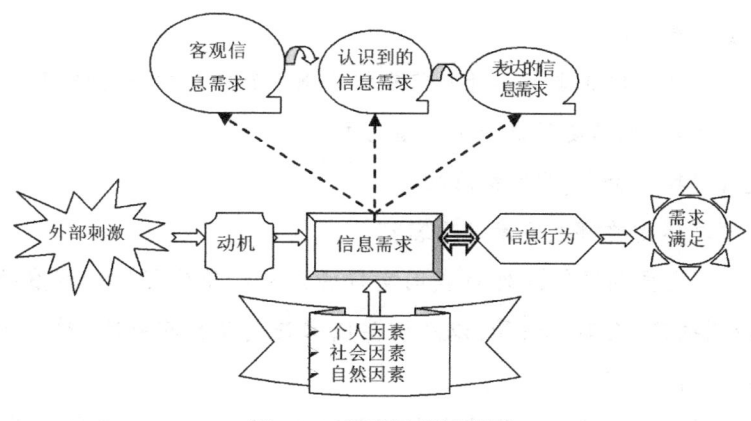

图 3-1 信息需求过程图

### 3.3.2 信息需求的表达

信息需求的表达是指通过一定的方式、手段或渠道将信息需求表示出来，是隐性信息需求向显性信息需求转变的过程。信息需求的表达方式可分为口头表达和书面表达两类。

**1. 口头表达**

口头表达即向同学、同行、同事、信息工作人员甚至陌生人等交流对象直接提出信息需求的表达方式。口头表达的关键之处就是把真正需要的信息内容清晰、准确地表达出来。口头表达信息需求的过程，实际上是同他人对话的过程。因此，主要是采用自然语言表达，通过交互性沟通来明确信息需求。如：无线宽带的服务商和资费情况如何？怎样保障网上购物的安全性？信息管理与信息系统专业的就业方向有哪些？这些问句均表达了用户的信息需求。对于比较复杂的信息需求，需要明确已知信息和预知信息，通常需要多次对话沟通才能明确。

[例 3-1] 茶叶农药残留检测信息需求的口头表达

背景：近年来发达国家不断提高茶叶农药残留检测标准，对我国茶叶出口造成了一定的影响。A 教授欲通过标准文献、期刊论文查询了解以下信息：国外的茶叶农药残留检测标准具体怎样？涉及哪些类别？有哪些针对中国出口茶叶的农药残留检测标准和项目？国外都采用了哪些检测方法？哪些国家提高了茶叶农药残留的检测标准？对我国的茶叶出口造成了多大影响？

 信息采集

\* 问答式表达：

教授A："您好！能查询茶叶农药残留检测方面的文献信息吗？"

对方："可以，您需要的是什么类型的文献？"

教授A："期刊论文、国家标准吧。"

对方："具体需要哪些方面的内容？"

教授A："主要想了解国外对我国实行的茶叶农药残留检测标准的具体情况，包括检测项目、检测方法等，以及哪些国家提高了检测标准，对我国茶叶出口造成的影响情况。"

对方："是否需要各种具体残留农药类型方面的文献，如：三氯杀螨醇、氟氯氰菊酯、杀螟硫磷、铬、汞、砷及氟化物等？"

教授A："暂时不需要，先了解下概况吧，如果可能，最好能提供相关方面的文献综述。"

对方："还有什么要求？"

教授A："在3天之内能查到这些信息吗？"

对方："可以。"

\* 陈述式表达：

在期刊论文中查找关于对我国出口茶叶中农药残留检验情况的综述性文献，并通过标准文献查询，具体了解我国和贸易国的农药残留的检测标准和项目，查询一年内哪些国家提高了茶叶农药残留的检测标准，对我国茶叶出口已经造成了什么影响。

[说明]：问答式表达过程取决于交流双方的表达方式和表达技巧，上述对话为A教授与某信息工作人员交谈的内容。通常，可以比较深入地明确信息需求，陈述式表达相对而言较为正式，表达的是否明确主要取决于陈述方。

## 2. 书面表达

书面表达即使用自然语言、关键词、短语等方式表达信息需求。主要包括以下表达方式：

（1）自然语言表达

自然语言表达是指采用与口头表达相似的简洁精练的语言表达信息需求的方式，其关键是清楚地描述出对什么样的信息感兴趣，需要了解哪些方面的

## 第3章 信息需求分析

信息。通过电子邮件、即时信息交流工具、网上留言咨询、问答式搜索引擎(奇虎、百度知道等)等途径获取信息时,通常可采用自然语言表达法。如:2011年5月,某研究人员在山东省科技厅公众问答上提问:"请问山东省软科学优秀成果奖在职称评审量化打分中是算省级奖,还是算厅级奖?"得到答案:"属于社会力量办奖范畴。详情请咨询科技成果处,0531-66777090。"

(2)关键词表达

关键词表达是指以内容特征为切入点,对信息需求的主题内容进行提炼,以单个关键词或多个关键词组配形式向搜索引擎、网络数据库、网络信息采集软件等提出信息需求。当我们用关键词来表达需求时,要注意选用规范的、重要的实词作为关键词,省略"的"、"了"等虚词,然后按一定的规则进行逻辑组配,同时还要考虑同义词、反义词、多义词等影响,必要时可以使用通配符、位置运算符等符号来限定关键词。通常,搜索引擎等信息采集系统会将用户输入的关键词与其数据库中的索引词比较,从而返回相匹配的记录,满足用户的需求。

**[例3-2]**"钢筋混凝土在桥梁建设中的应用"信息需求的关键词表达

背景:某教授研究"钢筋混凝土在桥梁建设中的应用"课题,欲请信息采集人员在ASCE(美国土木工程师学会)数据库中查询2003—2008年间的相关研究论文,试用关键词表达该需求。

\* 确定关键词:为了获得较多的检索结果,可初步将检索课题的关键词确定为两个:"钢筋混凝土"和"桥梁"。钢筋混凝土对应的英文短语为"armoured concrete"、"ferroconcrete"、"reinforced concrete",为了确定其对应的英文检索词,可以以这些短语进行简单检索。经过检索,以"armoured concrete"、"ferroconcrete"为检索词进行检索,返回的检索结果均为0,以"reinforced concrete"检索返回了1241条检索结果。因此,应选用"reinforced concrete"作为钢筋混凝土的英文检索词。桥梁对应的英文检索词为"bridge"。另外,在检索时间限制上,应选用时间范围:2003-01-01至2008-12-31。

\* 进行关键词组配:由于该课题较为复杂,因此需要对关键词进行字段匹配,根据系统提供的字段,可将需求表达为("reinforced concrete" in <abstract, title, keywords>) & ("bridge" in <subject heading>) & (usdate >= 1-Jan-

2003&usdate<=31-Dec-2008)。

[说明]对于初级用户来说,基于数据库的关键词表达,尤其是关键词组配表达难度较大,用户可以提出主要的关键词,由信息专业人员来构建专业的关键词表达式,也可以直接选用高级检索,由系统根据检索字段和关键词自动执行关键词组配。

(3)短语表达

短语表达是指用短语代替关键词来表达信息需求,每个短语由一组词语依次结合而成,这组词语相互之间存在特定联系。利用短语表达信息需求,可以消除单个关键词产生的需求表达不准确的影响,进一步过滤掉无关信息,从而提高信息采集效率。通常,搜索引擎和数据库支持使用引号或括号进行短语表达。短语表达法适合表达名言名句、古诗词、名词术语、特定文件等信息需求。如:要查询"人无远虑,必有近忧"的含义,查询"山东省物联网产业发展规划纲要"等,均属于用短语表达信息需求。

值得注意的是,由于不同人的表达能力与表达技巧不同,其信息需求表达效果也存在较大的差异。通常,用户产生信息需求后,首先会开展自助式的信息采集,若得不到满足,才会向信息采集专业人员求助。在此情况下,信息采集人员有必要对其信息需求进行分析,以准确把握其信息需求,更好地为用户提供相关信息。

### 3.3.3 信息需求的分析

对信息需求的准确把握,是适当选择信息源和信息采集方式的前提。对信息需求进行分析,要明确信息需求的背景,把握信息需求的目的,注重信息需求的细节,分析信息需求的主题及外部特征。

**1. 信息需求分析的内容**

进行信息需求分析时,主要应分析以下内容:

(1)信息需求的背景和目的

信息需求的背景是指信息用户的社会背景和信息需求产生的影响因素等,它们常是促成信息需求的主导因素,并会直接影响用户具体需要的信息源类型及需求程度。信息需求的目的是建立在用户需求背景上的信息活动的动力和信息目标,是决定信息选择的最主要的因素。

(2)信息需求的具体要求

对用户的信息需求分析是一个系统、复杂的过程,仅仅明确了信息需求的背景,掌握了信息需求的目的还远远不够,还要深入了解信息需求各方面的具体要求,才能有针对性地优化信息源选择策略,更好地满足用户的信息需求。信息采集人员可通过交谈或调查等形式,了解用户的信息需求背景、信息类型偏好、已掌握的信息情况等,从而进一步把握用户对信息源、信息内容、信息形式、信息数量和质量、信息时间范围等方面的具体要求。对于大型的信息采集项目,还要形成规范的信息需求表,并对信息需求的重要性和紧急性进行排序,如表3-3所示。

表3-3 用户信息需求表

| 信息需求主题 | 信息内容 | 信息源 | 形式 | 数量/质量 | 时间 | 需求人 |
|---|---|---|---|---|---|---|
| 关键供应商X的财务状况 | 资产负债率、现金流量、利润率等信息 | 财务报表 | 原始信息、结论信息 | 近2年的财务报表,要准确、可靠 | 3天内 | A企业采购部李经理 |
| 关键供应商Y的新产品信息 | 新产品型号、性能参数、价格、外观等信息 | 产品目录或说明书 | 原始信息 | 近1个月内的信息,要全面、可靠 | 1天内 | A企业采购部李经理 |
| 竞争对手Z企业B产品上市情况 | B产品的目标市场、特性、价格、外观、销售方式 | 产品广告、卖场销售人员、客户 | 产品样本、客户评价信息 | 新颖、全面 | 3天内 | A企业市场部陈经理 |
| …… | …… | …… | …… | …… | …… | …… |

信息采集

**2. 信息需求分析的方法**

分析确定用户信息需求的常用方法主要有：

(1) 过程分析法

过程分析法是通过对业务过程的系统考察和分析,将反映在过程中的常规信息需求加以提取和确认的方法。该方法较为灵活,适用于确定用户个体、组织或独立部门的多种信息需求。如:根据课题申报的过程,可以分析某研究人员的课题申报阶段的信息需求。

[例3-3] A同学网上开店信息需求分析

背景:A同学家开设毛巾加工厂,其毛巾产品出口国外受到好评。A同学欲发挥其专业特长,利用家族企业提供的稳定货源和优惠的价格,开设网络店铺。试分析该同学的信息需求。

\* 网店建设流程分析:根据A同学的具体情况,其网店建设主要需经过以下流程:①选择网络交易平台;②开设网络店铺;③开展网络交易;④进行物流配送;⑤提供售后服务等。

\* 阶段信息需求分析:在不同的流程阶段,A同学会产生不同的信息需求,如表3-4所示。

表3-4 A同学网上开店信息需求表

| 流程分析 | 信息内容 | 信息源 | 形式 | 数量/质量 | 响应时间 |
|---|---|---|---|---|---|
| 1 选择网络交易平台 | 网络交流平台的类型、特点、优劣势、适用群体、销售产品类型、费用及易用性等 | 已开店同学、朋友、网络交易平台说明及浏览器 | 通过分析,得出结论:哪个平台更适合? | 可靠、准确 | 一周内 |

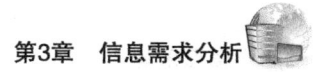

续表

| 流程分析 | 信息内容 | 信息源 | 形式 | 数量/质量 | 响应时间 |
|---|---|---|---|---|---|
| 2 开设网络店铺 | 开设流程、店铺认证、产品图片及说明、店铺装修、同类产品价格等信息 | 身份证件、产品实物、网络视频教程 | 图片加工软件、店铺装修工具 | 可靠、新颖 | 半月内 |
| 3 开展网络交易 | 客户信用信息、客户需求信息、客户联系方式、订单数量与订购产品信息等 | 客户 | 订单 | 准确 | 1—2个月 |
| 4 进行物流配送 | 可选物流公司、配送服务范围及价格、包装要求、运费结算方式、客户送货地址及联系方式等 | 物流服务商客户 | 服务条款及合同 | 可靠、准确 | 1—2个月 |
| 5 提供售后服务 | 售后查件、产品质量问题反馈、退换货、退款等 | 客户 | 即时通信工具交流 | — | — |

[说明]本例是在该同学已掌握一定的电子商务知识和具备一定的网上购物经验后,在进行可行性分析的基础上,开展的信息需求分析。因此,不需要账号注册、支付方式等信息需求。

信息采集

(2)规范分析方法

规范分析方法以用户的职业工作目标为基础,从实际工作任务和环境分析出发,经过任务目标和信息价值等研究,明确用户所需的信息范围、类型、提供方式等规范标准,然后按规范标准确定用户的实际信息需求。如:根据教师的教学任务目标,结合其所承担的具体课程和所在学校的制度要求,可分析其课程教学中的信息需求。

**案例3-4  KN电器的信息需求分析**

中国KN电器股份有限公司是中国规模最大的制冷家电生产企业之一,电冰箱年产达800万台,空调年产400万台,在国内冰箱及空调市场均占有重要地位,特别是冰箱市场的占有率连续十年居全国第一。2003年以来,KN电器与全球知名制造商、大型家电连锁企业及超市建立了广泛的销售合作关系,外销的数量以每年翻一番的速度增长,成为公司收入及利润的主要增长点。但与此同时,公司的营销管理也出现了很多问题,例如:战略不清晰、许多销售分公司各自为政、浪费严重、营销信息系统滞后等,公司整个营销管理急需进行重新定位、诊断和分析,提出行动和改进方案,以切实加强管理。罗兰*贝格公司根据营销工作的任务目标,通过访谈及问卷调查,对KN电器营销信息的需求与差距进行了分析。访谈主要的内容有:①各管理层所需做出的营销决策的内容及范围;②各管理层现有的营销信息来源;③各管理层现有营销信息的内容、分析方法及报告步骤;④不同部门之间营销信息的流动与沟通方式;⑤公司对营销信息的管理现状。在访谈的基础上,通过问卷调查,明确了各管理层决策所需的信息内容、分析方法及报告频率,了解各层次之间营销信息流向与沟通要求以及最迫切需要的营销信息。通过分析,罗兰*贝格公司发现,KN电器营销中心缺少许多最基本的营销信息,并向KN集团提交了营销信息需求分析报告。表3-5、表3-6[①]节选自该信息需求分析报告。

---

① 方少华.市场营销咨询方法、工具与案例.北京:中国经济出版社,2008:151-202.

## 第3章 信息需求分析

**表3-5 KN电器营销中心信息需求及现状表**

| 核心信息需求(冰箱、空调和冷柜) | | | 次要信息需求(冰箱、空调和冷柜) | | |
|---|---|---|---|---|---|
| 内容 | 频率 | 现状 | 内容 | 频率 | 现状 |
| 销售业绩/销售业绩分析 | 月 | × | 广告与促销活动效果分析报告 | 月/不定期 | × |
| 具体到分公司的市场份额 | 月 | × | 用户服务质量信息反馈 | 月/不定期 | × |
| 年度/季度营销计划 | 季/年 | × | 营销预算分析情况 | 月/不定期 | √ |
| 重大广告宣传/新产品推广方案 | 季/不定期 | × | 消费者消费预算分析 | 季/不定期 | × |
| 主要竞争对手营销动态分析 | 月 | × | 产品分区域市场的组合 | 季/不定期 | × |
| 成品库/中转库库存分析报告 | 月 | × | 区域市场分析 | 不定期 | × |
| 应收账款和信用额度 | 月/季 | × | 商业库存 | 不定期 | |
| 客户结构分析报告 | 不定期 | √ | | | |
| 宏观经济分析报告 | 月 | √ | | | |
| 总体市场分析报告 | 不定期 | √ | | | |
| 品牌市场定位分析 | 不定期 | √ | | | |

注：√——已有并且较好；×——有待提供。

信息采集

表3-6 冰箱专业公司总经理信息需求及现状

| 核心信息需求 | | | 次要信息需求 | | |
|---|---|---|---|---|---|
| 内容 | 频率 | 现状 | 内容 | 频率 | 现状 |
| 回款/发货 | 日 | (×) | 广告费用预算执行情况 | 月 | √ |
| 销售业绩/销售业绩分析 | 月 | √ | 分公司营销计划实施结果分析 | 月 | (×) |
| 区域市场份额及其变化 | 月 | (×) | 商业库存结构 | 月 | √ |
| 3个月销售滚动预测 | 月 | (×) | 用户服务网点结构分析 | 季 | √ |
| 客户开发及结构报告 | 月 | × | 分公司审计/专项审计报告 | 不定期 | √ |
| 库存总量和结构分析 | 月 | √ | 专项广告活动抽查效果分析 | 不定期 | √ |
| 应收账款和信用额度控制情况 | 月 | (×) | 营销队伍及人员结构分析 | 季 | √ |
| 总体销售费用预算执行情况 | 季 | (×) | 人员发展计划和结果 | 季 | √ |
| 主要竞争对手营销活动分析 | 月 | √ | 消费者分析报告 | 不定期 | (×) |
| 总体市场发展分析报告 | 不定期 | √ | | | |
| 重大广告活动/新产品投放方案 | 季 | (×) | | | |
| 用户服务质量信息反馈 | 不定期 | √ | | | |

注：√——已有并且较好；(×)——已有但质量不佳；×——有待提供。

(3) 关键因素分析方法

关键因素分析方法是根据目标与影响因素的相互作用,通过访谈或调查等方式,确定主要的关键成功因素,进而推导用户信息需求的方法,通常适用于管理者或机构的信息需求分析。应用关键因素分析方法确定信息需求大致可分为确定目标、识别关键成功因素、确定关键信息需求三个步骤。如:管理者的信息需求往往从经营管理的关键因素中推导出来。

**[例 3-4] X 企业提升产品竞争力的信息需求分析**

背景:X 企业生产复合地板,为提升其产品的市场占有率,该企业管理层开展了关键因素分析,认为提升其产品占有率的关键因素为:产品质量、产品成本、市场服务三个方面。要求该企业产品部经理采集三方面的相关信息,制订提升产品竞争力实施方案。试分析其信息需求。

\* 关键因素及需求信息主题分析:根据该企业的具体情况,其关键因素对应的信息需求主题为:①提升产品质量;②降低产品成本;③完善市场服务。

\* 具体信息需求分析:对于不同的信息需求主题,X 企业会产生不同的信息需求,如表 3-7 所示。

表 3-7　X 企业提升产品竞争力的信息需求分析

| 目标 | 关键因素 | 信息需求主题 | 信息源 | 质量 | 响应时间 |
|---|---|---|---|---|---|
| 提升产品竞争力 | 1 产品质量 | 竞争对手产品的优势 | 竞争对手产品消费者企业产品部 | 可靠、全面 | 一周内 |
| | | 本企业产品的劣势 | | | |
| | | 本企业产品的可提升空间 | | | |
| | | 产品质量优化技术 | | | |
| | | 产品质量保障制度 | | | |
| | 2 产品成本 | 可选原料供应商 | 分销商市场专利文献 | 可靠、新颖 | 半个月内 |
| | | 同类原料最低价格 | | | |
| | | 最优性价比原料供应状况 | | | |
| | | 原料管理费用 | | | |
| | | 产出率提升技术 | | | |
| | 3 市场服务 | 售前用户服务内容、方式及存在问题 | 客户服务部消费者 | 全面 | 一周内 |
| | | 售中用户交流及优惠促销方式 | | | |
| | | 售后用户服务内容、方式及存在问题 | | | |

**信息采集**

[说明]:本例是根据关键因素推导,结合相关文献,归纳总结得出了该经理的关键信息需求。

除了上述常用的三种方法外,还可以使用目标–手段分析法、决策分析法和输入–处理–输出分析法等方法来分析信息需求。各种信息需求分析方法均有其优缺点和适用范围,可根据分析条件的具体情况来选择最适当的方法,在此不再赘述。

## 3.4 信息需求的规律

探索信息需求的内在规律性,对于指导信息采集工作具有普遍意义。用户的信息需求主要存在以下规律:

### 3.4.1 需求分布律

需求分布律是指用户的信息需求呈现出集中分散的特征。如:对从事电子工程技术研究的用户进行文献来源需求调查可以发现,其所需的 1/3 左右的文献来源于本学科领域,另外 1/3 左右的文献来源于相关学科领域,余下的 1/3 左右的文献则来源于关系不太密切的范围更广的学科领域。进一步对他们所需的期刊文献类型进行调查,发现三个区域的期刊数量存在 $1:a:a^2$ 的关系,符合布拉德福等级分布规律,即用户在科学研究与经济建设活动中,对期刊中的信息需求,有 1/3 来自数量较少的核心期刊,1/3 来自数量较多的一般性相关期刊,另 1/3 来自分布很广、数量最多的期刊。这就说明,用户对期刊的信息需求,集中分布于核心期刊中,分散分布于一般性的专业期刊和离散宽广的其他期刊中。归纳而言,用户所需信息按学科领域、载体、语种的分布是集中分散的,即常用的信息比较集中,然而余下的信息比较分散,其分布规律遵循"布氏等级分布"。

### 3.4.2 需求省力律

需求省力律是指用户对信息需求的具体要求呈现便利、省时、省力、低成本等特征。信息需求产生于科研实践活动中,用户根据其实际需要来确定其信息需求,希望在解决问题的前提下采集和吸收信息的工作量和付出的代价最小,即用户的信息需求行为符合齐夫(Zipf)最小努力原则。信息需求省力律主要表现在以下方面:①在信息源和采集途径的选择上,若同一价值的信息存在于多种信息源和多种途径中,则用户常选择最易使用的信息源和采集途径,如:现在大部分中青年用户产生信息需求后,首先会通过网络搜索引擎来获取相关信息,通过网络无法获取时再考虑其他途径。②在采集方式的选择上,若同一价值的信息可通过检索、调查、购买等方式获取,用户往往选择最熟悉、最习惯、最方便的方式。著名的"穆斯(Mooers)定律"指出:"一个信息检索系统,如果对顾客来说,他取得信息要比他不取得信息更伤脑筋和麻烦的话,这个系统就不会得到利用。"此定律从另一个侧面说明了"需求省力律"的正确性。③在代价的选择上,用户对信息需求的满足,常常希望用最少的时间,消耗最少的物质,花最少的精力,即以最小的代价来获取最恰当的、最有价值的信息,以取得最好的效果,达到预期目的。

### 3.4.3 需求变化律

需求变化律是指用户的信息需求,随着其承担的社会角色、知识结构等因素的变化而变化。主要表现在以下方面:①用户的信息需求随其社会角色的变化而变化。用户所承担的社会角色是多种多样的。所谓"社会角色"是指"与人们的某种社会地位、身份相一致的一整套权利、义务的规范与行为模式,它是人们对具有特定身份的人的行为期望,它构成社会群体或组织的基础①"。一位教师在从事教学时,它所承担的社会角色是教师,其需要主要是学生的学习基础、心理状态、出勤状况以及教学大纲与参考书等信息;在外出旅行时,他是旅客,需要的是交通、旅游景点、餐饮住宿等;他上街购物时,社会角色是顾客,他要了解商品的性能、质量、价格、售后服务等信息。总之,其信息需求随着其社会角色的变换而变化。②用户的信息需求随其知识结构的变化而改变。用户的知识结构是决定其信息需求的重要因素。知识结构的变化不仅影响着信息需求量的改变,还直接关系到信息需求的内容与质量。不同知识结构的用户,对信息的内容、量与质的需求是不同的。即使是同一用户,在不同的时期,由于知识结构的改变,对信息的量与质的需求也不同。因此,向用户提供的采集信息必须与其知识结构相适应。

### 3.4.4 需求时限律

需求时限律是指用户对信息的需求呈现一定的周期性、阶段性、应急性等

---

① 张安珍,张翔. 信息采集、加工与服务. 长沙:湖南科学技术出版社,2001.2:56-69.

时间制约特征。事物的发展总是呈现一定的周期性、节律性、阶段性特征,用户对信息的需求,也随着这些特征的变化而变化。如:高等院校的用户,开学初对教学参考书、课外用书的需求量大,出现第一次信息需求高峰,以后需求量逐渐减少;期中教学处于深入阶段,用户需要更换参考书,查询工具书与期刊论文,出现第二次信息需求高峰,以后需求量逐渐减少;到了期末教学阶段,用户产生了考试信息需求和假期阅读的信息需求,因而出现用户对文献信息需求的第三次高峰。每学期大致如此,呈周期性运转。而对于科学研究,总是按照"立项、课题研究、结题鉴定、试制新产品"等阶段进行,因而用户处于不同的阶段,对信息需求的范围、内容是不同的,其变化呈现一定的阶段性。另外,用户在科研、生产、管理等工作中,往往出现一些应急事件。如:生产事故、质量安全事件、自然灾害等,导致用户临时产生特定而急切的信息需求,常要委托相关的专业部门或信息机构来满足其信息需求。

### 3.4.5 需求分化律

需求分化律,即信息需求的马太效应,是指用户信息需求会随着时间的推移呈现强者愈强、弱者愈弱的趋势。也就是说,由于不同用户的学历、经历、职业等不同,其信息需求量是不同的,甚至存在很大的差距,这种差距会随着时间的推移逐渐加大。具体而言,信息需求的分化律表现在:为数不多的信息需求量较大的用户,随着时间的推移,信息需求量将愈来愈高于平均水平,这部分用户在行为上表现为力图占有更多更新的信息资料,在信息资料来源不充分的情况下将影响其他用户的需求。而信息需求量小的用户,伴随时间的推移,其信息需求量将愈来愈低于平均水平,特别是在信息资料短缺的情况下更为显著。如:科学家、教授、专家、决策者等在科学研究、产品开发、管理决策中,不断地搜集、加工、积累信息,不断地产生出新成果,不断激发出新的信息需求,而一般的办公室人员,忙碌于日常性事务工作,信息需求量越来越小。

**习题**

1. 什么是信息需求?
2. 信息需求可以划分为哪几个层次?
3. 信息需求的规律有哪些?
4. 结合个人实际情况,说明您在学习过程中有哪些信息需求?您是通过何种方式或途径满足这些信息需求的?

5. 阅读下述材料,并回答问题。

(1)假设您是某机构信息采集工作人员,受山东省青岛市某景区公司委托,要在一周内提交青岛浒苔处理方案,报告内容包括:浒苔的成因、影响、应对措施等内容,请您根据该委托分析其信息需求。

(2)请利用网络查询浒苔处理的相关信息,并将采集信息进行汇总,形成《青岛浒苔处理方案》。

### 青岛浒苔围城

2010年7月1日,中央电视台第2套《经济信息联播》报道,山东青岛附近海域出现了大面积的浒苔,分布面积接近14,000平方公里,覆盖面积达到了400平方公里,现场画面触目惊心。这也是继2008年和2009年,浒苔绿潮两次大面积入侵后,连续第三年进入青岛内海,并在6月29号凌晨登陆了青岛市西海岸,青岛市已将浒苔灾害应急响应提升至三级。2008年青岛浒苔爆发就曾因遮蔽阳光影响了海底生物生长,造成近海养殖业受损,那么,本次浒苔大范围爆发,对青岛近海的养殖业有没有造成影响和损失?该怎样应对浒苔来袭?(http://finance.sina.com.cn/china/dfjj/20100701/22028218773.shtml)

# 第4章 信息源的筛选

**【本章提示】**

本章介绍信息源筛选方面的知识,包括信息源基本知识、评价方法、选择策略等。通过本章的学习,学生应掌握信息源的基本类型,了解并熟悉常用的信息源,理解信息源的评价方法及选择策略,能够熟练地将信息源筛选理论应用于信息采集实践。

在对信息需求有了明确地分析和表达之后,接下来就要认识和鉴别各种信息源,为采集信息做准备。信息源是信息采集的对象。不同类型和形式的信息源,在信息传递和交流中具有各自的作用和特点。在信息采集实践中,需在分析和明确用户信息需求的基础上,了解并熟悉各类信息源,有针对性地选择恰当的信息源,才能保障信息采集的效率和质量。

## 4.1 信息源的概念与类型

任何信息均是从相应的信息源生成并发布的。只有了解并熟悉信息源,才能知道何时何地到何处去采集所需要的信息。

### 4.1.1 信息源的概念

信息源(Information Source,简称信源),顾名思义,就是信息的来源,是信息的发源地和根据地。目前,对于信息源的概念,不同学者从不同的角度做出了界定。联合国教科文组织出版的《文献术语》将其定义为:"个人为满足其信息需要而获得信息的来源,称为信息源。"我国《简明信息辞典》将其定义为:"信息源即是信息的发生源。"前苏联出版的《俄英情报学词典》将其定义为:"产生信息或为了传递而持有信息的任何系统。"传播学中认为,信息源是指信息的来

# 第4章 信息源的筛选

源,可以是人、机器、自然界的物体等,它是信号的产生者,它与信号的接收者信宿相对应。本书赞同信息资源管理界大部分学者的看法,认为信息源是人们在科研活动、生产经营活动和其他一切活动中所产生的成果和各种原始记录,以及对这些成果和原始记录加工整理得到的成品。信息源内涵丰富,它不仅包括各种信息载体,也包括各种信息机构;不仅包括传统印刷型文献资料,也包括现代电子图书报刊;不仅包括各种信息储存和信息传递机构,也包括各种信息生产机构。

### 4.1.2 信息源的类型

信息源数量庞大,种类繁多。从不同的角度,根据不同的标准,可以将信息源划分为不同的类型。

**1. 按产生的时间顺序划分**

按信息源产生的时间顺序,可分为先导信息源、实时信息源和滞后信息源。

(1)先导信息源

先导信息源(又称预测信息源)是指在社会活动酝酿、计划、萌芽、潜藏等阶段产生的信息源。该类信息源具有一定的预测性,能为决策提供信息依据,减少决策的风险性与不确定性,如科学展望、天气预报、市场预测、动向分析等。

(2)实时信息源

实时信息源是指在社会实践活动过程中产生的信息源。该类信息源可以实时反映现场交易、生产、实验等活动的进展情况,是开展管理、决策、调度等活动的基础,如病历、实验记录、讲座、股市行情、产品测试报告等。

(3)滞后信息源

滞后信息源是指社会活动完成之后产生的反映相关活动的信息源。该类信息源带有一定的总结性、经验性。绝大多数文献均属于滞后信息源,如期刊、科技报告、论文、综述等。

**2. 按加工程度划分**

按信息加工程度不同,可分为零次信息源、一次信息源、二次信息源、三次信息源。

(1)零次信息源

零次信息源是指非正式传播或未公开发表的信息源,一般是指直接传达信

 信息采集

息的事物。如手稿、口头信息、私人笔记、来往信件、文章草稿、观测记录、谈话记录、设计草图等。该类信息源通常为个人或组织内部所有,由于传播领域很窄,因此难以采集和积累。

(2) 一次信息源

一次信息源是指来源于信息生产者的创作或生产实践活动的原创信息源,如学术著作、论文、科技报告、专利说明书等。其特点是内容详尽,出版时间分散。

(3) 二次信息源

二次信息源是指通过对大量原始信息源进行采集、汇总、标引、著录、加工、整理、浓缩、序化、编排而形成的信息源,如目录、索引、文摘等。其特点是信息量大,系统性、可检性强。

(4) 三次信息源

三次信息源是指对一、二次信息源进行分析、比较、提炼而生成的系统化信息产品,如字典、词典、手册、文献综述、述评、百科全书、年鉴、指南、书评等。其特点是参考性、浓缩性强,主要用于采集数据、事实信息及了解科学技术发展现状与趋势。

**3. 按信息源的记录手段划分**

按信息源的记录手段不同,可分为手写信息源、印刷信息源、缩微信息源、声像信息源和数字信息源。

(1) 手写信息源

手写信息源是指采用手抄和刻写等记录手段记载的信息源。如古代的甲骨文、金文、帛文等;现代的手稿、日记、笔记、书信、会议记录、设计草图、原始档案等。其特点是具有较强的原始性和稀缺性。

(2) 印刷信息源

印刷信息源是指以纸张为载体、以印刷为记录手段而产生的传统形式的信息源,如图书、期刊、报纸等。其特点是便于阅读和流通,符合人们获取信息的习惯,但存储密度小、体积大,存放和管理需占用大量的空间和人力。

(3) 缩微信息源

缩微信息源是指以缩微平片或胶片等感光材料为载体、利用光学技术为记

录手段而产生的信息源。其特点是存储密度大、体积小、寿命长,便于存放和管理,但需借助于专门的缩微阅读机才能阅读。

(4)声像信息源

声像信息源是指以磁介质和感光材料为载体,利用特殊装置直接把声音图像记录下来的信息源。如录音带、录像带、幻灯片、电影胶片、唱片、激光唱盘等。其特点是直观、生动、形象、便于理解。

(5)数字信息源

数字信息源是指以磁、光、电介质等为载体,以二进制代码为记录手段,并借助于计算机等设备存取的信息源,如电子图书、电子期刊、电子报纸、光盘数据库、网络数据库、网页等。其特点是存储量大、出版周期短、存取速度快、传递及时、便于复制和共享,还可以将文本、声音、图像等多种媒体融为一体,是目前最流行、利用率最高的信息源。

**4. 按载体形态划分**

按信息源的载体形态不同,可分为文献信息源、口语信息源、网络信息源和实物信息源。

(1)文献信息源

文献信息源是通过文字、符号、图形、图像、音频、视频、代码等表现形式记录信息的来源,如图书、期刊、报纸、会议论文、学位论文、专利文献、标准文献、科技报告、政府出版物等。其特点是数量巨大,历史悠久,便于保存、积累和反复使用,是信息源的主体,也是信息采集的主要对象。

(2)口语信息源

口语信息源是以口头形式存在的信息源,即指存在于人脑的记忆中,通过交流、讨论、报告等方式交流传播的信息源。其特点是直接、及时、针对性强,但稍纵即逝,不便于记录、积累、保存和重复,容易误传。

(3)网络信息源

网络信息源是指以现代信息技术和互联网为依托,用数字化形式记录的、多种媒体形式表达的,分布在互联网中不同主机上,通过计算机网络通信方式进行传递,并在网络终端显现的各种信息源的集合或总称。简单而言,是指在互联网上发布传播的信息资源。具有数量巨大、内容丰富、更新及时、采集方便

信息采集

等优点,深受信息采集人员的喜爱,但也存在信息质量良莠不齐、分散无序等缺点。

(4) 实物信息源

实物信息源是指存在于自然界和人工制品中,可通过实验、购买、索取、参观等方式交流传播的信息源,如产品、样品、模型、标本等。其特点是真实、直观、形象、易模仿。

**5. 按公开范围划分**

按信息源的公开范围不同,可划分为白色信息源、灰色信息源和黑色信息源。

(1) 白色信息源

白色信息源(又称公开信息源)是指通过正式的传播渠道在社会成员中公开流通的信息源。包括图书、报纸、期刊、会议、广播、电视、网络等。其特点是数量庞大,增长迅速,覆盖用户广泛,是当今社会利用率最高的信息源。

(2) 灰色信息源

灰色信息源(又称半公开信息源)是指通过非正式传播渠道向一定范围内用户公开流通的信息源,包括:非公开出版的政府文献、学位论文;不公开发行的会议文献、科技报告、技术档案;不对外发行的企业文件、企业产品资料、贸易文件;未刊登稿件、内部刊物、交换资料、赠阅资料等。其特点是流通渠道特殊,内容参考价值高,但不易获取,利用率较低。

(3) 黑色信息源

黑色信息源(又称非公开信息源)是指通过非正式渠道传播、不公开流通的信息源,或者是那些只对指定用户公开流通且内容保密的信息源,如军事情报资料、政府内部文件、技术机密、个人隐私材料等。其特点是流通范围非常小,非特定用户基本上无法获取,利用率非常低。

**6. 按特征和运动规律划分**

按信息源的特征和运动规律不同,可分为离散信息源和连续信息源。

(1) 离散信息源

离散信息源是指断断续续、零星生产或偶然产生信息的源头。其特点是没有规律性,产生的信息不连续,偶然性比较大,只能输出有限数量的信息。如简报、总结等。

### (2) 连续信息源

连续信息源是指随着时间的推移而连续不断地发出信息的源头。其特点是可以连续输出信息,规律性强,有序度高,但每一信息所含的信息量较小。如:期刊、数据库、日报等。

除此之外,还可根据语种、存在形式以及专业范围等标准,对信息源进行相应的划分,各种类型的信息源还可以进一步划分为不同的子类型,在此不再赘述。

## 4.2 常用信息源

按其归属范围划分,可将常用信息源分为常用内部信息源和常用外部信息源。

### 4.2.1 常用内部信息源

内部信息源是指用户及其所在机构团体为了经营管理、社会交往需要而建立的信息源集合,它包括绝大部分的黑色信息源和部分灰色信息源。目前,常用的内部信息源有以下几种:

**1. 个体信息源**

个体信息源是个人长期积累形成的、独自拥有的信息资源,主要包括:个人文件资料、信件、档案等显性信息源,以及个人的知识、经验、技能、想法等隐性信息源。不同的个体,由于年龄、文化水平、职业背景等不同,其拥有的信息源在内容、形式、数量等方面都呈现不同的特点。如科学家掌握其所研究领域的一些最新研究成果、独特的研究思路及一些未公开报道的数据、资料、实验结果等;而一般的科研人员虽然也可能具备上述信息源,但其信息价值却小得多。个体信息源具有私有性特征,因此很难被其他个人、团体机构获取,尤其是个人隐性信息源,因其存在于个人的大脑中,因而更难采集。个体信息源虽然难以获取,但往往价值很高。米哈依洛夫在《科学交流与情报学》中指出,在科学、技术、设计、生产四个领域中,经过人物信息交流所获得的信息分别占所有获得信息的40%、64%、79%和77%。著名的"头脑风暴法"正是个体信息源应用的最佳案例。

**案例4-1 黑丁顿采石场的工人运动**

20世纪20年代,英国由于工业化和都市化的急速发展,社会贫富分化越来

信息采集

越严重,大量贫民涌入城市,失业和贫困问题造成了社会的不安定因素。牛津附近的黑丁顿采石场的工人们由于生活困顿,为争取权益组织了工人运动,这些运动被当时的报纸、杂志千篇一律地报道为暴民的暴动①。当时,英国的经济学家拉斐尔·塞缪尔认为事实并非如此。为了证明自己的观点,他通过走访、交谈等方式,与工人们交流,搜集了大量的相关信息,真实反映了当时采石场在被汽车工业吞没前的经济和社会环境,以及工会的组织规模和社会关系网络,及时扭转了英国当局对采石场工人运动的认识,改变了处理措施。

2. 组织机构内部信息源

组织机构内部信息源是指组织机构拥有的信息源。从广义上讲,任何从组织机构内部获取到的信息来源都可以看成机构内部信息源,因此,机构内部设立的资料室、网络中心、档案室等,机构内部的专家、技术人员、研发人员、销售人员以及机构内部的规章制度、政策文件、发展战略与规划、年度报告、检测报告、图纸、技术档案、报表、清单、合同、手册等均属于机构内部信息源。另外,还有大量未经组织的隐性信息源散存于各部门和业务人员中。信息采集人员可以通过咨询表、电话采访、信息矩阵表、录像等方式连续、系统地将机构内部的信息进行采集组织,汇集成具有较高使用价值的信息源。如:企业技术部门的技术应用、技术动向、新产品、新工艺等信息;财务部门的投资收益分析、融资渠道、与金融机构的合作信息等;人事部门的人力资源状况、用人机制、培训计划、奖惩制度等信息;销售部门的运输渠道、客户信息、营销策略信息等;采购部门的原材料采购渠道、质量控制方案、货源数量、品种分布等信息,均是企业经营、管理、决策的重要依据,其价值不言而喻。因此,应注重组织机构内部信息源的采集。

一般情况下,组织机构内部的大部分信息源都是有密级控制的,获取相应的权限后方可查阅;少部分信息源没有密级限定,可以在一定范围内公开流通,但流通范围通常控制在组织机构内部。网络环境下,为了保障信息源的机密性,很多组织机构都建立了内部网,并隔离了与外部网的连接。内部信息源的传播渠道控制及其分布的局限性,导致其利用率较低。因此,在信息采集过程

---

① 沈固朝.档案工作要重视口述资料的搜集. http://weilaiwansui.blog.hexun.com/246303_d.html. [2010-03-09]

中,一方面在条件允许的情况下,要注重对机构内部信息源的采集利用,另一方面,要尽量从公开渠道采集相关信息。

**案例 4-2　微软采用"动态数据模式"共享企业内部信息源**

微软公司建立了一种"动态数据模式"的方法来共享企业内部信息源①。具体说来,就是建立一个新的 Web 页,代表一个原点,纵轴是公司的竞争对手,横轴是有关这些公司的各类信息。然后将各类适当的资源连接到纵轴、横轴的节点上,并通过订阅道琼斯动态信息,把竞争对手公司的信息直接与有关资源相连。用户可以通过简单的内部网浏览,轻松得到某个公司的概要介绍和背景以及各种新闻资料,高级用户还可以得到有关财务、销售和市场的情况,这样就可以做到在用户需要的基础上配送更多的竞争信息。微软还鼓励那些与客户或合作伙伴有直接联系的人积极上传相关信息。通过鼓励人们贡献有价值的信息,微软的内部网具有了客户化和个性化的特点。

### 4.2.2　常用外部信息源

相对于内部信息源而言,外部信息源泛指那些面向社会用户,通过正式和非正式渠道公开传播的信息源,它包括所有的白色信息源和部分灰色信息源。理论上,这些信息源没有传播内容、传播渠道、传播对象等方面的限制,因此,可以在最广泛的领域内共享。尤其是现代科学技术的发展,极大地推动了图书、期刊、报纸、广播、网络等各类外部信息源的发展,外部信息源正以几何倍数迅速增长,成为用户主要的信息源。

目前,常见的外部信息源有以下几种:

**1. 文献信息源**

文献信息源是人类最古老的信息源之一,常用的文献信息源主要有以下十类:

(1) 图书

按照联合国教科文组织《关于印刷品统计》文件的规定,49 页以上装订成册的印刷品称为图书,5—48 页的印刷品称为小册子,4 页以下的称为零散资料。图书是历史最悠久、数量最多的文献信息源,具有主题内容突出、完整系统、可靠性强、论述全面深入等优点,具有重要的参考和学术价值,其缺点是具

---

① 包晓闻,刘昆山. 企业核心竞争力经典案例. 北京:经济管理出版社,2005.6:9.

信息采集

有一定的时滞。

(2) 连续出版物

国际标准化组织《国际标准书目著录》中,将连续出版物定义为:一种逐次分册发行,通常编有序号或年代标号,并打算无限期地连续出版下去的印刷型出版物,包括期刊、报纸、各种机构的报告丛刊和会志、会议录及丛书等。连续出版物是科技人员利用频率最高的文献信息源。与图书相比,它具有连续性、及时性、新颖性、稳定性强等优点,但系统性差、传播渠道窄,是了解科技动态、研究热点、理论前沿、行业发展趋势信息的重要信息源。

(3) 会议文献

会议文献是指在各种会议上发表的文献集合,是揭示最新理论、科学、技术、知识等动向的一次信息源。其优点是能反映最新成果、主题内容鲜明专深、信息传播及时迅速;缺点是研究内容可能不太成熟、传播范围有限、采集成本较高。会议文献是科研人员获取行业或学科研究热点、发展趋势的重要来源。

(4) 专利文献

专利文献泛指与专利活动相联系的多种文献集合,包括专利申请书、专利说明书、权利要求书、专利公报、专利数据库等。研究表明,世界上90%以上的研究成果首先是以专利文献形式体现,因此专利文献具有内容新颖、范围广泛、系统详尽、实用性强、报道快速、反映新技术快等优点,是技术人员从事发明创造、研究开发的重要信息源。

(5) 标准文献

标准文献泛指与标准化工作有关的文献集合,包括标准形成过程中的各种档案、标准宣传推广手册及其他出版物。标准文献常具有一定的约束力,时效性强,格式整齐划一。通常,一个标准只解决一个问题,不同种类和级别的标准在不同范围内贯彻执行。标准文献是各组织机构较为常用的信息源。

(6) 政府出版物

政府出版物是指由各国政府及其所设立的专门机构颁发和编辑印制的各种文献资料,是政府用以发布政令,体现其思想、意志、行为的文献资料集合,是了解一个国家或地区的政治形势、方针政策、思想路线、发展战略等的重要参考信息源。政府出版物数量巨大、内容广泛,涉及社会科学、自然科学等多个领域,且可靠性强,传播方式多种多样。但有些政府出版物有密级限制,只能在一定范围内传播。政府出版物是采集方针、政策、法律、规范等信息的重要来源。

(7)学位论文

学位论文是高等院校和科研单位中的学生为获得学士、硕士和博士学位,在导师的指导下完成的科学研究、科学试验成果的书面报告。一般都是独创性的研究成果,学术价值较高,除少数在答辩通过后发表或出版外,多数不公开发行,只有几份复本被保存在指定机构。通常,学位论文选题新颖,阐述详细,具有独创性、系统性、科学性等特点。但因为教育水平的差异,学位论文的质量参差不齐。学位论文对开展科学研究具有重要的参考价值。

(8)科技报告

科技报告是指在科研活动的各个阶段,由科技人员按照有关规定和格式撰写,以积累、传播和交流为目的,能真实完整地反映其所从事科研活动的技术内容和经验的文献信息源。科技报告内容翔实、具体、完整,时效性强,技术含量高,实用意义大,是科学研究重要的参考信息源。但是科技报告一般具有密级限制,只能在一定范围内交流。查询科技报告还需借助专门的检索工具,这些都限制了科技报告的广泛应用。世界出版量和影响最大的科技报告是美国的四大报告:PB报告、AD报告、NASA报告和DOE报告。

(9)科技档案

根据《科学技术档案案卷构成的一般要求》中的规定,科技档案是指企事业单位和国家机构、社会组织及个人从事生产、科研、基建及管理活动中形成的,对国家和社会具有保存价值的,应当归档保存的科技文件材料。科技档案是科研和生产建设中积累经验、吸取教训和提高质量的重要依据,具有内容专深、类型多样、系统性和应用性强等特点,有重要的信息价值。科技档案是研究开发的重要参考信息源。

(10)产品资料

产品资料是指有关定型产品的性能、构造原理、用途、使用方法和操作规程等方面的技术文件、数据库记录、表单等文献信息源,具有新颖性、科学性、直观性、专用性等特点。但因伴有商业性质,有夸大的成分,并会因产品的更新换代快速失效。产品资料是进行技术革新、设备改造、试制新产品的重要信息源。

信息采集

总之,文献信息源是内容最丰富、类型最复杂的信息源,同时也是权威性、可靠性相对较高的信息源,已成为人们科学研究、技术开发、信息分析、文艺创作等活动使用最频繁的信息源。

**[例4-1]"物联网产业技术竞争预警研究"项目的信息源选择**

背景:某教师申请"物联网产业技术竞争预警研究"项目,委托某信息机构提供相关研究资料,试分析该教师需要的主要信息源类型。

\* 信息需求分析:围绕课题研究的主要内容,经与信息机构沟通,确定该项目的主要信息需求包括:①发展物联网产业的政策文件;②物联网产业技术竞争现状;③产业技术竞争预警理论研究;④物联网产业发展策略相关研究等。

\* 信息源选择:针对上述信息需求,主要确定了图书、期刊、学位论文、会议论文、政府出版物、专利文献、产品资料等信息源(节选),如表4-1所示。

表4-1 项目信息需求及主要信息源

| 信息需求主题 | 主要信息源类型 | 相关信息源列举 |
| --- | --- | --- |
| 物联网产业发展政策 | 政府出版物<br>政府政策文件 | 1.《中华人民共和国国民经济和社会发展第十二个五年规划纲要》<br>2.《无锡市物联网产业发展规划纲要》 |
| 物联网产业技术竞争现状 | 专利文献<br>研究报告<br>产品资料 | 1.《在物联网及智能电网中使用的洗衣机的安全控制方法》专利申请公开说明书<br>2.《ITU互联网报告2005:物联网》报告<br>3.日照活点网络公司的物联网浏览器相关资料 |
| 产业技术竞争预警理论 | 图书<br>期刊论文<br>学位论文 | 1.毛金生.专利分析和预警操作实务.北京:清华大学出版社,2009.12<br>2.赖院根,丹英.面向产业安全的专利预警理论研究.科技进步与对策,2010(13)<br>3.金泳锋.高技术产业专利态势与绩效及专利风险研究.[博士学位论文].武汉:华中科技大学,2009 |
| 物联网产业发展策略 | 期刊论文<br>会议论文<br>政府文件 | 1.徐晟,赵惠芳,谢玮.城市专利战略特征及层次分析:合肥市专利战略案例研究.华东经济管理,2005(3)<br>2.陈凯华,余江.新兴产业发展中的知识产权战略研究.第六届中国科技政策与管理学术年会论文集,2010<br>3.《山东省物联网产业发展规划纲要(2011—2015)》 |

第4章 信息源的筛选

[说明]：物联网产业属于战略性新兴产业，我国"十二五"发展规划中提出，要"推动物联网关键技术研发和在重点领域的应用示范"，是目前可依据的国家最新政策。无锡市是我国发展物联网产业的重点城市，因此，选用《无锡市物联网产业发展规划纲要》。对物联网产业技术竞争现状的了解除了研究报告和具体的专利文献外，还应通过专利检索系统进行专利数量、区域分布、主题分布等分析，可借助各国的网络专利检索系统采集相关数据。另外，产业技术竞争预警理论及发展策略研究等资料也可以通过网络数据库获取。

**2. 广播电视信息源**

广播电视信息源泛指通过无线电波、广播电视信息网络等方式传播声音图像等信息的来源，可以分为声音广播和电视广播两类，俗称广播和电视。

在网络环境日益完善的今天，广播电视仍是社会大多数用户采集信息的主要来源。尤其是在交通不便的偏远山区、海岛等，广播电视依然是用户获取社会信息、了解国家政策、普及科学知识的首选信息源。据国家广播电影电视总局的统计数据显示，截至2010年年底，全国共有广播电视播出机构2,638个，其中，广播电台227个，电视台247个，广播电视台2,120个，教育电视台44个。全国有线电视用户18,730万户，有线数字电视用户8,798万户。到2010年年底，广播综合人口覆盖率为96.78%；电视综合人口覆盖率为97.62%[①]。其覆盖范围之广是目前任何其他信息源都无法企及的。

广播电视信息源具有覆盖范围广、传播及时、感染力强、无用户限定等优点，但同时也具有接收被动、易逝、内容缺乏深度、互动性差等缺陷。鉴于广播电视信息源的这些特点，用户适合从广播电视信息源获取以下方面的信息：①社会信息，如新闻、社会事件分析等；②文化知识普及信息，泛指具有社会教育功能的知识讲座、宣传片等；③文艺娱乐信息，泛指一些电视、电影、综艺节目等；④服务信息，如天气预报、生活指南等信息。

**案例4-3 香港高校图书馆的视频点播服务**

20世纪80年代以来，香港地区的各高校图书馆就取得了香港地区的亚洲电视及电视广播有限公司、香港电台、无线电视台等的许可，可以部分录制其电视节目（主要是教育教学、知识普及、素质提高等方面的节目），以教育为目的在校园范围内为读者提供视频点播服务[②]。这是香港地区和香港教育界对广播电

---

① 王彩屏. 广电十一五成绩辉煌. http://info.broadcast.hc360.com/2011/04/010841377719.shtml. [2011-04-01]

② 港大图书馆学术传播部简介. http://zuits.zju.edu.cn/attachments/2010-06/01-1275329767-41467.pdf. [2010-09-02]

 信息采集

视的社会功能充分认可后做出的重要举措,在香港各高校的教育教学中起到了非常好的辅助作用,得到了香港民众的普遍赞誉。

### 3. 数据库信息源

从广义上讲,数据库是指按照数据结构来组织、存储和管理数据的仓库,是一个长期存储在计算机内的、有组织的、可共享的、统一管理的数据集合。数据库是数字信息资源的集合体,存储的信息包括文字、图像、音频、视频等多种类型。按照国际上通用的分类方法,数据库可以分为参考数据库(能指引用户到另一信息源获取原文或其他细节的数据库)、源数据库(能直接提供所需原始资料或具体数据的数据库)、混合型数据库(能同时存储多种类型数据的数据库)三种。

自20世纪90年代兴起以来,数据库已渗透到一切领域,成为信息储存和传播最有效的信息源之一。据统计,世界上90%以上的信息资料,都可以在各类数据库中找到,尤其是学术科学研究方面的信息资料。数据库是格式规范、组织有序、资源丰富的优质信息源,具有更新速度快,数据关联性、可靠性高等特点。利用数据库信息源,用户可以迅速地获取学术研究资料、科学技术信息、新闻报道、产品信息、企业名录、政策法规、金融股票数据等方面的可靠信息,便于科学研究、市场开发、金融投资、文学创作等活动的开展。但要求用户需具有一定的计算机知识和信息检索技能。

[例4-2]查询"无锡物联网研究院"在我国申请专利的情况

背景:无锡物联网研究院是我国物联网技术研究的专业机构,跟踪其专利申请情况,可了解我国物联网产业的技术发展趋势,试选用合适的信息源并采集相关信息。

*信息需求分析:围绕题目要求,需要采集以下信息:①专利申请数量;②专利的申请类型分布;③申请专利的具体信息,如专利名称、摘要、申请说明书等。

*信息源选择:针对上述信息需求,考虑到信息采集的便利性和费用,选用我国国家知识产权局提供的中国专利信息数据库(http://www.sipo.gov.cn/zljs/),即可免费获得相关专利信息。

*信息采集过程及结果:在国家知识产权局专利信息数据库中的【申请(专

利权)人】字段输入"无锡物联网研究院",可获得相关结果,即无锡物联网研究院在我国申请了7项专利,其中发明专利3项,实用新型专利2项,外观设计专利2项,申请专利的摘要和说明书等可通过单击专利申请号或专利名称链接获得,如图4-1所示。

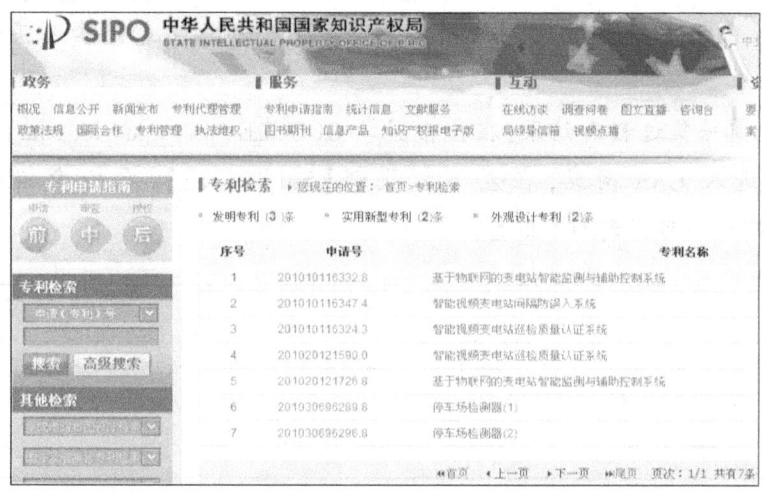

图4-1 无锡物联网研究院专利申请状况

[说明]:国家知识产权局中国专利信息数据库收录了1985年9月10日以来公布的全部中国专利信息,包括发明、实用新型和外观设计三种专利的著录项目及摘要,并可浏览到各种说明书全文及外观设计图形。

**4.网络信息源**

网络信息源又称电子信息源、因特网信息源、数字信息源等,泛指网络上可查找利用的所有资源。网络信息源将多类型、多层次的信息融为一体,实现了广泛的信息共享,是当今采集信息的主要途径。用户主要可以利用网络信息源查找以下信息:①新闻信息,尤其是比较新的社会新闻、专家评论、相关事件等,内容全面且报道及时;②知识信息,包括普及知识、社会常识、专业信息等,但需要鉴别其真伪和可靠性;③生活信息,涉及日常生活的方方面面,但由于信息量过大,需要甄别选择;④娱乐信息,报道及时而全面,但要注意剔除色情信息;⑤交际信息,可选择范围广,且伴有很强的互动性。

[例4-3]查询化学文摘社国际CODEN中心的联系方式

背景:CODEN是期刊刊名的缩写代码,由美国化学文摘社(CAS)下属的国

**信息采集**

际 CODEN 中心负责分配和管理,试查询国际 CODEN 中心的联系方式。

*信息需求分析:该题目较简单,即需要国际 CODEN 中心的联系信息。

*信息源选择:提供 CODEN 中心的联系信息的直接信息源是美国化学文摘社,考虑到目前大部分机构均建有网站提供信息服务,因此,选用网络信息源。由于不清楚该网站的具体网址,因此选用搜索引擎来获得相关信息。

*信息采集过程及结果:在搜索引擎 GOOGLE(www.google.com)中输入"CAS",进入 CAS 网站,在左下方找到【Site Search】,在检索框中输入"CODEN"①,即可得到如下信息:

> The International CODEN Service serves the library and information service community. Upon request we can assign CODEN to publications or retrieve and provide CODEN previously assigned to publications. For additional information contact International CODEN Services at:
> Telephone 614-447-3600, ext. 3163
> Fax: 614-447-3746
> coden@cas.org

总之,随着网络、信息技术的发展,信息传播渠道日益畅通,内部信息源和外部信息源的界限越来越模糊,很多内部信息源随着时间的推移会转化为外部信息源,而很多外部信息源也可以通过信息挖掘、信息整合转变为内部信息源,绝对意义上的内部、外部之分并不存在。由于两类信息源在表现形态、存储介质、传播效率等诸多方面各具特色,因此,应将两种信息源组配使用,才能客观、准确、完整地反映事物的全貌。

## 4.3 信息源的评价

科学技术的迅猛发展,促进了信息源数量的急剧增长。据统计,截止到 2010 年年末,仅网页数量就达到了 600 亿个②。信息量的剧增带来了海量级、碎

---

① 网络信息资源检索操作实例. http://dtzxyjh.blog.163.com/blog/static/36616326200710232215850/. [2010-06-05]

② 宋阳. CNNIC 第 27 次互联网报告. http://it.people.com.cn/GB/119390/118340/212787/212790/13764904.html. [2011-01-20]

片化的信息,大大增加了用户获取有效信息的时间和成本。面对众多资源丰富的信息源,科学合理地鉴别、评价信息源,是筛选信息源的基础。信息源的评价是一项复杂的工作,一般采用直接评价和间接评价两种方法对信息源进行评价。

### 4.3.1 直接评价法

直接评价法是指从不同角度和侧面设计信息源评价指标和评分标准,并对各指标进行评分和汇总,依据综合评分值确定信息源价值大小的方法。使用直接评价法评价信息源的步骤是:①设计信息源评价指标体系和评分标准;②根据评分标准对各信息源的各项指标进行评分;③计算某一信息源的总评分(参见表4-2);④按总评分大小对信息源的价值进行排序,以评价信息源的价值高低。为提高科学性,还可按重要性程度为各指标赋予权值,从而将每项指标的得分分别乘以其对应的权值后,再计算得分总和,以更准确地对信息源价值进行评价。

表4-2 信息源直接评价指标数据表

| 评定指标 | 信息源代码 | | | | |
|---|---|---|---|---|---|
| | $F_1$ | $F_2$ | … | $F_j$ | … | $F_n$ |
| 指标1 | $f_{11}$ | $f_{21}$ | … | $f_{j1}$ | … | $f_{n1}$ |
| 指标2 | $f_{12}$ | $f_{22}$ | … | $f_{j2}$ | … | $f_{n2}$ |
| …… | … | … | … | … | … | … |
| 指标i | $f_{1i}$ | $f_{2i}$ | … | $f_{ji}$ | … | $f_{ni}$ |
| …… | … | … | … | … | … | … |
| 指标m | $f_{1m}$ | $f_{2m}$ | … | $f_{jm}$ | … | $f_{nm}$ |
| 总分 | $\sum_{i=1}^{m} f_{1i}$ | $\sum_{i=1}^{m} f_{2i}$ | … | $\sum_{i=1}^{m} f_{ji}$ | … | $\sum_{i=1}^{m} f_{ni}$ |

(注:表中 $f_{ij}$ 是评分者对信息源 $F_j$ 第i个指标的评分,信息价值较高的信息源其评分较高。若采用十分制,价值最高的信息源评为10分,价值最低的信息源评为1分。)

信息源的评价主要可以通过以下几个指标来衡量:①可靠性,是指信息源提供的信息真实、可信赖程度,这是评价信息源质量的首要原则;②及时性,是指信息源发布和传递信息的时间效率,常通过从信息的产生到信息被接收的时差来衡量;③相关性,是指提供的信息内容符合用户需求的紧密程度;④新颖性,指信息源反映内容的先进程度(是否包含新观点、理论、技术、假设、设计和工艺等新内容)及更新频率;⑤全面性,指信息源所含信息的广度和深度;⑥系统性,是指信息源中收集的信息完整程度,是否连续出版,能否通过信息的累积反映一定时期内事物的变化;⑦易用性,是指信息源获取及使用的便捷程度,是否需要特殊设备或操作程序;⑧经济性,是指获取信息源付出的成本大小,包括时间成本、人力成本、费用成本等;⑨效益性,是指信息源提供信息的价值及其可能带来的社会经济效益;⑩信息量,是指所含信息量的多少及对用户提供的有用信息数量的多少。

直接评价法是评价信息源最简单的方法,可以同时对多种类型的信息源进行评价,大致可以反映信息源的重要性,且实施起来简单易行,便于操作,但主观色彩较强,还是一种比较初级的评价方法。该方法主要存在以下缺陷:①对各项指标的评分带有较大的主观性,完全取决于评分人员的主观判定,即使是加入了加权评分,权值的判定也属主观行为,因此受评分人员的主观性影响较大;②评价过程中只有一名人员评分,使得评分主观性更加突出。因此,可将直接评价法作为信息源价值评定的初步判定依据。

[例4-4]利用直接评价法筛选信息源

背景:某信息人员根据多年的信息采集工作经验,对其所在单位的各类信息源进行了评分,他采用了及时性、综合性、经济性、准确性、易获取性5个指标对各类信息源进行了评价,评分表如表4-3所示。其中,I为大众传播媒介(电视、广播、电影等);II为期刊;III为不定期出版物(图书专著、汇编、手册、图集等);IV为科技报告、技术总结等;V为产品资料(样本、使用说明、广告等);VI为技术档案;VII为标准文献;VIII为专利说明书;IX为生产计划与总结、统计报表等;X为政府出版物;XI为学术论文;XII为会议记录、学术报告、展览会资料;XIII为口头信息源。试分析在经费有限的情况下,该单位应继续获取哪10类信息源?

表 4-3 信息源评价指标评分表

| 评定指标 | 信息源代码 | | | | | | | | | | | | |
|---|---|---|---|---|---|---|---|---|---|---|---|---|---|
| | I | II | III | IV | V | VI | VII | VIII | IX | X | XI | XII | XIII |
| 及时性 | 10 | 5 | 1 | 8 | 8 | 10 | 3 | 4 | 8 | 2 | 4 | 4 | 10 |
| 综合性 | 4 | 6 | 10 | 8 | 6 | 9 | 8 | 9 | 8 | 9 | 7 | 9 | 6 | 4 |
| 经济性 | 8 | 7 | 4 | 9 | 10 | 9 | 6 | 10 | 6 | 5 | 9 | 8 | 10 |
| 准确性 | 5 | 8 | 8 | 10 | 3 | 10 | 10 | 9 | 10 | 8 | 7 | 8 | 5 |
| 易获取性 | 8 | 7 | 4 | 7 | 10 | 8 | 8 | 6 | 6 | 6 | 4 | 6 | 9 |
| 总分 | 35 | 33 | 27 | 42 | 37 | 46 | 35 | 37 | 39 | 30 | 31 | 36 | 38 |

\*信息源价值分析:根据总分的计算,从 I 到 XIII 的评价分数分别是 35、33、27、42、37、46、35、37、39、30、31、36、38,因此,信息源的价值排序从高到低为:VI、IV、IX、XIII、V、VIII、XII、I、VII、II、XI、X、III。

\*信息源筛选:根据评分,应放弃 XI(学术论文)、X(政府出版物)、III(不定期出版物)3 种信息源,优先选择 VI、IV、IX、XIII、V、VIII、XII、I、VII、II 这 10 类信息源。

[说明]:由于基于直接评价法的信息源价值评价带有一定的主观性,因此,筛选信息源时,应多方征求意见,以开展科学决策。

### 4.3.2 间接评价法

间接评价法是通过调查信息用户对信息源的需求和利用情况来评价信息源的方法。它采用调查表方式调查用户对信息源的评价得分,然后由信息人员对调查表的数据进行统计分析和对比,最终得出信息源价值的评定结论。该方法将调查和评分相结合,通过对大量用户的评分统计分析,降低了评分的主观性影响,因此,得到的评价结果较为客观。但使用该评价方法要求信息工作人员有较强的调查表统计分析能力,需要得到用户的配合,且工作量较大。因此,选用该方法时,应注意信息人员的合理配备和调查工作的组织。

利用间接评价法评价信息源的具体程序如下:①设定调查项目,设计信息源评价调查表;②制定评分标准和填表说明;③发放调查表;④回收整理调查表;⑤统计分析数据;⑥得出评价结论。在此过程中,为了科学分析被调查用户对信息源的评价情况,必须对回收的调查表进行有效性分析,剔除评分过于一致和漏填项较多的调查表,并将用户评分情况汇总到信息源间接评分评价表中,如表4-4所示。该表是由m张用户调查表汇总成的n个信息源的评分表。

表4-4 信息源间接评分评价表

| 被调查用户 | 信息源代码 | | | | | |
|---|---|---|---|---|---|---|
| | $F_1$ | $F_2$ | ⋯ | $F_j$ | ⋯ | $F_n$ |
| $A_1$ | $a_{11}$ | $a_{12}$ | ⋯ | $a_{1j}$ | ⋯ | $a_{1n}$ |
| $A_2$ | $a_{21}$ | $a_{22}$ | ⋯ | $a_{2j}$ | ⋯ | $a_{2n}$ |
| ⋮ | ⋮ | ⋮ | ⋯ | ⋮ | ⋯ | ⋮ |
| $A_i$ | $a_{i1}$ | $a_{i2}$ | ⋯ | $a_{ij}$ | ⋯ | $a_{in}$ |
| ⋮ | ⋮ | ⋮ | ⋯ | ⋮ | ⋯ | ⋮ |
| $A_m$ | $a_{m1}$ | $a_{m2}$ | ⋯ | $a_{mj}$ | ⋯ | $a_{mn}$ |
| 总计 | $R_1$ | $R_2$ | ⋯ | $R_j$ | ⋯ | $R_n$ |

(注:表中aij是被调查用户$A_i$对$F_j$信息源的评分,信息价值较高的信息源其评分较高。若采用十分制,价值最高的信息源评为10分,价值最低的信息源评为1分。)

在数据录入整理的基础上,可以采用以下四种指标对信息源进行比较分析:

#### 1. 评分平均值

将全体被调查用户(指调查表有效的所有用户,下同)对某类信息源的评分之和,除以有效被调查用户人数,即可得到该类信息源的评分平均值,其计算公式为:

$$\bar{R}_j = \frac{\sum_{i=1}^{m} a_{ij}}{m} \tag{4-1}$$

式中,$\bar{R}_j$为信息源$F_j$的平均评分,m为被调查用户人数(指调查表有效的所有用户数,下同),$a_{ij}$为被调查用户$A_i$对信息源$F_j$的评分。

#### 2. 评分比重

全体被调查用户对某一类信息源的评分之和,在全体被调查用户对所有信息源的评分总和中所占的比重,即为该信息源的评分比重,其计算公式为:

$$R_j = \frac{\sum_{i=1}^{m} a_{ij}}{\sum_{j=1}^{m}\sum_{i=1}^{m} a_{ij}} \qquad (4-2)$$

式中,$P_j$ 表示信息源 $F_j$ 的评分比重,n 表示信息源数,m 为被调查用户人数,$a_{ij}$ 为被调查用户 Ai 对信息源 Fj 的评分。

### 3. 最高评分频度

在某类信息源的全部评分中,评出最高分的人数占全体被调查用户人数的比例,为该信息源的最高评分频度。其计算公式(4-3)为:

$$P_{max} = \frac{m'}{m} \qquad (4-3)$$

式中,$P_{max}$ 为最高评分频度,$m'$ 为给最高评分的被调查用户人数,$m$ 为被调查用户人数。

### 4. 平均名次指标

计算平均名次时,首先要将某一调查用户对各类信息源的评分进行排序,列出该用户对各类信息源的评分名次,进而得到各类信息源的用户评分排名。然后,用全体调查用户对某类信息源评分名次的数值和,除以被调查用户总数,即可得到该类信息源的平均名次。平均名次得分最低者,信息源价值最佳。平均名次的计算公式为:

$$M_j = \frac{\sum_{i=1}^{m} C_{ij}}{m} \qquad (4-4)$$

式中,$M_j$ 为平均名次,$C_{ij}$ 是被调查用户 Ai 对信息源 Fj 的评分名次,$m$ 是被调查用户人数。

间接评价法的四种指标既可以单独采用,也可以同时使用。使用过程中,要注意调查表数据录入的正确性、数值计算的准确性和数据转换的正确性,以保证评价数据分析的科学性,最终客观判断信息源的价值。

**[例 4-5]利用间接评价法评价各类信息源的价值**

背景:五名被调查用户对文摘($F_1$)、快报($F_2$)、期刊($F_3$)、图书($F_4$)4 种信息源的评价如表 4-5 所示,请用间接评价法计算各类信息源的价值。

表 4-5 信息源评分评价表

| 被调查用户 | 信息源 | | | |
|---|---|---|---|---|
| | 文摘($F_1$) | 快报($F_2$) | 期刊($F_3$) | 图书($F_4$) |
| $A_1$ | 1 | 2 | 3 | 5 |
| $A_2$ | 1 | 2 | 5 | 3 |
| $A_3$ | 1 | 5 | 3 | 2 |
| $A_4$ | 5 | 3 | 2 | 1 |
| $A_5$ | 1 | 5 | 2 | 3 |
| 总计 | 9 | 17 | 15 | 14 |

\* 评分平均值计算：根据公式 4-1，各信息源的评分平均值为：

$\bar{R}_1 = \frac{9}{5} = 1.8$；$\bar{R}_2 = \frac{17}{5} = 3.4$；$\bar{R}_3 = \frac{15}{5} = 3$；$\bar{R}_4 = \frac{14}{5} = 2.8$；按照评分平均值大小，各信息源的重要性排序为：$F_2$、$F_3$、$F_4$、$F_1$。

\* 评分比重计算：所有信息源的评分总和为：$9+17+15+14=55$。根据公式 4-2，各信息源的评分比重为：$P_1 = \frac{9}{55} \approx 0.16$；$P_2 = \frac{17}{55} \approx 0.31$；$P_3 = \frac{15}{55} \approx 0.27$；$P_4 = \frac{14}{55} \approx 0.26$；按照评分比重大小，各信息源的重要性排序为：$F_2$、$F_3$、$F_4$、$F_1$。

\* 最高评分频度计算：根据公式 4-3，各信息源的最高评分频度为：$P_{max1} = \frac{1}{5} = 0.2$；$P_{max2} = \frac{2}{5} = 0.4$；$P_{max3} = \frac{1}{5} = 0.2$；$P_{max4} = \frac{1}{5} = 0.2$；按照最高评分频度高低，各信息源的重要性排序为：$F_2$、$F_3 = F_4 = F_1$。

\* 平均名次计算：首先将表 4-5 转换为评分名次表，如表 4-6 所示。根据公式 4-4，各信息源的平均名次分别为：$M_1 = \frac{4+4+4+1+4}{5} = 3.4$；$M_2 = \frac{3+3+1+2+1}{5} = 3.4$；$M_3 = \frac{2+1+4+3+2}{5} = 2.2$；$M_4 = \frac{1+2+3+4+2}{5} = 2.4$；按照平均名次排序，各信息源的重要性排序为：$F_2$、$F_3$、$F_4$、$F_1$。

第4章 信息源的筛选

表4-6 平均名次表

| 信息源 | 被调查用户 | | | | |
|---|---|---|---|---|---|
| | $A_1$ | $A_2$ | $A_3$ | $A_4$ | $A_5$ |
| 文摘($F_1$) | 4 | 4 | 4 | 1 | 4 |
| 快报($F_2$) | 3 | 3 | 1 | 2 | 1 |
| 期刊($F_3$) | 2 | 1 | 2 | 3 | 3 |
| 图书($F_4$) | 1 | 2 | 3 | 4 | 2 |

\*信息源价值评价结论：根据上述各评价指标计算值可以判断，5名被调查者对4种信息源的评价结果是，$F_2$ 快报最重要，然后依次是 $F_3$ 期刊、$F_4$ 图书、$F_1$ 文摘。

## 4.4 信息源的选择

信息源类型繁杂，数量众多，且传播渠道、适用范围各不相同，如何从众多的信息源中找到最佳的信息，是信息采集需要解决的关键问题。

### 4.4.1 信息源选择的目标

所谓信息源选择，是指对众多信息源进行对比、分析、鉴别后，筛选出适用信息源的过程。其中包括两个重要环节：①信息需求分析，可采用"4W"、"2F"分析法，即分析 Why(用户为什么需要信息)、What(需要什么类型信息)、When(需要什么时间的信息)、Where(从什么渠道最方便获取)、First(是否为原始信息源)、Foresee(能否达到推断事物发展趋势及创新预见目)六要素，明确信息需求；②信息源筛选。对于一个特定的信息需求来说，可以利用的信息源很多，但并不是所有信息源都要用到。选择信息源时，要在对信息源进行了解、综合、比较的基础上，尽可能选择与信息需求相关度高、信息来源可靠、时效性强、性价比高、易获取的信息源。

**1. 相关度高的信息源**

一般来说，信息源本身无"好"、"坏"之分，只是针对不同的信息需求，有适用性高低之别。因此，在信息源选择时必须从用户信息需求的内容出发，尽量选择与需求主题内容相关度高的信息源。在面临多种信息源时，先选择专业性信息源(如专著、专业教材、专业性百科全书、行业门户网站等),后选择综合性信息源(如科普图书、综合性百科全书、大众读物、综合性期刊杂志、综合性指南等);优先选择来自核心作者的相关信息源(如专业内知名学者、业内专家、行业领袖、高级管理者等),后选择来自其他分散作者的信息源;优先选择专题性信息源(如专题报道、专栏节目、专题类网站、专题类数据库等),后选择一般性信息源。

### 2. 来源可靠的信息源

真实可信是利用信息源的前提条件之一。因此,在选择信息源时,应尽量选择权威可靠的信息源。在无法测定权威性时,应尽量选择使用原始信息源。主要可从以下角度选择可靠性信息源:①作者,知名的作家、学者与工程技术人员等发布的信息源可靠性大。对于不了解的作者,需要进一步了解其学术背景、信息内容的科学性与新颖性及其学术影响力,以提高信息源选择的准确性。②传播途径,著名学府或学术机构的正式出版物可靠性大。对非正式出版物,应通过各种方法验证其真实性。尤其是对网络信息源要追根溯源,尽可能找到原始信息源。③文献类型,标准规范、专利文献、科技报告、档案等可靠性较大,广告、网络论坛、博客、口头信息源等可靠性较小,要尽可能选择可靠性大的信息源类型。④引用率,引用率高的信息源可靠性较大,对于引用率较低的信息源,可以结合作者、时间、出版社等多个因素共同判断其可靠性。

### 3. 时效性强的信息源

在选择信息源时,必须充分考虑信息源覆盖的时间范围,尽量选择滞后时间短、更新频率高的信息源。不同类型的信息源,信息时滞不同。因此,在能满足信息需求目标、保障信息可靠性的前提下,应优先选择网络信息源、大众传播媒介、组织机构内部等信息源,后选择期刊、图书、发展报告等文献信息源;优先选择手稿、口头信息、讲座信息等零次信息源,其次再选择一次信息源,最后选择经过加工的索引、综述、文摘、汇编等二、三次信息源。

### 4. 性价比高的信息源

选择信息源时,经济性是一个重要的影响因素。一般地,用户要求迅速、准确、廉价地获取所需信息,但对于迫切需要且增值性较大的信息,有时也不惜高价获取。因此,重要的是保持所需信息价值与付出费用的高比率,即尽可能选择性价比较高的信息源。

**5. 易获取的信息源**

选择信息源时,应首先选择用户最易获取、最便于使用的信息源,即花费最少的人力、最少的时间获取与需求目标吻合的信息源。因此,在满足信息需求的前提下,优先选择空间距离短、配套设备少、等待时间短的信息源。

综上所述,信息源的选择是一个复杂的过程,需要从多个方面,系统考察多个因素,综合做出判断。

### 4.4.2 信息源选择的依据

选择信息源的依据主要包括信息需求和信息源特征两个方面。

**1. 信息需求**

信息需求是选择信息源的首要依据,具体包括用户信息需求的背景、需求目的及具体的信息要求。

(1)信息需求背景

信息需求背景是促成信息需求的主导因素。用户的生活、职业、地位、年龄、学历、性别、知识结构、信息素养、心理素质等背景特征,均是信息需求的影响因素,但通常职业背景的影响最为显著,如表4-7所示。另外,用户的信息意识、信息类型偏好、信息技术能力、信息识别与筛选能力等素养,对信息源的选择也有一定的影响。信息素养较高的用户常侧重于数据库、科技报告等信息源类型,信息素养较低的用户常对信息源类型了解较少,通常很难提出具体的信息源类型要求。

表4-7 用户职业背景与信息源的对应关系

| 职业背景 | 信息需求特点与目的 | 对信息源的要求 | 主要的信息源类型 |
| --- | --- | --- | --- |
| 管理决策人员 | 主题范围广,侧重于全局性信息 | 新颖、准确、客观、全面、针对性强 | 调研报告、解决方案、总结报告、法律政策文件、发展规划方案 |
| 研究人员 | 主题固定,内容专深,以学术信息需求为主 | 系统、可靠、专深、准确 | 专业期刊、学位论文、研究报告、科研鉴定报告、学术会议论文集 |

续表

| 职业背景 | 信息需求特点与目的 | 对信息源的要求 | 主要的信息源类型 |
| --- | --- | --- | --- |
| 工程技术人员 | 行业特色明显,需要产品、技术等具体信息 | 可靠、准确、新颖、专深 | 技术期刊、专利、标准、产品样本、技术报告、各种实用手册、实物模型 |
| 基层业务人员 | 主题围绕工作任务而变动,以事实信息需求为主 | 新颖、针对性强 | 业务操作手册、规章制度文件、文档模板、范文样例、技术标准、报纸、杂志 |
| 教师 | 学科范围固定,主题明确 | 准确、可靠 | 图书、案例、学位论文、会议论文、期刊论文、花名册、试题库、工具书 |
| 学生 | 由学习任务决定,学科范围明确 | 系统、权威 | 教科书、专著、参考工具书、门户网站、博客、网络空间 |

(2)信息需求的目的

信息需求的目的是建立在信息需求背景上的信息活动目标,是决定信息源选择的重要因素。不同的信息需求目的,对应着不同的信息源类型。研究型信息需求对应的信息源类型主要为:学术期刊、学位论文、会议文献、专著、专利文献、科技报告等;学习型信息需求对应的主要信息源类型为:图书、参考工具书、百科全书、期刊、学位论文、手册等;娱乐性信息需求对应的主要信息源类型为:杂志、报纸、广播、电视、门户网站、网络社区等;解疑型信息需求对应的主要信息源类型为:词典、百科全书、专题报道、产品资料、名录等;证实型信息需求对应的主要信息源为:年鉴、调研报告、统计数据库、传记、标准文献等;随意型信息需求对应的主要信息源为:门户网站、报纸、杂志、网络社区等(参见表4-8)。

表4-8 信息需求目的与信息源选择

| 信息需求目的 | 对信息源的要求 | 主要的信息源类型 |
| --- | --- | --- |
| 研究前沿问题 | 新颖、准确、专深 | 会议文献、研究报告、专利文献、期刊、学位论文、专著等 |
| 了解某学者的学术成果 | 全面、可靠 | 引文数据库、科技成果数据库、图书评论、名人录 |
| 收集竞争对手企业信息 | 及时、可靠 | 产品资料、专利文献、年度发展报告、发展计划、报表等 |
| 研发新产品 | 新颖、可靠 | 专利文献、标准文献、产品广告、实物样本、市场调研报告等 |
| 申请知识产权保护 | 准确、新颖、全面 | 国家知识产权数据库、相关法律制度、科技成果数据库等 |
| 查找概念解释 | 准确、可靠 | 字典、词典、术语、百科全书、标准文献、术语表等 |
| 收集数据资料 | 准确、客观 | 统计公报、年鉴、统计数据库、政府工作报告、调研报告等 |
| 收集事实资料 | 准确、客观、及时 | 报纸、传记、大事记、百科全书、手册、名录、专题报道等 |
| 了解方针政策 | 可靠、新颖、全面 | 政府出版物、政府门户网站、法律法规数据库等 |
| 了解组织机构概况 | 可靠、全面、客观 | 组织机构网站、机构名录、商务数据库、行业发展报告等 |
| 了解影视剧情 | 全面、可靠 | 门户网站、网络社区、报纸、电视等 |

(3) 具体的信息要求

具体的信息要求是指用户对信息源、所需信息的内容、形式、数量、质量等一个或多个方面的需要和要求(相关内容可参见3.1.1),是信息源选择的决定因素。有的信息需求直接提出了对信息源的要求,如查找关于网络团购的期刊论文,就要求信息源为期刊;对于未指定信息源类型的信息需求,应结合需求的主题内容,适当选择相关信息源。如:查找物联网的发展趋势信息,可以选择的

 信息采集

信息源为：各类论文数据库、科技成果报告、专利文献、政府出版物等。

**2. 信息源的特征**

信息源的特征包括多个方面，如：产生时间、加工程度、记录手段、载体形态、公开范围、内容范围、流通渠道等。开展信息采集时，可根据信息需求的具体情况和信息源的上述特征，筛选适合需要的主要信息源类型和替代信息源。为了经济而有效地采集信息，通常可从以下几点出发：①分析相关信息源概况，即通过需求内容分析，大致确定哪些信息源中存在相关信息，用什么方式从什么渠道采集成本较低。②优选主要类型的信息源，在多种信息源均可满足需求的情况下，优先选择信息量大、主题内容相关度高、权威可靠、容易获取、低成本的信息源，并尽可能使用原始信息源和核心信息源。③正确选用替代信息源。替代信息源是指在无主要信息源的前提下，可供代替使用的非主要信息源。构成替代信息源的基本条件是提供详尽的用户需求信息。替代信息源的来源范围很广泛，需要正确使用。如某用户需要了解贮藏冬枣的固体保鲜剂的配比方法，其首要选择的主要信息源为科技成果数据库或专利数据库，但仅能获得固体保鲜剂的摘要信息，而无法获取全文。因此，选择替代信息源，即在各类论文数据库中查找水果保存方法的文章，以获取相关详细信息。最终在一篇论述水果保鲜方法的综述性文章中，找到了有关冬枣固体保鲜剂的配比方法。

**案例 4-4 "天然气改制技术的研发"课题查新中的信息源选择**

某信息机构接受了对"天然气改制技术的研发"课题的委托，按照课题查新的环节，进行了相关信息源的筛选。选择过程如下：

(1) 掌握信息需求目的及对信息源的要求。课题是为了查新立项，所以信息源的选择要体现全、新、快、准的特点。因此，选择的信息源应该包含国内外所有的有关天然气改制技术方面的信息，且信息必须真实可靠，时间范围不宜过长，近五年内的信息基本上可以满足需求。因此，将信息源的类型限定在图书、期刊、会议文献、科技报告、专利文献、标准文献、科技档案、政府出版物、数据库、网络信息源等范围内，考虑到快速、全面的要求，将信息源选择限定在以数字信息源为主要表现形式的电子图书、电子期刊、光盘数据库、网络数据库、网络搜索引擎、国际联机检索系统等范围内。

(2) 了解课题研究的背景。了解课题的研究背景、研究技术是课题查新的

首要工作，也是提炼查新点、科学技术要点必须进行的工作。有关"天然气改制"方面的背景知识，可以选择较为广泛全面的信息源来了解，因此，选用网络信息源；而其具体的技术路线、实现方法因为属于科学研究的范畴，选择可靠性较高的信息源，如：专利、标准、科技档案、数据库等。

（3）确定查新点，选定检索词。通过对课题背景的了解，接下来需要进一步明确查新点，选定检索词，构建检索式。为了保证查新的科学性，除了需反复审核、精炼查新点外，还需借用大量的词典、字典、参考工具书等来确定检索词，构建检索式。

（4）确定查新信息源。根据查新要求，慎重比较选择查新信息源，信息源以全面为第一要义，尽可能覆盖所有可能的信息源，一般应该包括国际联机检索系统、国内外相关的数据库、专利、标准、相关网站、搜索引擎、有关的工具书等信息源。

（5）检索出文献的评价。在对不同信息源进行检索后，取得的检索结果需要进一步进行评价，确定密切相关和一般相关文献，在评价过程中可能会使用到词典、字典、百科全书、搜索引擎等相关辅助信息源。

（6）复核、审查。对整个过程进行复核，看是否存在信息源漏选、检索词提炼错误、检索式构建不规范等问题，存在问题的将重复上述环节，重新进行相关信息源的比较选择和检索，并最终形成查新报告。

### 4.4.3 信息源选择的策略

在信息源选择过程中，主要可采取以下策略：

**1. 主次配合策略**

信息源的选择是一个动态发展的过程，因此，对信息源的选择不能有非此即彼狭隘的观念，而应采取主次配合的信息源选择策略。事实上，很多信息需求都对应多个主要的信息源类型。有些信息需求主题较为复杂，需要从多角度、多方面、多渠道选择信息源，多个信息源相互配合、相互补充才能满足信息需求。因此，在信息源选择时，要综合考虑各个主要类型信息源的特点，优选原始信息源和核心信息源，以确保信息源提供信息的可靠性、完整性和全面性。考虑到易获取性和经济性等原则，还可有针对性地选择次要的替代信息源，提高信息采集效率。如：了解某个国家或地区的电子商务发展方针政策，其主要的信息源类型为政府出版物、法律法规数据库等，当无法直接获取政府出版物或登录法律法规数据库时,可选择从电子商务方面的图书、论文、电子商务网站中采集相关信息。值得一提的是,综合性信息资源数据库中收录了期刊、图书、会议论文、科技报告、专利文献等多种信息源类型,信息内容专深、全面,且组织有序,容易获取,检索方便,应作为研究开发等信息需求选择的重要信息源。另外,选择信息源类型时,还要看信息需求是否重视查全率,若重视,理论上就要对各类信息源进行全面的检索,若信息源间存在包含与被包含关系,则不必重复检索。

### 2. 最短时滞策略

不同载体信息源覆盖的时间范围各不相同。因此,可根据信息需求的具体要求,在符合时间范围要求的信息源中,优先选择时滞最短的信息源。各种信息源都存在信息的时滞问题,根据新颖性的要求,需要即时信息,可首先选择网络信息源,其次可选择印刷型报纸和广播电视信息源;一年之内的信息可以查阅电子版或印刷版图书、期刊、报告、会议录等多种文献;十年之内的信息,除利用回溯年限较长的电子期刊外,还可以通过印刷版的图书和手册性工具书来查找。网络信息源主要提供近几年的内容,而图书、期刊、专利文献、科技报告等覆盖的时间范围较广厂。

### 3. 最佳载体策略

同一信息源存在不同的载体形态,因此,可根据用户的使用习惯和载体形态特性来选择最佳表达形式的信息源。不同的用户有不同的信息源类型偏好,不符合其偏好的信息源,不仅会降低用户的满意度,也会影响信息源价值的正常发挥。如:老年用户偏好印刷型信息源与广播电视信息源,对数字信息源使用率低;艺术类用户偏好印刷型的图书或者期刊;研究人员偏好数据库信息源;娱乐型用户则更偏好即时方便的网络信息源。另外,不同载体形态对信息源的质量有一定的影响,不恰当的载体形式可能会造成信息源的失真和信息价值的流失。如:个体信息源不擅于表达形象化、图像化或者表格化的信息;DVD 比 VCD 能存储更大量的信息;印刷型载体无法记录和传递声音信息;数据库的载体能更快地反映文字信息,但是却无法正常反映有色彩的图像信息;广播电视信息源在表达系统性、完整性的信息方面非常弱等。因此,在选择信息源时,既要注重用户的载体偏好,也要注重信息表现形式与载体类型的合理搭配。

**4. 经济实用策略**

选择信息源时,还要考虑所付出的时间、费用、人力、物力等成本,原则上应选择易于获取、便于利用、付出费用少的经济实用的信息源。从信息内容查询角度看,数据库期刊比纸质期刊更便于检索;网络信息源可以反复查询,比广播电视信息源灵活;图书等印刷型信息源不用借助计算机设备便可查询;数据库信息源是获取信息内容花费时间最少的信息源等。从是否收费角度来看,信息源有商业信息源和免费信息源之分。免费信息源可以无障碍地传播,用户可以不受时空、经济状况等影响平等免费地获取使用;反之,商业信息源通过现金收费、网络货币、网络财富值等方式限制用户权限、传播渠道,如数据库、图书、研究报告等。商业信息源与免费信息源的特点对比如表4-9所示。从获取利用的难易程度来看,商业信息源虽然需要付出一定的费用,但是传播渠道正式、稳定,信息源组织规范有序,易于获取,也便于利用;而免费信息源信息组织不规范、信息传播渠道不稳定,需要用户具备一定的信息采集能力并付出大量的时间进行搜索和使用。因此,信息采集能力弱的用户最好选择商业信息源,而信息获取能力相对强的用户可以选择免费信息源。另外,还可以从用户信息需求的目的出发,来选择商业信息源或免费信息源。如:娱乐型、随意型信息需求应以免费信息源为主;研究型、证实性信息需求应以商业信息源为主;而对学习型、解疑型信息需求,应进一步分析是一般性主题还是专业性主题,前者一般以免费信息源为主,后者则以商业信息源为主。

表4-9 商业信息源与免费信息源的对比

| 对比项目 | 商业信息源 | 免费信息源 |
| --- | --- | --- |
| 信息质量 | 可靠 | 参差不齐 |
| 信息量 | 丰富 | 信息泛滥 |
| 信息内容 | 专业、精深 | 一般信息居多,经过同行评定的信息少 |
| 信息组织状况 | 规范有序 | 整体杂乱无章,局部规范有序 |
| 信息获取渠道 | 正式、稳定 | 正式非正式交融,不稳定 |

 信息采集

续表

| 对比项目 | 商业信息源 | 免费信息源 |
|---|---|---|
| 信息时效性 | 视具体信息源有强弱之分 | 不定 |
| 信息更新 | 定期,频率高 | 无保证 |
| 信息用户 | 限制 | 无限制 |
| 付出成本 | 费用成本高 | 时间成本高 |
| 知识产权 | 受知识产权保护 | 开放式共享 |

**案例4-5 大学生日常搜索电影资讯的信息源调查**

针对当前大学生电影消费的日渐上涨,某咨询公司对大学生日常搜索电影资讯的信息源进行了问卷调查,通过对调查结果的统计,得出了以下结论:①目前大学生日常搜索电影资讯的信息源多样,对互联网信息(即免费信息源)的倚重较明显,尤其是影院网站和售票点广告在信息搜索中作用独特。②电影作为一种娱乐方式,其消费决策常表现出一定的"突发性",影院(城)现场促销、现场展示品设置、现场活动,对于大学生购票前信息搜索的影响不容忽视。③大学生搜索的信息源可以分为两类:商家主导型信息源和非商家主导型信息源。商家主导的信息来源是指供应商为了告知和说服消费者进行购买所做的信息发布,如:广告宣传、使用销售人员、召开发布会、建立网站和编制销售点材料等;非商家主导型信息源主要是朋友、家人、专家意见和媒体等。④大学生消费者对各种信息搜索方式的倚重程度虽不同,但所搜索的各种信息源间存在交互影响的关系。在多元化的信息源面前,消费者主动或被动地获得了关于电影的信息,信息源呈多元化特点,如果消费者感兴趣,他会从人际传播或网络信息中寻求认证,其中口碑是最有效果的信息渠道。

**习题**

1. 按照载体形态的不同,信息源可分为哪些类型?
2. 常用的文献信息源有哪些类型?
3. 信息源选择的目标和依据分别是什么?
4. 5名被调查者对4种信息源的评价(采用十分制)如表4-10所示,请分别计算各种信息源的评分平均值、评分比重、最高评分频度、平均名次指标。

表4-10  4种信息源评分表

| 被调查用户 | 信息源 | | | |
|---|---|---|---|---|
| | 文摘($F_1$) | 快报($F_2$) | 期刊($F_3$) | 图书($F_4$) |
| $A_1$ | 2 | 3 | 7 | 10 |
| $A_2$ | 2 | 4 | 10 | 5 |
| $A_3$ | 2 | 10 | 6 | 4 |
| $A_4$ | 10 | 6 | 5 | 1 |
| $A_5$ | 3 | 10 | 4 | 7 |
| 总计 | 19 | 33 | 32 | 27 |

5. 如果要查询个税法相关理论及其实施情况，需要选择哪些信息源？选择的理由是什么？

# 第 5 章　信息采集的方式与途径

【本章提示】

本章主要介绍信息采集的方式、途径与策略。通过本章的学习,学生应当掌握信息采集的主要方式及其适用范围,学会运用各种策略采集信息,了解信息采集的主要途径。

## 5.1　信息采集的方式

不同类型的信息,其采集方式也不同。从信息的存在形式来看,信息采集方式主要有以下几种:

### 5.1.1　记录型信息的采集方式

记录型信息的采集方式主要包括:

**1. 购买**

购买是指通过订购、现购、邮购、委托代购等方式获得所需信息,是获取记录型信息最常见、最主要的途径。许多公开出版的书刊和公开发行的信息资源数据库,需根据国内外相关机构公开发行的各种指南来购买。购买是一种经常性、稳定性、系统性的采集信息的有效方式,无论对团体还是个人都非常适用。

**案例 5-1　买书网查阅海量图书信息**

网上购物时,常会因为选择高性价比产品付出大量的时间和精力。于是,以"帮你货比三家,低价一目了然"为理念的网络平台应运而生。哪家书店最便宜?很多图书比价网可以告诉您答案。为了体会其中的方便,某记者在去图书比价网(www.qumaishu.com)进行了亲身体验。"去买书"网站最突出的特点就是对同一图书产品的价格比较,即将各网络商家的价格一一列出，最低价进行明显标注。记者选择了《1988：我想和这个世界谈谈》一书，在网站上就列出了卓越、当当、新华书店、互动出版网、中国图书网这5家网站的价格。通过对比发现，该书定价为25元，4家网站中，最高价是17.3元，最低价是15元，最低价出现在卓越网[①]，于是记者毫不犹豫地进行了购买。整个过程算起来不过几分钟，既省去了平时逐个对比的烦恼，同时也很清楚地把图书的最低价格展现了出来。而且图书的价格、内容等信息是从多个合作网站汇总得出。许多选购不到的专业书籍，在该网站也可以找到。

2. 检索

检索是指使用检索工具，按照一定的原则和流程，从各类信息源中查询所需信息，是一种有目的、有计划的信息查询行为。当前，许多重要的信息资源数据库和大型信息系统都已连接上网，通过网络检索信息已成为信息采集的主流途径。据统计，各种图书馆目录、商用数据库已逾万个，它们都存储、流通于网络系统中，形成了一个丰富多彩、潜力无限的高速信息网络世界。基于网络检索的信息采集有很多优越性，如对通信线路要求较低，采集成本低，可以快速取得采集结果等。信息检索是信息采集的重要途径和方法，本书将在第6章详细介绍基于信息资源数据库检索的采集方法。

3. 索取

索取是指对于尚未发布、未通过正式渠道流通的信息以及已经发表或公开流通但还不够详细、完备和全面的信息，根据需要与可能，通过通信联系或直接联系取得。有些信息不必通过购买或交换取得，可以免费索取。如厂商为了推销产品，常常免费赠送产品、说明书、企业期刊、产品目录，有时还赠送实物样品；有些学术团体、信息机构、出版社、书店常开展一些免费赠阅活动；有些会议论文不出版，若需要可以直接向会议主办机构或作者索取。经常注意各种期刊、杂志、网站等刊载的消息和广告是获得索取途径的有效方法。

---

① 去买书网查阅海量图书信息. http://publish.dbw.cn/system/2011/03/14/053040476_01.shtml.〔2011-03-14〕

信息采集

### 案例 5-2　利用网络免费索取期刊杂志

试用目录(www.trylist.com)于 2008 年 8 月上线,是专门发布各类免费试用活动信息的网站①。在该网站,用户可以获取免费期刊杂志信息、免费领取试用装信息、品牌试用活动信息等免费资源。以免费索取期刊杂志信息为例,该网站提供活动介绍、发布日期、结束日期、关注人数、活动规则、免费索取流程、索取链接等信息,若活动已结束,会有"此活动已过期"的印章提示,如图 5-1 所示。除了提供主题明确的免费索取杂志外(如《PINQINE 品酒刊》、《21 世纪商业评论》),还提供免费索取的产品目录(如《乐友孕婴童产品目录》)、产品实物等(如《1-5 岁宝宝早教体验光碟》)。

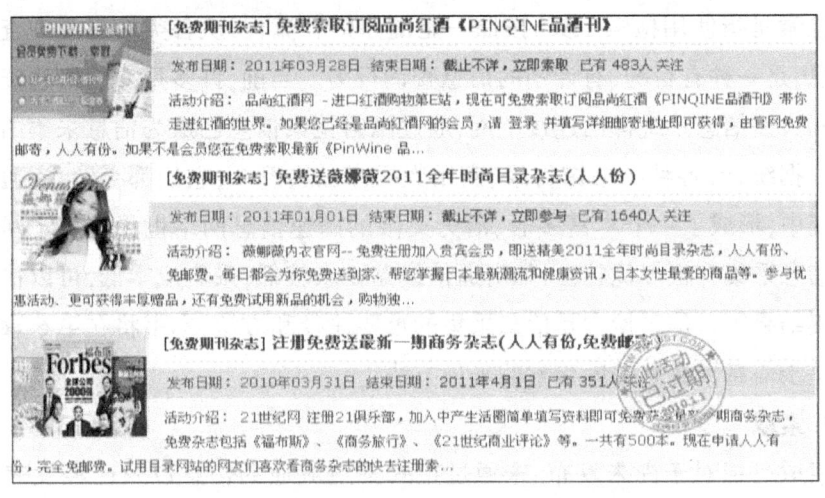

图 5-1　TRYLIST 提供的免费索取期刊杂志

### 4. 交换

交换指信息拥有者之间不通过发行系统或经销商等中间环节而互相补充调剂采集所需信息。交换的信息多属于内部资料、非卖品、私有文件等。通常,通过交换能够迅速及时地获取所需信息。因特网的发展,拓展了信息交流的时间和空间范围,也为个人和机构内部成员交换信息资料提供了便利。

### 案例 5-3　山财文件交换平台

山财文件交换(http://filex.sdfi.edu.cn)平台是山东财政学院图书馆建立

---

① 免费订阅索取杂志. http://www.trylist.com/free/magazine/list_155_1.html. [2011-4-9]

的文件交换平台,主要为其内部用户提供文件交换服务。拥有文件的用户上传文件后,即可获得上传文件的提取码,将上传文件时生成的提取码告知文件需求方,需求者输入提取码便可提取文件。据统计,通过该平台已实现文件交换达 176 万件,日最大交换文件数达 11,838 件①。

**5. 其他方式**

其他方式主要是指通过接收、征集、复制、咨询等方式采集所需信息。其中,接收是指按国家规定的呈缴本制度、移交制度或接受捐赠等方式,获取档案、期刊、图书等文献信息。征集是指对地方、民间有关单位或个人征集历史档案、书籍、手稿、活动方案、创意性作品等信息。复制是指以静电复印、缩微胶片、扫描、复制、打印等方式获取所需信息。咨询是指向熟悉各类信息采集方法的技术专家、行业领袖或主管领导、学科专业人士等请教,在他们的指导或帮助下采集所需信息。

通常,只有熟悉各类信息源的情况及特点,并且学会查找和利用各种信息采集工具书(如国内外出版的大量新书通报、报刊征订目录、专业学术会议预报目录等),才能将上述方法应用自如。

**案例 5-4 作家雅各布与希特勒军事机密**

20 世纪 30 年代中期,英国作家雅各布(Jacobs)发表了一本 172 页的小册子,上面记载了希特勒军队的组织编制、各军区概况、参谋部人员部署及 160 多名指挥官的姓名、简历,甚至连刚成立不久的装甲师的步兵小队都披露无遗。为此,希特勒勃然大怒,下令将雅各布抓到盖世太保总部审讯,要他供出窃取德军军事机密的"罪行"。在审讯时,雅各布坦然地说:"我的全部材料都来自德国的报刊,对于军事方面的任何点滴材料,我都用卡片摘录下来,连某某将军婚礼的报道也不放过。"②雅各布利用德国公开报纸的点滴资料,经过分析、综合处理,最后汇集成这本小册子。因此,他理直气壮地说:"我不是间谍!"

**5.1.2 实物型信息的采集方式**

实物型信息的采集方式主要包括:

---

① 山财文件交换. http://filex.sdfi.edu.cn. [2011-04-09]
② 宋恩梅. 试论竞争情报工作的合法化. 情报理论与实践. 2000(1):39-42.

 **信息采集**

### 1. 展览

展览指通过产品展览会、订货会、展销会、博览会等途径采集价格、外观、性能、参数配置等实物信息。通过展览采集实物信息时,要尽可能多地收集相关文字资料,可能时要进行录音、照相、摄影等,还可采购相关产品作为样品进行实物剖析,获取更为详尽的信息。美国贸易展览局的一份调查显示:在制造业、通信业和批发业中,2/3 以上的企业经常参加会展;金融、保险等服务性行业虽然只能展示资料和图片,但依然有 1/3 以上的公司将会展视作主要的营销手段[①]。因此,采集实物信息时,要特别关注行业展览会和产品发布会。在展览会上,采集人员可以收集竞争者的销售说明及产品宣传册,也可以与竞争者的供应商交谈,进行价格方面的探讨,观察新产品和新技术,认识行业发展趋势。

**案例 5-5 湛江家用电器公司的电炊具研发**

20 世纪 80 年代,在湖南召开电炊具订货会。当时有 24 家炊具生产企业参加,广东湛江家用电器公司实力稍逊一筹,其余厂家均为实力雄厚的大厂家。面对如此强大的竞争对手,湛江家用电器公司没有急于在订货会上展示自己的产品,而是先看看其他厂家展出的产品。结果发现,这 23 家企业的产品各有所长,但品种单一、规格不齐。于是,该公司迅速组织几名技术人员,悄悄地到附近农村去实地考察,发现那里因小水电资源丰富,农村千家万户已普遍用电,而且电费相当便宜。农民不仅需要电饭锅,而且需要的是兼炒菜、烧水、取暖、煮猪食功能为一体的电饭锅,同时,需要适合小水电资源的系列电炊具。几名技术人员立即拿出了系列化的适合当地条件的电炊具设计图纸,公司领导迅速决定按图纸设计赶制样品。一阵紧锣密鼓的工作之后,他们又匆匆赶回订货会场,亮出了自己手中的"王牌"。最后,该公司以能够提供适合农村电源、品种全、质量优、价格廉的系列电炊具产品,令其他 23 个厂家瞠目结舌。实力较弱的湛江电器公司在当时的订货会上能一枝独秀,关键在于他们注重信息,并能及时地处理信息。他们获得信息后,通过实地调查,分析市场需求的特殊性和普遍性,做出用己之长、制人之短、迎合消费者需求的决策[②]。

---

① 王延飞. 经营战略信息管理. 北京:北京大学出版社,2005.4:120.
② 赵安忠. 领导决策力 18 法则. 北京:中华工商联合出版社,2006.1:121.

## 2. 观察

观察主要是指现场观摩、参观(实验室、试验站、生产线、厂房等)、观看影视或录像等方式获取生产工艺、技术设备、原材料等相关信息。利用观察法采集信息时,除利用人的感觉器官外,还可利用摄影机、监测仪、录音笔等现代化设备来辅助记录相关信息。必要时,还可采用隐蔽式观察法采集来自用户或下属的负面信息。如:日本卖糖大亨江崎利一,有一次扮演成顾客混入人群中,听到几位女孩子议论,糖的包装盒上的人物形象愁眉苦脸,令人生厌。他回来后分析出,是包装画面影响了糖的销量,便立即改变了糖盒的人物形象,结果销路大开①。

**案例 5-6  日本·龙须草席·宣纸**

伦敦国际商业风险公司的一位高级研究人员曾经指出:"日本人天性就有收集、窃取情报的狂热,这是世界其他民族所不及的。而这种狂热的民族性发挥到国际商场上,就成了日本商业纵横天下的有力武器。"美国人指出:"日本官方每年根据各种需要派出专门从事情报收集的间谍约有1万人次,各大企业、公司和9大商社派驻海外的1000多个办事处的一项重要使命就是收集经济与技术情报。"龙须草席是清朝皇帝享用的贡品,中国从1953年开始出口该项产品,曾被莱比锡世界工艺博览会誉为"中国独有的工艺品",为国家赚取了大量外汇。20世纪80年代初,日本某株式会社派人专门来中国某省对龙须草席生产厂家进行考察,参观了生产的全部过程,对每一道工序都作了详细的了解和拍照。日本人回去后不到三个月,就制造了代替手工锤草的机器。现在龙须草席的国际市场已完全被日本垄断。类似的事情还发生在宣纸制造上。宣纸是我国独特的工艺品,有"千年寿纸"、"纸中之王"的美称,它与湖笔、徽墨、端砚合称"文房四宝"。其中又以安徽宣州泾县所产者最佳。日本、美国等国家都对宣纸生产的奥妙垂涎已久。1980年9月,4名日本商人在游览黄山后返回杭州途中,发现了有泾县宣纸厂标志的汽车,便驾车尾随其后,私自闯进宣纸厂,要求参观,并要赠送礼品,均被厂方谢绝。日本人并没有死心,次年11月,日本某造纸厂的一行三人,了解到浙江省临安县潘家镇造纸厂是在泾县宣纸厂的帮助下建成的,便设法通过省外贸公司特许到该厂进行参观和交流。厂方热情接

---

① 张安珍.经济信息学理论与应用研究.长沙:湖南科学技术出版社,1996:154.

信息采集

待,有问必答,连蒸煮原材料的碱水浓度等细节都和盘托出,还让日商对宣纸全部生产过程进行了录像,临别又赠送了檀树皮、长稻草浆和杨桃藤等原料,并以帮助化验为名,让日本人用瓶子装去了造纸用的井水。这样,宣纸的全部生产技术和工艺诀窍,全部被日本人得去。从此,中国的宣纸在国际市场上遇到了强劲的对手[1]。日本人不无得意地说,"世界宣纸,安徽泾县第一,日本第二!"

### 3. 剖析

实物剖析又称反求工程法,一般是指对实物样品进行拆卸、重组、测量、化验、分析以获得该实物的成本、材料、性能、原理、技术等相关信息的方法。采用实物剖析法首先要收集实物样品,然后针对实物样品特性采取不同的方法进行剖析,如:对于机械、仪器、机器类等样品,可由专家、工程技术人员,边拆卸、边测量、边分析,以了解其设计、结构、用材、尺寸、成分、造型等信息,必要时可组织攻关小组分拆后再行安装;对于服装、鞋帽、配饰类样品,可采集国内外市场上流行的款式、花色、面料、辅料等信息,以仿制改造提高经济效益;对于化妆品、牙膏、药物等样品,可采用化验、分析、复合的办法,以了解其组成成分、构成特点、功能效果等信息。

**案例 5-7　万燕 VCD 的昙花一现**

1993年9月,安徽万燕公司生产出了世界上第一台VCD样机,创造了在家电产品中唯一由中国自己创立的产品纪录。在1993年安徽现代电视技术研究所的VCD可行性报告中,曾这样描述:这是本世纪末消费类电子领域里,中国可能领先的唯一机会。然而,从1993年9月第一台样机诞生,到1994年万燕VCD机迅速占领市场100%的份额,再到1996年万燕VCD市场占有率跌破3%,这一开创性成果带来的辉煌犹如昙花一现,令人扼腕。由于当时万燕公司没有申请专利,其所推出的第一批1000台产品,几乎都被国内外各个家电公司买去做了样机,成为剖析的对象。随后的1995年,各路仿制的VCD机大举进军市场,广告也铺天盖地,仅砸向央视的广告额就年近10亿元。价格战持续升温,竞争成疯狂厮杀态势。至1996年,全国VCD机销量超过600万台,而万燕VCD机市场占有率不足3%,已失去了统领市场的地位[2]。仅三年时间,万燕VCD机从绚丽辉煌到无可

---

[1] 李健权. 泄露商业秘密亏损大. http://www.qw78.com/CaseCenter/ShengYi/201009/519.html. [2010-09-06]

[2] 世界第一台 VCD 机. http://baike.baidu.com/view/1325737.htm. [2010-05-06]

## 第5章 信息采集的方式与途径

奈何花落去,引发了国人对专利保护和信息采集方式的思考。

### 5.1.3 思维型信息的采集方式

思维型信息存在于人们的头脑中,其采集方式主要包括:

**1. 交谈/采访**

交谈是指人与人之间就其工作内容或任务目标,直接进行对话、交流、讨论、辩论等,以获取相关信息。采访指针对某些感兴趣的问题主动进行提问,以获取相关信息。两者的共同之处在于,均是通过谈话采集相关信息。必要时,还可以通过现场录音或摄影等方式来采集交谈或访谈现场的相关信息。通过交谈/采访可获得很多有价值的信息。如:宝洁公司的一个竞争对手通过访问洗衣粉包装机的生产厂,得知了宝洁公司包装机的收货时间,从而推算出了宝洁公司的浓缩洗衣粉投放欧洲市场的确切时间[①]。

**2. 问卷调查**

问卷调查是指通过发放调查问卷或调查表的方式采集有关市场或社会活动的意见、建议、看法、观念等信息。开展问卷调查时,工作人员要事先设计好调查问卷或调查表,由被调查者填写后,通过回收分析问卷或调查表来获取所需信息。问卷发放可以采用多种方式,如:发布在组织机构的门户网站上,发布在电子刊物中,E-mail 直接邮寄以及放置在产品包装箱内等,也可以张贴在 BBS、个人网络空间、电子邮件列表或新闻组等媒介中。据统计,在美国,73% 的企业设有正规的市场调查部门,大公司的市场调查经费约占其销售额的 3.5%。美国企业每年花在市场调查方面的费用超过 100 亿美元,且有不断增加的趋势[②]。改革开放 20 年来,发达国家的产品和投资在中国市场如鱼得水,除了实力雄厚外,一个重要原因就是其在进入中国的每一个市场前,都花巨资进行了严格、科学的市场调查。沃尔玛、万宝路、松下、柯达、奔驰、微软、可口可乐,无不如此。

**案例 5-8 宝洁公司飘柔洗发水的市场调查**

宝洁公司不仅是世界上最先使用市场调研的公司之一,也是在中国市场上率先使用市场调研的公司,被认为是中国市场调研的摇篮之一。中国宝洁公司

---

① 王延飞.经营战略信息管理.北京:北京大学出版社,2005.4:115.
② 赵光忠.领导决策力 18 法则.北京:中华工商联合出版社,2006.1:117.

**信息采集**

成立于1988年,但在合资公司成立的前三年,即1985年开始宝洁就已经在中国开展市场调查工作。其产品飘柔洗发液自1989年10月在中国市场推出以来,至今至少经历了10次配方改良。最近一次配方改良之前,宝洁公司消费者市场调研部及专业调查公司对全国16个城市及乡镇的近2000位消费者进行了调查。从这次调查中,宝洁公司发现46%的受访者认为自己的发质并不理想。当问及什么是他们理想中的头发时,其回答是最希望拥有"柔顺、易打理、一梳到底"的头发,希望把有个性、充满自信的一面展现出来。有鉴于此,6款全新的飘柔诞生了。正是基于这种随时聆听消费者需求的耐心与细致,前期有效的市场调研为决策者赢得了一个个宝贵的先机,这一个个先机使宝洁在极其激烈的竞争中保持不败。

### 3. 报告/培训

报告/培训属于相对被动的、单向式信息采集方式。其中,报告是指以参加各类报告会或演讲会等方式获取相关信息,通常由组织单位邀请业内专家、主管部门领导、业内领军人物以讲座、业务指导等方式满足机构内部成员的信息需求。培训是指参加各类培训班等获取相关信息,通常是一种有组织的知识传递、技能传递、标准传递、信息传递、信念传递、管理训诫行为。目前国内培训以技能传递为主,主要侧重岗前培训和业务知识培训。

**案例5-9 世界建筑大师保罗·安德鲁学术报告**

2011年3月,世界建筑大师保罗·安德鲁莅临山东建筑大学"海右论坛",为建筑城规学院师生带来一场精彩的学术报告[①]。保罗·安德鲁是法国著名建筑师,曾获得法国国家功勋勋章、建筑科学院院士、航空与空间科学院院士、技术科学院院士等荣誉,以设计机场而闻名。报告会上,安德鲁先生以《建筑创意和构思》为主题,介绍了其设计的著名建筑作品,包括法国夏尔·戴高乐机场、上海浦东国际机场、上海东方艺术中心等,以此为基础讲述了其设计中的经验与感悟,让在座的师生感受到世界建筑大师的独特视角。报告会现场设立自由交流阶段,对于师生们提出的问题,安德鲁先生逐一认真回应,现场气氛热烈,高潮迭起。

---

① 肖建卫. 世界建筑大师保罗·安德鲁做客山东建筑大学. http://www.sdjzu.edu.cn/news.php?id=10557.[2011-05-06]

### 4. 其他方式

其他方式主要是指通过参加各种社交活动、技术交流会议、经验交流论坛等方式采集相关信息。如：为采集客户反馈信息，可以通过为顾客创建在线社区、邀请客户出席宴会或参加讨论会、向顾客提供免费产品并邀请其评论、定期与顾客保持联系等方式，来激发客户反馈信息的热情，从而采集到真实、可靠的信息。

## 5.2 信息采集的途径

信息采集的途径主要分为内部途径和外部途径。

### 5.2.1 内部途径

内部途径一般是指政府机关、科研机构、工厂企业内部形成的各种信息通道，它主要用于采集部门的内部信息，有时也能获取一些外部信息。内部途径还可以进一步细分为：

#### 1. 管理部门

管理部门是获取内部信息的主要途径。一般来说，管理部门包括经营业务管理、行政管理、人事管理、物资管理、财务管理和生产管理等部门。信息来源主要包括统计资料、财务报告及各种业务文件，这些信息不但是部门内部决策、控制、监督的前提，而且要以适当方式向上级机关报告，为上级计划部门和管理部门制订计划提供充分的依据。因此，通过内部途径获得的信息不仅实用而且可靠。另外，管理部门的工作人员熟悉政策法规、部门规章和领导意向，熟悉生产、经营、管理等环节的情况及其发展变化，因此和他们接触也能够获得有价值的内部信息。

#### 2. 咨询与政策研究部门

咨询与政策研究部门主要为领导决策服务，是制订战略方案的参谋，是内外信息流通的枢纽和焦点。他们既采集、存储信息，又加工、生产信息，为部门的预测、决策和计划提供可靠的科学依据，是采集未来发展方向、战略决策、领导意向等信息的主要途径。如住房和城乡建设部政策研究中心（中国城乡建设经济研究所）是住房和城乡建设部直属的软科学研究机构[①]。其主要职能是为

---

① 住房和城乡建设部政策研究中心. http://www.mohurd.gov.cn/gyjsb/zsdw/200804/t20080424_162539.htm.

**信息采集**

住房和城乡建设部领导提供决策咨询和政策建议；接受地方政府和企业委托，提供政策咨询及市场调研服务；承担研究生培养和建设领域人才培训工作。该中心掌握我国建设领域历史及现状的大量数据资料，各城市房地产业及房地产市场的最新信息，与各社会领域、各研究机构的优秀专家保持有密切的合作关系，拥有接受社会委托，提供政策及市场咨询服务的资质和能力，在区域规划、城市战略、企业市场调研、市场信息分析等方面形成了大量研究成果，是采集建设工程信息的重要通道。

### 3. 内部信息部门

内部信息部门主要包括组织机构内部建立的档案、资料、图书、信息中心等部门。这些部门掌握着大量的内部资料，承担着采集、整理、管理各种信息（如：会议录、内部刊物、部门创业史、设计图、调查报告、获奖记录等）的任务，也是获得内部信息的重要通道。

### 4. 研究开发部门

研究开发部门能够提供技术水平、开发项目、研发力量与投入、专利、技术诀窍、新产品、市场细分、科技专家等信息，是获取科研技术信息的主要途径。国外几乎所有的大公司均有正规的市场和研究部门，负责对产品的调查、预测、咨询等工作，其产品进入每一个市场前都要进行周密研究。

**案例 5-10　啤酒与尿布**

总部位于美国阿肯色州的世界著名商业零售企业沃尔玛拥有世界上最大的数据仓库系统。为了能够准确了解顾客在其门店的购买习惯，沃尔玛对其顾客的购物行为进行购物篮分析，想知道顾客经常一起购买的商品有哪些。沃尔玛数据仓库里集中了其各门店的详细原始交易数据。在这些原始交易数据的基础上，沃尔玛利用 NCR 数据挖掘工具对这些数据进行分析和挖掘。一个意外的发现是："跟尿布一起购买最多的商品竟是啤酒！"这是数据挖掘技术对历史数据进行分析的结果。那么这个结果符合现实情况吗？是否是一个有用的信息？是否有利用价值？于是，沃尔玛派出市场调查人员和分析师对这一数据挖掘结果进行调查分析。大量实际调查和分析揭示了一个隐藏在"尿布与啤酒"背后的美国人的一种消费行为倾向：在美国，一些年轻的父亲下班后经常要到超市去买婴儿尿布，而他们中有 30%—40% 的人同时也为自己买一些啤酒。

产生这一现象的原因是:美国的太太们常叮嘱她们的丈夫下班后为小孩买尿布,而丈夫们在买尿布后又随手带回了他们喜欢的啤酒。既然尿布与啤酒在一起被购买的机会会增多,于是沃尔玛就在其门店将尿布与啤酒并排摆放在一起,结果是尿布与啤酒的销售量大大增长①。

### 5.2.2 外部途径

外部途径是指本部门以外的各种信息通道,用于采集各种信息。外部途径主要包括:

#### 1. 文献部门

文献部门是传统的信息采集外部途径,通过它主要可以获得公开出版物(如专业杂志、图书、年鉴、综述、文摘、目录、索引、政府出版物、统计资料、专利说明书、政府法律法规等)、限制性公开资料(如企事业机构名录、产品目录、设计图、地区刊物、企业人才招聘广告等)和部分企业内部资料(如内部刊物、市场调查报告、研究报告、国外考察报告、产品宣传册等)。

#### 2. 大众传播媒介

大众传播媒介主要包括广播、电视、报纸、杂志等,从中可以及时采集到多种信息,尤其是新闻类、娱乐类、生活类等信息。其中,广播和电视的信息覆盖面广,时效性强,是获取外部信息的重要通道。报纸的发行量较大,信息较为详细,且具有可保留性,成本低廉,可快速获得各种新闻、政策、常识等信息。如工程建设方面的报纸主要有:《中国建设报》、《首都建设报》、《建设市场报》、《中华建筑报》、《西部建设报》、《中国房地产报》、《建筑时报》、《中国建材报》等,从中可以获得建材、房地产、建设市场、工程项目管理等方面的相关信息。杂志一般收录的主题范围较明确,对某一问题报道的信息量大,讨论的问题视角多,也可以作为信息采集的外部途径。

#### 3. 社会团体

社会团体主要包括学会、协会、联合会、同学会等。通过社会团体可以采集到本系统、本行业的内部信息、专业简报、学会论文集等非公开出版物,是获得

---

① 是什么让沃尔玛发现了尿布和啤酒之间的关系呢? http://blog.csdn.net/jacklee_888/archive/2009/02/06/3865689.aspx.[2009-07-19]

最新技术和了解同行情况的重要途径。如：中国家用电器协会向其会员提供《家电行业出口报告》、《中国家用电器发展报告》、《家电参考》等专业资料。

### 4. 各种会议

各种会议主要包括科技研讨会、学术讨论会、商品展销会、展览会、交易会、现场会、发布会等，它是获得外部信息的重要途径，各种会议资料通常很难通过其他途径来获得，因而要关注与本行业、本机构相关的会议信息。提供会议信息的网站主要有：中国会议网（www.chinameeting.com）、中国学术会议在线（http://www.meeting.edu.cn）、中国会展网（http://www.expo-china.com）等。国外企业十分注重展会信息采集。如：美国第二大电子产品零售商美国电路城市百货公司，每年均参加美国国际消费类电子产品展览会，并派遣20人组成的信息采集小组参会，每个小组成员都负有特别的竞争信息采集任务，主要收集产品信息和收集特定竞争对手的营销策略信息等[1]。

### 5. 政府机关

政府机关主要指政府机关各部委，如：商务部、财政部、建设部、文化部、教育部等主管部门。政府机关常拥有较权威的信息源，政府各管理机构发布的政策文件、对外公开档案（工商企业注册登记通告、上市公司业绩报告、专利、标准等）、政府出版物（研究报告、统计资料、各类白皮书等）等。因此，及时采集政府机关信息，有利于及时了解各方面的政策法规、宏观形势等方面的信息，指导本部门的决策与行动。

### 6. 人际关系

人际关系是重要的信息采集外部途径。通过调查、访谈、观察、电话咨询、信函交流等方法，可采集来自人际关系渠道的信息。通过人际关系采集的信息往往是不曾公开发表的，有时甚至带有一定的机密性质。人际关系网的主要成员常包括专家、教授、顾问、同行业工作人员、政府工作者等。通常，可通过亲朋好友或同事领导的引荐、参加各种会议、参加健身娱乐等社会活动以及通过文章的作者简介等方式建立人际关系网。在需要时，可通过"谁认识谁"清单确定信息源，通过"关键问题询问表"提问和记录采集信息。

---

[1] 王延飞. 经营战略信息管理. 北京：北京大学出版社, 2005.4：120.

### 7. 合作伙伴/用户

合作伙伴/用户或服务对象也是重要的外部信息途径。通过合作伙伴/用户采集信息时,首先要明确需要找谁用什么样的方式了解什么信息,且要注意识别事实信息和虚假传闻。对于企业而言,其合作伙伴主要为供应商、销售商、运输部门、广告公司等。除非供应商已经签署了保密协议,否则他们就有可能提供竞争对手企业需要的原材料信息。有的供应商为了推销其产品,有时候还会向企业提供其主要的客户名单。销售商则可能提供竞争对手产品的销售状况信息,由于销售商往往经销多种品牌的同类产品,因此,他们还可能掌握不同产品的特色、价格、质量、维修保养能力等信息,甚至包括竞争对手企业的促销方案。而通过运输部门可以了解竞争对手企业产品的调运情况,通过广告公司可以深入了解竞争对手企业的市场策划意图,通过银行等金融机构还能了解到竞争对手的资信、资金筹措以及运转情况等信息①。通过用户或服务对象,主要可采集到用户的消费偏好、可接受价格区间、需求的产品性能、产品缺陷及服务反馈意见、竞争对手企业的产品优劣势、产品改进建议等信息。

### 8. 外部信息网络

外部信息网络是目前较受欢迎的外部信息途径,主要包括门户网站、数据库、论坛、搜索引擎等信息源。用户可通过检索、浏览、下载等方式采集各类信息。在此不再赘述,具体内容可参考第 6、7 章。

[例 5-1] A 企业电动自行车市场竞争信息采集

背景:A 企业经过 8 年攻关,在国内首先研制出了高性能的镍氢电池,并计划进军能源产业。研发出来的电动自行车样车于 2002 年 9 月在上海亮相。A 企业电动自行车能否就此进入市场?如果进入电动自行车市场,A 企业将面临哪些强有力的竞争者?应该采取什么样的竞争策略?围绕这些问题,A 企业应采集哪些信息?通过什么途径采集?

\*采集内容分析:主要包括行业背景信息、行业状况信息、政策环境信息、市场环境信息、竞争对手信息等②,具体采集内容和目的如图 5-2 所示。

---

① 王延飞. 经营战略信息管理. 北京:北京大学出版社,2005.4:115.
② 王知津. 竞争情报. 北京:科学技术文献出版社,2005.2:143.

## 信息采集

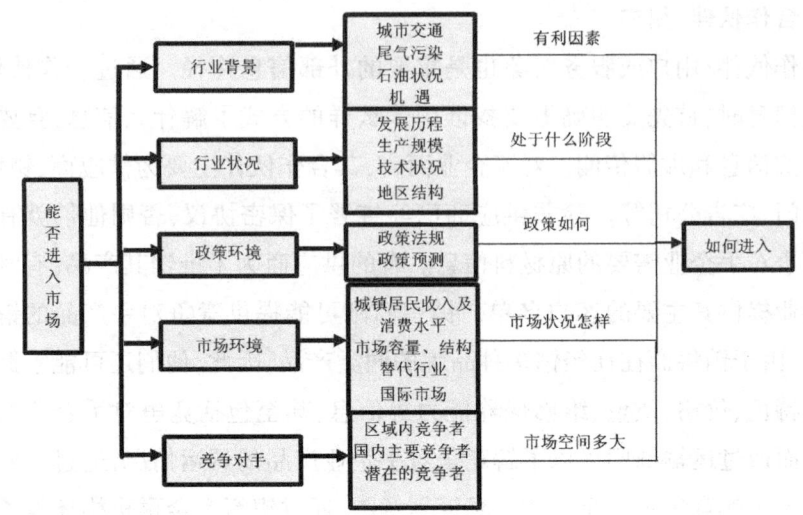

图 5-2　A 企业电动自行车市场竞争信息采集内容

＊信息采集方式与途径：主要以外部信息采集途径为主。①通过浏览和检索行业门户网站、竞争对手网站、中国经济信息网、中国专利信息网、美国专利与商标局网站等相关网站，了解行业技术、竞争对手及社会经济等信息；②通过观察法了解在城市交通要道电动自行车保有量；③通过采访调查竞争对手企业、消费者、经销商等，采集用户需求、消费者购买意愿和购买行为、用户使用情况、竞争对手品牌熟知率等信息；④通过大型展览会搜集信息，尤其注重在南京国际展览中心举行的"2002 年中国江苏自行车、电动自行车及零部件交易会"，并通过展览会搜集一些竞争对手产品以及新近动向等信息；⑤通过报纸、经济年鉴等采集政府政策、行业发展状况、技术竞争等信息。

＊采集信息结果：主要对采集来的信息进行了如下整理：①利用分类法对搜集到的信息进行归类处理；②利用综合指标法和指标分组法将搜集到的数据信息进行汇总累计及分组，并绘制成相关的图表；③利用改编重组法对搜集到的信息进行摘录、综述和评价。最终形成了研究报告，表 5-1 为研究报告的部分内容。

[说明]：此例属于市场竞争环境信息采集，因此，其信息采集对象为外部环境信息，其采集途径主要为文献部门、各种会议、用户和外部信息网络。采集方式以检索、浏览、访谈、观察等为主。

# 第5章 信息采集的方式与途径

表5-1　A企业与所选竞争对手的产品比较

| 公司 | 南京天地三环高科股份有限公司 | 红豆集团赤兔马公司 | 浙江卧龙科技股份有限公司电动车公司 | A企业摩托车有限公司 |
|---|---|---|---|---|
| 品牌 | T&D·大陆鸽 | 赤兔马、欧豹 | 卧龙 | A企业 |
| 行业内品牌熟知率 | 67.9% | 30.4% | 26.1% | |
| 产品体系 | 6大系列40余种规格 | 赤兔马10余种、欧豹6大系列18个品种 | 7个系列30多种 | 4款 |
| 价格分布 | 标准型2,300元左右，多功能型2,700元上下，豪华型3,400元以上 | 普通型2,000元左右，标准型2,400元到3,700元，豪华型3,300元 | 普通型1,800元以上，一般型2,300元左右，豪华型2,700元以上 | 未定 |
| 电池性能 | 铅酸电池，一次充电续行里程大于45公里，使用寿命10,0000公里 | 铅酸电池，一次充电续行里程45公里左右，使用寿命100,0000公里，装配镍氢电池的车型已经开发出来，但未投放市场 | 铅酸电池，一次充电续行里程50公里，使用寿命10,0000公里 | 使用镍氢电池，一次充电续行里程最大100公里，远超普通铅酸电池，电池充电次数最高可达6000次，使用寿命是铅酸电池的4~5倍 |
| 整车性能 | 车重小于38千克，载重75千克 | 车重小于38千克，载重75千克 | 车重从35千克到40千克不等 | 车重小于40千克，载重75千克 |
| 其他突出特点 | 自行开发的TDWL无刷电机及TDWK无刷电机控制器噪音低、免维护、过载能力强、转矩大、堵转保护等功能稳、骑行平 | 赤兔马电动轮毂:1.转动惯性小，转动扭矩大，响应迅速，可频繁启动、加速、制动；2.体积小，重量轻；3.效率高，噪音低；4.全封闭，防水，防尘 | 外转子稀土永磁直流电机，噪声低，效率高，不磨损，低速直接驱动，控制系统采用低阻抗功率MOSFE驱动，设有多种智能化功能，技术性能处于国际领先水平 | 卓越的避震系统，令驾驶感觉特别平稳，直流无刷电机，高效节能，寿命长、免维护、低噪音 |
| 经营理念 | 名牌制胜 | 以质取胜 | 低成本战略 | |

信息采集

## 5.3 信息采集的策略

信息采集的策略主要有以下几种:

### 5.3.1 定向采集策略

定向采集策略是指在采集计划范围内,对有关某一国别、某一地点、某一学科、某一信息源的特定信息尽可能全面系统地进行采集。定向采集策略适用于采集目标较明确的情况。目前,大多数采集软件可实现定向信息采集,尤其是网络舆情采集软件,可根据用户设定的热点关键词、主要信息源、敏感人物或事件等信息,利用元搜索或信息雷达等技术,定向智能抽取特殊客户所需的特定领域的相关信息。

**案例 5-11 TRS 网络舆情管理系统解决方案**

互联网的迅速普及使其成为舆论传播的重要载体,对网络舆情的有效监控已迫在眉睫。TRS 网络舆情管理系统通过互联网信息采集和文本挖掘技术,协助各级政府、行业主管、企业集团快速发现和采集所需的社会网络舆情信息,通过自动采集、自动分类、智能过滤、自动聚类、主题检测和统计分析,实现对社会热点话题、突发事件、重大案情的快速识别和定向追踪,可实现热点人名、热点机构、热点词语的统计分析,从而帮助各组织机构及时掌握舆情动向,对有较大影响的重要事件快速发现、快速处理,为组织机构决策提供信息依据。图 5-3 为广东法院采用 TRS 舆情解决方案进行的网络舆情监控页面[①]。

### 5.3.2 定题采集策略

定题采集策略是指围绕特定的教学科研课题或生产项目有针对性地进行信息采集。通常,研究开发活动中大多采用此种策略。定题信息采集能使用户及时掌握有关信息,针对性强,但由于所定题目具体,涉及面既深又专,采集难度较大。一些信息服务机构提供定题信息服务。对于较为专深的科研课题,用户可委托这些信息服务机构进行定题信息采集。如:某教授要完成山东省建设监理行业研究报告,即可委托山东省科技情报研究所提供定题服务,对

---

① TRS 网络舆情管理系统解决方案. http://www.terton.com.cn/cpyfw/jjfa/wlmt/201003/P020100518352677335480.pdf. [2011-05-06]

"山东省建设监理企业现状"、"山东省建设监理行业存在的问题"、"山东省内建设监理行业发展策略"等方面开展深入专业的资料收集,采集的信息源包括:《中国统计年鉴》、《CNKI 中国期刊全文数据库》、《中国优秀博硕士学位论文数据库》、《山东建设年鉴》、《读秀知识库》、《中国资讯行》、《工程监理年度报告》等。

图 5-3  广东省法院舆情监控网

### 5.3.3 多向采集策略

多向采集策略是指对特殊用户的特殊要求,广泛地多渠道地进行相关信息的采集。与之相对应的是单向采集策略,它是指对特定用户的要求,只通过一条渠道,对一种信息源进行采集,针对性强,采集成本低,但当信息源选择不恰当时,容易遗漏重要信息。而多向采集采集结果较为全面,成功率高,但容易相互重复,采集成本高,采集效率低。因此,多向信息采集策略更适用于经费充足、对采全率要求较高的大型科研类信息采集项目。如:某钢化玻璃生产企业确立了"钢化玻璃自爆研究"课题,于是委托某信息服务机构通过网络、报纸、电视、销售人员、用户、专家、学者等多个渠道采集"钢化玻璃自爆的原因"、"钢化玻璃自爆比率"、"钢化玻璃自爆源"、"钢化玻璃自爆机理及影响因素"、"钢化玻璃碎片测试"、"钢化玻璃自爆防治措施"等方面的信息。

### 5.3.4 跟踪采集策略

跟踪采集策略是指根据需要对某一机构、某一事件、某一产品或某一课题的有关信息在一段时间内进行动态监视和跟踪,及时采集出现的新情况、新问题。采用跟踪采集策略采集的信息连续性、针对性强,有利于及时掌握事物发生发展的过程。对于深入研究跟踪对象十分有益。如:某电视台报道了某品牌"淋浴房钢化玻璃爆炸"的新闻,展现了爆炸时间、爆炸场景等信息,为了给观众提供后续相关报道,需采用访谈、实地调查、检索等多种方式,跟踪采集"用户的赔偿要求"、"经销商的处理方式"、"生产企业的赔偿情况"、"淋浴房爆炸的原因分析"、"钢化玻璃爆炸的危害及防治"等相关信息。

### 5.3.5 积累采集策略

积累采集策略是指通过日常阅读、浏览、检索、摘录、收藏、观察、交谈等方式获取相关信息。积累采集策略适用于对时效性要求不高、采集目标不太明确、采集项目时间跨度较大的情况。采用积累采集策略时,应注意随时做剪报、摘录,并能及时对零星的片断信息进行归类整理,时间久了便会成为系统的信息财富。如:某学生大二时初步确定要考研究生,到大四才能完成考研任务,时间跨度较大,因此,可以根据其考研进程,采用积累采集策略,采集以下信息:招考院校名单及其排行、招考院校招生简章、考研分数线、考研参考书目、考研政策与形势、研究方向与导师情况、考研经验、历年试题、考研辅导班、考研报名、考研复试等。

### 5.3.6 委托采集策略

委托采集策略是指委托某一信息服务机构或信息咨询专家采集所需信息。通常,委托采集策略适用于时间精力有限、不熟悉信息来源或信息采集方法的机构或个人使用。委托信息采集需根据信息采集的质量和数量支付一定费用,采集成本较高,但能保障采集信息的质量。国际上有许多提供信息采集服务的咨询公司,如:美国的兰德公司、FULD公司等,国内的万方数据公司、赛迪数据公司等。

### 5.3.7 社交采集策略

社交采集策略是指通过参加各种社会交往活动采集相关信息。社交活动的形式主要有请客就餐、聚会聊天、旅游观光、走亲访友、出差攀谈、书信往来、出席会议、参加舞会、参加体育运动、网络交流等。社交者要采集到有用的信息,就应眼观六路,耳听八方,善言会词,细心捕捉。通常,通过社交活动获取的信息一般都是最新的,是其他途径得不到的。如:为开拓北美市场,日本索尼公司的总经理盛田昭夫赴美400次以上,他常乘机出国旅游,接触世界名流,同各公司职员进餐、游泳、参加舞会,取得了大量有关家用电器、化妆品、唱片等方面的信息,不断创出新产品并因此闻名于世。

### 5.3.8 现场采集策略

现场采集策略是指通过参加展览会、展销会、订货会、科技成果展示会、交易会、发布会、博览会等途径采集信息。现场采集会接触到一些新产品、新技术、新工艺、新设备等信息,也可以现场索取详细的说明书或文字资料,是采集信息的好方法。利用现场采集策略时,要用心留意、勤问多记、多看善记、录像录音、拍照留影、多多联系,以快速获得新颖、及时、可靠、有用的信息。

**案例5-12　美国某食品公司的竞争对手信息采集**

某美国食品公司已统治美国食品市场多年,但由于该公司的专利权已到期,拥有大量资源和优秀业绩记录的两个大型外国公司将进入美国市场,因此,急需采集竞争对手的行动与计划信息。该公司从一些主要咨询公司获得报价,对潜在竞争对手的意图和攻击计划的正确评估所需要的研究与分析,需要花费几万美元和4个月的时间。在此背景下,美国公司决定采取提前行动的方法,从一个国际食品会议上搜集信息。美国公司为一些执行官特地设计并安排了与竞争对手对应人物的会晤与宴会,以便以恰当的方式提出恰当的问题。在每次会议和互动之后,负责搜集信息的人员与美国公司的分析者一起回顾事实。在3天的会议结束时,该美国公司已经满怀信心地弄清楚了竞争对手的意图:两家潜在竞争对手正要避开面对面竞争,而转入其他的产品领域,由此,这个美国公司就可以将注意力集中在他们的市场上,从而避免了不必要的转向与损失惨重的错误[①]。

### 习题

1. 实物型信息主要有哪几种采集方式。

---

① (美)沙克尔,吉姆比克依著;王知津等译.企业竞争情报作战室.北京:人民邮电出版社,2005.10:79.

**信息采集**

2. 信息采集的外部途径主要有哪些?
3. 记录型信息主要可通过哪几种方式获得?
4. 信息采集的策略主要有哪些?
5. 结合个人具体情况,说明您常用的信息采集方式主要有哪几种。
6. 阅读下列材料,回答问题:
(1) 材料中都提到了哪些信息采集途径?
(2) 您认为在工业品销售中,适宜采取哪些信息采集策略?

工业品销售:客户信息收集的三大渠道

在工业品销售中,明显存在着信息不对称的现象,如:几十人、几百人的销售队伍,需要面对30多个省、600多个城市的中国市场,要想获取有价值的客户信息,如同大海捞针[①]。归纳起来,工业品销售的信息收集渠道,主要包括以下三类:

1. 常规的信息渠道,解决"有的用"问题

工业品销售人员,常常羡慕消费品业务人员,大街上跑一圈,就能获得很多有用的行业信息。工业品客户信息,买来的数据不真实,真实的信息却只能依赖个人努力,先建立短期内可以动起来的常规信息渠道。①直接信息渠道,主要包括:销售同行、老客户。销售同行是指那些产品互补的价值链关联型同行,如果他们处在价值链上游,信息的价值就会更大一些。当他们做成或者做败了一笔业务,给你提供客户需求信息,也就是手到擒来的简单事。工业品销售人员,要刻意经营自己的同行圈子。②专业中间人渠道,主要包括:招投标公司、设计院、科研院所、环保局。专业中间人经常与供求双方打交道,信息来源途径多、信息含金量高,而且他们还有一定的客户影响力。工业品销售人员要打开这些信息窗口。③第三方信息渠道,主要包括:客户企业网站、政府网站、专业项目网站、新闻、行业报刊杂志。这些公开的信息,可以作为初步的参考,但要学会鉴别时效性、真实性,并学会顺藤摸瓜,找到信息源头的发布者。叶敦明认为,公开信息的深度加工,费时费力,但若是直接信息渠道、专业中间人渠道不

---

① 叶敦明. http://ep.huanbohainews.com.cn/system/2011/06/23/010973737_01.shtml. [2011-06-23]

够顺畅时,也不得不埋头苦干。

2. 创新的信息渠道,解决"用得好"问题

在一个行业干上三年,就能积攒一些行业诀窍和人脉关系。常规信息渠道的建设,也已经走上正轨。此时,销售人员就需要利用一些创新的信息渠道,跑在竞争对手的前面,就有可能赢得业务先机。创新信息渠道,叶敦明总结为三种:人际圈、专业圈、政府圈。①人际圈,主要包括:商会、家人朋友圈、线人、同行中的竞争对手。温州柳市电器企业云集。一些规模小、产品性价比高的企业,其销售人员就喜欢全国找同乡做经销。泉州、温州、宁波等地的商会,在全国一、二线城市多有分布,颇有势力。靠着友情和学员的关系,家人朋友圈信息真实度较高。而线人则是自己在客户企业中培养的内部信息通道。至于同行中的竞争对手,若是玩不转就放弃,否则反惹一身骚。②专业圈,主要包括:展会、行业协会、有影响力的第三方(如工程监理公司)、质量检验部门、人才招聘网。这个圈子用得好,就会得到更为深度的信息源。但需要耐心,急于求成将会一无所获。常在专业圈走动,对销售人员也是一种职业上的修炼:对行业动态保持敏感、对新技术保持关注、对竞争对手看得更真。③政府圈,主要包括:发改委、招商局、经信委、开发区管委会等。企业的一举一动,都逃不过这些部门的法眼。而且,不少优惠政策、政府补贴都出自此处。当然,政府圈子的经营是需要契机的,不可强为。

3. 经验之谈:最为有效的信息渠道

没有信息愁信息,信息多了又难消化。工业品资深销售人员一致认为,5种信息来源最为可靠:老客户、销售同行、设计院、政府、熟人介绍。其中,老客户、设计院、熟人的信息的真实度、深度最高。

有了高质量、足够数量的客户信息,业务开展就能如鱼得水。而且,个人的业务信息,还要变成销售组织共享,为团队销售预埋接口。工业品销售人员,从外行到内行,信息收集渠道至关重要。

# 第 6 章　基于因特网的信息采集

【本章提示】

本章主要介绍基于因特网的信息采集,主要包括:网络信息采集的类型、特点、技术、工具等知识,以及 Netget、瞬速信息采集专家等主要的网络信息采集软件。重点是网络信息采集工具的应用。通过本章的学习,学生应当初步了解网络信息采集的特点,能够熟练使用搜索引擎、RSS、FTP 等工具,学会 Netget 等网络信息采集软件的使用方法。

## 6.1 网络信息采集概述

作为开放型的巨大信息资源库,因特网蕴涵着无限丰富的信息,其提供信息的方便性和多样化,吸引了越来越多的用户。网络信息资源内容丰富,数量庞大,形式多样,是目前采集各种信息最常用的信息源。

### 6.1.1 网络信息资源的类型

简单地说,网络信息资源是指通过计算机网络可以利用的各种信息资源的总和。具体地说,网络信息资源是指所有以电子数据形式将文字、图像、声音、动画等信息存储在光、磁等非纸质的载体中,并通过网络通信、计算机或终端等方式再现出来的各种信息。目前,网络信息资源以因特网信息资源为主。网络信息资源丰富多样,内容几乎涉及所有领域,从电子图书、电子期刊到非正式的个人言论均可在网络上获取。网络信息资源具有数量巨大、内容丰富、结构复杂、表现形式多样、分布不均衡、传播速度快、传播范围广等特点,是目前利用率最高的信息源。网络信息资源类型繁杂,划分依据不同,其类型也就不同。

**1. 按信息发布机构划分**

按信息发布机构划分,网络信息资源可分为企业站点信息资源、科研院所站点信息资源、信息服务机构站点信息资源、行业机构站点信息资源和政府站点信息资源五种类型。

(1)企业站点信息资源

这类站点一般以".com"为一级或二级注册域名,主要提供公司概况、产品信息、用户服务、招聘等初始信息,其信息更新及时,动态性强,是采集企业公开信息的主要来源。如:www.haier.com(海尔公司主页)。

(2)科研院所站点信息资源

这类站点一般以".edu"或".ac"为一级或二级注册域名,主要提供学术性较强的学术动态、科研活动信息、招生信息、学位教育、远程教育、图书馆馆藏等信息,是获取教育科研信息的主要来源。如:www.pku.edu.cn(北京大学主页)。

(3)信息服务机构站点信息资源

这类站点一般以".net"、".com"、".gov"或行政区域为一级或二级注册域名,以信息资源开发利用服务为主要功能,提供信息查询、数据库检索、研究报告等各类专题信息服务,专业性强,是获取各类专题信息的主要来源。如:www.techinfochina.com(中国科技信息网主页)、www.chaoxing.com(超星主页)。

(4)行业机构站点信息资源

这类站点一般以所属上级部门为一级或二级注册域名(有".com"、".ac"、".gov"等),主要提供行业动态、企业名录、市场行情、行业政策法规、行业统计信息等,其提供的信息系统性强、完整性好,是获取行业信息的主要来源。如:www.softline.org.cn(上海软件行业协会)。

(5)政府站点信息资源

这类站点一般以".gov"为一级或二级域名,主要提供地方新闻、政策法规、办事指南、政府部门设置、政府工作报告、政务公开等信息,其提供的信息权威、准确,是获取政务信息的主要来源。如:www.miit.gov.cn(中国工业和信息化产业部)。

**2. 按信息媒体性质划分**

按信息媒体性质划分,网络信息资源可分为文本信息资源、图像信息资源、

信息采集

音频信息资源、视频信息资源、软件信息资源等类型。

(1)文本信息资源

网络文本信息资源数量巨大,大部分是原有一些印刷型文献的数字化产品,是最重要、最主要的数字信息资源。常用的文本信息资源的文件格式主要有:

﹡TXT 格式。以 txt 为扩展名的文件,属纯文本文件,可以在 Windows 环境下用记事本或写字板等软件打开,在 DOS 下也可以阅读。纯文本文件中无字体、大小、颜色、位置等格式化信息,大部分的网页都可以以文本格式存储。

﹡DOC 格式。以 doc 为扩展名的文件,在 Windows 环境下用 Microsoft Word 文字处理软件打开、阅读和编辑,可以在文件中嵌入图表、图片、数字公式以及建立超链接等,通常以附件形式存在于网页中,是获取教案、产品说明、部门通知等信息的重要来源。

﹡PPT 格式。以 ppt 为扩展名的文件,在 Windows 环境下用 Microsoft PowerPoint 软件打开、阅读和编辑,是获取教学课件、讲座的主要来源。

﹡XLS 格式。以 xls 为扩展名的文件,在 Windows 环境下用 Microsoft Excel 电子表格软件打开、阅读和编辑,是获取数据信息的主要来源。

﹡PDF 格式。以 pdf 为扩展名的文件,可使用 Adobe 公司的 Acrobat Reader 等软件阅读。PDF 文件是全世界电子版文档分发的公开实用标准,可完整保留原有文档的风格、字体、颜色、图像,还可以附加音乐、动画和链接,是最为常用的网络文件格式之一。越来越多的电子图书、产品说明、网络资料、全文数据库开始使用 PDF 文件。

﹡超文本格式。超文本格式作为目前互联网上最流行的文件显示格式,支持图像、动画、视频等多媒体形式,显示效果好,表现力强,兼容性好,且文件比较紧凑,是获取网络信息的重要来源。超文本的格式有很多,目前最常使用的是 HTML(超文本标记语言)及 RTF(富文本格式)。

﹡WDL 格式。以 wdl 为扩展名的文件,通常为电子图书。WDL 格式是主流的电子图书专用文件格式之一。WDL 文件采用图文混排方式,一个文件就是一本电子图书,因此,阅读、携带方便,是获取畅销图书信息的重要来源。

## 第6章 基于因特网的信息采集

（2）图像信息资源

图像信息资源直观可见、形象生动，包含的信息量非常丰富，是人类视觉器官感受到的形象化信息，也是设计人员信息采集的主要目标。了解图像文件的格式，有助于提高图像信息采集效率。常见的图像文件格式主要有：

\* BMP 格式。BMP 是 Bitmap（位图）的简写，是 Windows 操作系统中的标准图像文件格式，能够被多种 Windows 应用程序所支持。BMP 文件包含的图像信息较丰富，几乎不进行压缩，但占用磁盘空间过大，因此，在单机上比较流行。

\* GIF 格式。GIF 是英文 Graphics Interchange Format（图形交换格式）的缩写，主要用于图片交换。GIF 文件压缩比高，文件短小，有渐显功能，下载速度快。目前，互联网上大量采用的彩色动画文件多为 GIF 文件。

\* JPEG 格式。JPEG 文件的扩展名为 jpg 或 jpeg，其压缩技术十分先进，可以用最少的磁盘空间得到较好的图像质量。JPEG 文件的应用非常广泛，各类浏览器均支持该格式。

\* TIFF 格式。TIFF（Tag Image File Format）是一种无损压缩的文件格式。TIFF 文件存储信息多，有利于原稿的复制。但 TIFF 格式结构较为复杂，兼容性较差，有时用户的软件可能不能正确识别 TIFF 文件。

\* PSD 格式。PSD 是 Adobe Photoshop 的专用图像格式，可存放图层、通道等多种设计样稿，便于修改。PSD 文件存取速度快，功能强大。

\* PNG 格式。PNG（Portable Network Graphics）是一种新兴的网络图像格式。它汲取了 GIF 和 JPG 二者的优点，采用无损压缩方式来减少文件的大小，存储形式丰富，显示速度快，支持透明图像的制作，可让图像和网页背景很和谐地融合在一起。但它不支持动画应用效果。

\* SVG 格式。SVG 是 Scalable Vector Graphics（可缩放的矢量图形）的缩写，是一种开放标准的矢量图形语言，用户可以直接用代码来描绘图像，可以用任何文字处理工具打开 SVG 图像，并可以随时插入到 html 中通过浏览器来观看。SVG 文件可以任意放大图形显示，占用空间比 JPEG 和 GIF 文件小，多，因而下载速度快。

（3）音频信息资源

数字化音频信息是一个数据序列，由模拟声音经过采样、量化和编码后得

信息采集

到,然后以文件方式存储在计算机中,是网络信息资源的重要组成部分,是获取歌曲、伴奏、广播的重要来源。常见的音频文件格式有:

*MP3 格式。MP3 格式是目前网络音频文件的主流格式,它以极小的声音失真换来较高的压缩比。其占用空间小,一般只有 wav 文件的 1/10,但音质略逊。

*WAV 格式。WAV 格式是微软公司开发的一种声音文件格式,用于保存 WINDOWS 平台的音频信息资源。WAV 具有较好的声音品质,是目前 PC 机上广为流行的声音文件格式,但占用空间较大。

*WMA 格式。WMA(Windows Media Audio)格式来自于微软,其压缩率平均可达比量 1∶18,可加入防拷贝保护,它支持音频流技术,适合在网络上在线播放。

(4)视频信息资源

视频信息资源形象生动,信息量大,内容丰富,是多媒体信息采集的主要目标,广泛应用于电视台、传媒、教学、安防等多种行业。网络上提供的视频文件格式主要有:

*FLV 格式。FLV(FLASH VIDEO)格式是随着 Flash MX 的推出发展而来的流媒体①视频格式。FLV 文件占用空间小、加载速度快,已经成为当前视频文件的主流格式。目前,新浪播客、六间房、优酷、土豆、酷6 等在线视频网站均采用此格式。

*RM 格式。RM(Real Media)格式是由 Real Networks 公司开发的一种能够在低速率的网上实时传输视音频信息的流式视音频文件格式,可以根据网络数据传输速率的不同制定不同的压缩比率,从而实现在低速率的广域网上进行影像数据的实时传送和实时播放,是目前互联网上较流行的跨平台的客户/服务器结构流媒体应用格式。

*ASF 格式。ASF(Advanced Streaming Format)是微软公司推出的在互联

---

① 流媒体(Stream Media)是一种可以使音频、视频和其他多媒体文件在互联网上以实时的、无须下载等待的方式进行播放的技术。流化技术使得内容打包并像流水一样发送。用户先从服务器上下载一部分视频文件,形成视频流缓冲区后实时播放,同时继续下载,为接下来的播放做好准备。如果不使用流化技术,那么必须在使用前下载整个媒体文件。

网上实时传播多媒体的技术标准,其压缩率和图像质量均不错。

\* MOV 格式。MOV(Movie Digital Video Technology)是由苹果公司推出的流媒体视频格式。利用 Quick Time 播放器,能够很轻松地通过互联网观赏到高品质视频。

\* AVI 格式。AVI(Audio Video Interleaved)格式来源于微软,一般用于保存电影、电视等各种影像信息,有时也出现在互联网中,主要用于展示新影片的精彩片段。

\* MPEG 格式。MPEG(Moving Pictures Experts Group 动态图像专家组)是运动图像压缩算法的国际标准,它采用有损压缩算法来减少运动图像中的冗余信息,其压缩比高,最高可达 200∶1,图像和音响质量好,兼容性强。

(5)软件信息资源

互联网上软件资源丰富,无论是系统管理软件还是办公软件,不论是工具软件还是娱乐软件,几乎无所不包。不仅如此,还有相关软件的使用说明和多媒体教程。目前,大部分网站提供的软件为免费软件,通常以 ZIP 或 RAR 压缩包的形式提供,解压后即可进行具体操作。除此之外,网络软件常包括以下几种格式:

\* EXE 格式。EXE File(可执行程序)是一种可在操作系统存储空间中浮动定位的可执行程序。在 Windows 系统中的执行文件一般都是 EXE 文件。

\* MSI 格式。MSI 文件是 Windows Installer 的数据包,它实际上是一个数据库,包含安装一种产品所需要的信息和在很多安装情形下安装(和卸载)程序所需的指令和数据。目前,许多软件开始用 MSI 格式来发行。

\* ISO 格式。ISO 文件一般以 iso 为扩展名,是复制光盘上的全部信息而形成的镜像文件。许多 Linux 操作系统的安装包都是以 ISO 文件发布的。在 Windows 系统中,一般需要专用工具软件才能操作 ISO 文件。如 WinISO、Daemon Tools 等。若仅读取 ISO 文件中的内容,则可以用 WinRAR 软件解压查看。

此外,还可按照加工层次、信息交流方式等标准划分网络信息资源,在此不再赘述。

信息采集

### 6.1.2 网络信息采集的方式

随着因特网的发展,信息资源的网络化进程加快,网络信息资源在数量、结构、分布和传播的范围、载体形式等方面表现出无法比拟的优势,基于因特网的信息采集已成为最普及、最受关注、最常涉及的信息采集领域。所谓网络信息采集是指利用计算机软件或工具,通过浏览、检索、会话等方式从网络信息源中收集、筛选、获取有用信息的过程。目前流行的网络信息采集方式主要有人工采集和自动采集两大类型。

**1. 人工采集**

人工采集是常见的网络信息采集方式。在因特网上,用户接触最多的信息是以 Web 页面形式存在的。另外,FTP、BBS、博客等也是互联网上获取信息的常见渠道。用户通过 IE 浏览器浏览 Web 页面,通过登录 FTP 服务器下载资料,通过登录 BBS 发帖获取信息,通过浏览"博客圈"浏览某一主题信息等,均是利用客户端软件手工链接到信息源去获取信息,均属于人工采集。其共同点是:由用户手动输入网址(URL),由客户端软件链接到信息源,以从信息源上获取所需信息。常用的人工采集方式主要包括以下几种:

(1) 基于搜索引擎的信息采集

搜索引擎已成为用户采集和利用网上信息的最重要途径。据最新统计数据显示,2010 年我国搜索引擎用户规模达 3.75 亿,网民搜索引擎使用率达 81.9%,跃居各种网络应用使用率的第一位,成为网民采集信息的主要入口[①]。搜索引擎使用自动索引软件来发现、收集并标引网页,建立数据库;以 Web 形式提供给用户一个检索界面,供用户输入检索关键词、词组或短语等检索项;代替用户在数据库中找出与提问相匹配的记录,并将返回结果按相关度排序输出。搜索引擎主要支持"关键词搜索",部分搜索引擎还支持分类导航。该采集方式的优点是采集信息量大、内容新颖、采集速度快,但准确性较差。

(2) 基于网络浏览器的信息采集

基于网页浏览器的信息采集是最原始、最简单易用的信息采集方式。该方

---

① 搜索引擎超网络音乐成第一大应用. http://net.chinabyte.com/443/11786943.shtml. [2011-01-19]

第6章 基于因特网的信息采集

式利用网页浏览器进行超文本网络信息浏览,可利用文档中的超链接从一个网页转向另一个相关网页。基于网络浏览器的信息采集的目的性不强,用户可以采用传统的线性方式依次阅读网页信息,也可根据节点之间的超文本链接关系进行相关节点信息的浏览。该采集方式一般无明确的目标和计划性,无法保证采集的质量和效率,因此,既可能满载而归,也可能一无所获。

(3) 基于下载工具的信息采集

基于下载工具的信息采集也是一种较为常用的信息采集方式。下载工具是一种可以更快地从网上下载信息的软件,可用于采集文档、影音文件、软件等多种信息资源。下载工具采用"多点连接(分段下载)"和"断点续传"技术,充分利用网络上的多余带宽,随时接续上次中止点继续下载,大大节省了下载者的连线下载时间,避免重复劳动,有效提高了下载速度和质量。国内比较知名的下载软件主要有:Thunder(迅雷)、Flashget(网际快车)、Netants(网络蚂蚁)、Net Transport(网络传送带)、BitComet(BT)、Emule(电驴)、BitComet(比特彗星)、比特精灵(BitSpirit)、QQ旋风等。

(4) 基于在线参考工具书的信息采集

在线参考工具书是专供网络用户查检和参考的特种电子文献,是获取知识、数据、事实等信息的重要渠道。随着互联网的发展,网上涌现出越来越多类型的网络版参考工具书,如词典、百科全书、年鉴、手册、名录、指南、地方志、图谱等。在线参考工具书克服了印刷型工具书体积庞大、价格昂贵、利用相对困难等缺点,具有信息量更大、内容更丰富、使用更方便、数据更新颖等优点。许多数据库开发商发布了参考工具书数据库,如:清华同方知网发布的中国工具书集锦在线收录了2000多部工具书,涉及各个学科的词条1000多万个,类型涵盖汉语词典、英汉/汉英词典、专科词典、百科全书、医学图谱、图录(鉴)、年表、手册等多种类型。另外,还有很多网站免费提供参考信息查询服务,如:维基百科(zh.wikipedia.org)、中华在线词典(www.ourdict.cn)等。

(5) 基于网络图书馆的信息采集

网络图书馆是获取学术信息的重要途径。对于学术信息采集用户而言,网络图书馆的主要资源有:联机公共检索目录(OPAC)、学科信息资源导航、各种商业信息资源数据库。用户可以通过OPAC获知相关的书目信息,也可以在网

信息采集

络预约借书。网络图书馆的学科信息导航不同于搜索引擎的分类目录,它以学科分类为基础,以搜集学术信息为宗旨,经过人工筛选重新组织形成。此外,网络图书馆还是利用商业数据库的入口,提供利用电子资源的各种培训资源。用户可以充分利用网络图书馆采集所需信息。

(6)基于在线调查的信息采集

在线调查是快速获取产品、客户、市场等社会信息的重要途径,它通过互联网及其调查系统实现了传统调查、分析方法的网络化和智能化。在线调查可以分为普通网站调查和专业在线调查两类。其中,普通网站调查是指一般网站利用网络简单编程的方式将问卷生成网页,用户在浏览页面的时候,对问卷进行回答,生成简单的调查结果,一般门户网站上的调查多属此类。专业在线调查是将传统的调查过程完全网络化、智能化,并做出整理分析,最终形成专业调查报告。如:Surveycool 调查系统作为国内第一家自助在线调查系统,将调查分为八大模块:建立问卷、问卷测试、问卷发送、数据收回、统计报告、项目管理、系统使用权限等。比较常用的专业在线调查平台有:中国调查网(www. zdiao. com)、态度8调查网(www. taidu8. com)、问道网(www. askform. cn)、调查圈(www. diaochaquan. cn)等,用户可以根据调研信息采集需要,选用专业调查网站获取各类调研信息。

(7)基于网络交流平台的信息采集

网络交流平台是获取个人信息、组织内部信息等的重要渠道。网络交流平台是以互联网作为交流分享的平台,它综合利用 BBS、E-mail 等网络载体,达到双方信息交流的目的。与传统的访谈等调查方法相比,网络交流平台缩短了人与人之间的时空距离,使得信息的交流更为便捷和及时,最大限度地实现社会化网络信息的可选择性、平等性。常见的网络交流平台载体有:即时通信工具(QQ、MSN、阿里旺旺等)、网络社区(BBS、贴吧等)、博客、个人空间、微博等。

(8)基于 FTP/Telnet 的信息采集

FTP/Telnet 类工具是获取非 Web 信息资源的重要途径。FTP/Telnet 类工具均需登录到远程计算机上,才能进行信息查询和获取。使用 FTP(文件传输协议)几乎可以传输任何类型的文本文件、二进制文件、图像文件、声音文件、数据压缩文件等,在该类检索工具中,自动标题检索软件 Archie 较为常用。

Hytelnet 是常用的 Telnet 类信息采集工具,它以超文本形式分门别类地汇集并罗列了数量相当多的 Telnet 信息资源,在远程登录后,对方系统往往设有专门的检索型工具,以方便用户查找和利用。

**2. 自动采集**

由于网络信息的保存寿命通常只有几十天,随着时间的推移,大量的网络信息资源正在被湮没,因此,如何自动采集有价值的网络资源日益受到重视。网络信息自动采集主要是按照用户指定的信息或主题,自动调用各种搜索引擎进行网页搜索和数据挖掘,并将采集信息经过滤和分类后存入各个主题数据库,从而完成对网络资源的搜集和整合,再通过数据压缩和传输技术实现本地化的海量数据存储,完成网络信息资源的采集。目前,广泛应用的自动采集方法主要有以下两种:

(1) 基于自动抓取的信息采集

基于自动抓取技术的采集方式较适用于采集特定的目标信息源。自动抓取技术是在用户设定某些信息源的信息类别后,采集器自动定期地从这些信息源中抽取用户所需的最新信息的技术。它采用定向和定题收集相结合的主动跟踪式多向信息采集,其特点是获取信息主动、灵活。网络采集软件是利用自动抓取技术采集信息的典型案例。目前,大部分采集器用于采集网页信息,另外还有部分采集器专门用于采集颜色、图片、QQ 群号码、商品数据等信息。

**案例 6-1 阿里巴巴企业信息采集器**

阿里巴巴企业信息采集器,是采集阿里巴巴(中国站)诚信通企业会员和个人会员信息的一款全自动信息提取软件。提取的信息包括:企业名称、阿里账号、联系人姓名、性别、职务、手机、电话、传真、地址、邮编。这些信息可以用于市场营销,比如:群发传真,群发手机短信,阿里旺旺群发,电话营销,电子邮件群发,产品宣传册大面积邮递。这些信息还可以用于市场调查,分析客户分布情况,分析竞争对手的情况等。软件能够按照关键词、省份、城市、经营类型,搜索阿里巴巴公司库和阿里巴巴产品库,自定义设置搜索范围,快速抓取上述信息。

(2) 基于自动推送的信息采集

从需要采集信息的用户角度来看,信息推送是快速自动获取信息的方式之

信息采集

一。网络公司通过一定的技术标准或协议,从网络信息源或信息提供商处获取信息,经过加工处理后,通过固定的频道向用户发送信息。其特点是根据用户的定制信息需求定期发送信息,节约用户的信息搜索时间,但用户只能定制需要的频道,无法灵活地限定具体信息内容。RSS 订阅、邮件列表等是采用自动推送技术采集信息的典型,是自动获取个性化信息的主要方式。

### 6.1.3 网络信息采集的发展趋势

网络信息采集以信息检索技术发展为基础,以计算机技术、网络技术、多媒体技术的发展为依托,逐步向智能化、多语种化、专业化和个性化方向发展。

**1. 智能化**

智能化是网络信息采集的重要发展趋势之一。以人工智能为基础的自动化信息采集技术是未来网络信息采集的基础。人工智能与信息采集的结合主要体现在自然语言理解、机器翻译、模式识别、专家系统等方面。网络智能信息采集工具以智能搜索引擎为代表,它结合人工智能技术,将信息采集从目前的基于关键词层面提高到基于知识(或概念)层面,对知识有一定的理解与处理能力,能够实现自动分词、概念搜索、短语识别及其翻译等。智能搜索引擎允许用户用自然语言进行信息查询,提供更方便、更确切的搜索服务。

**案例 6-2  WA 智能搜索引擎**

Woffram Alpha(简称 WA)智能搜索引擎由英国科学家斯蒂芬·沃尔弗拉姆及其团队开发。与常见搜索引擎不同的是,WA 系统自带 10 万亿条信息的数据库,还存有 5 万多种算法和模型,能对需要搜索的内容进行计算,给出具体答案而不是提供相关链接。例如:如果使用者在搜索框中输入:委内瑞拉的首都是哪儿?得到的答案不仅仅是加拉加斯,还包括地图、城市人口、现在的当地时间、天气实况等一系列数据。如果在谷歌输入同样内容,返回的结果是超过 3000 万个网页链接。如果输入"巴黎哪一天能看到下一次日全食?"网站会给出答案"2090 年 9 月 23 日"①。

**2. 专业化**

未来的网络信息采集将呈现专业化发展趋势。以多媒体信息采集为例,未

---

① 新型"智能"搜索引擎正式亮相. http://news.xinhuanet.com/world/2009-05/20/content_11403848.htm. [2010-05-09]

来的采集工具将利用多媒体信息分析处理程序,对其内容进行全面准确的标引,建立"内容—对象"关系型索引多媒体数据库。采集时,用户可根据图像中的颜色、纹理、形状,视频中的镜头、场景、镜头的运动,声音中的音调、响度、音色等进行查询,计算机程序自动获取用户查询内容,然后与多媒体索引库匹配并提供内容完全一致的检索结果。

**案例 6-3　以图找图的 Tineye 搜索引擎**

Tineye 是加拿大 Idée 公司研发的相似图片搜索引擎。利用 Tineye 搜索引擎,输入本地硬盘上的图片或者输入图片网址,系统将自动搜索相似图片,快速实现以图找图功能。Tineye 的主要用途有:发现图片的来源与相关信息;研究追踪图片信息在互联网的传播;找到高分辨率版本的图片;找到有用户照片的网页;看看某张图片有哪些不同版本①。

**3. 个性化**

个性化趋势是未来网络信息采集的重要特征和必然趋势之一。未来的网络信息采集工具可利用智能代理技术,能够通过对用户的查询历史、意图、兴趣方向进行推理、预测,并主动为用户提供有效的采集结果。个性化采集工具使用自动获得的知识进行信息搜集过滤,并自动地将用户感兴趣的信息通过电子邮件或其他方式提交给用户。个性化采集工具结合人工智能技术,具有不断学习、适应信息和用户兴趣动态变化的能力,从而提供更方便、更确切、更快捷的个性化搜索服务。目前,已有搜索引擎通过其社区化产品(即对注册用户提供服务)方式来组织个人信息,然后在搜索引擎基础信息库的检索中引入个人因素进行分析,提供针对个人不同的搜索结果。

**案例 6-4　微软必应提供个性化搜索**

微软和 Facebook 在 2010 年 10 月宣布他们将合作研发个性化互联网搜索。据国外媒体报道,从 2011 年 5 月 16 日开始,使用 Bing 搜索的人会收到基于他们 Facebook 上朋友喜好的个性化搜索结果。微软研究发现,90%的人在作出决定之前需要征求朋友和家人的建议,而 80%的人会推迟决定直到得到朋友的认同。微软通过与 Facebook 的合作希望把这种关系运用到其 Bing 搜索引擎中。

---

①　11 个相似图片搜索网站. http://www.u148.net/article/33760.html.[2010-05-09]

微软将增加一个"必应条"按钮,Facebook 用户可以用它对访问的任何网页标注"喜好"。微软必应部门高级副总裁 Yusuf. Mehdi 在新闻发布中称,我们把基于事实的搜索结果与你们的朋友在城市中的生活技巧结合在一起组成网络的最佳数据。这个数据包含你最信任的人的意见和网络上的集体智商①。

### 4. 多语种化

随着全世界上网人数的剧增,单一语种的采集工具已经无法满足所有用户的需求。网络信息采集的多语种支持显得更加重要。多语种信息采集即提供多语种的采集环境供用户选择,系统将按指定的语种进行检索并输出采集结果。

**案例 6-5　AltaVista 搜索引擎的多语种翻译**

AltaVista 是功能全面的搜索引擎,被认为是功能最完善、搜索精度较高的全文搜索引擎之一。AltaVista(http://www.altavista.com) 允许以 25 种不同的语言进行搜索,并提供检索结果的英、法、德、意、葡萄牙、西班牙语双向翻译②。其多语种翻译功能将是网络信息采集工具的发展趋势之一。

## 6.2　网络信息采集技术

互联网是一个巨大的信息资源库,从中几乎可以获取到任何用户想要的信息,但大多数信息数据都是以无结构的文本形式存在的,使得自动查询和获取信息都变得相当困难。目前,广泛使用的网络信息采集技术主要有以下几种:

### 6.2.1　网页采集技术

#### 1. 网页采集技术概述

网页采集技术是通过分析网页的 HTML 代码,获取网内的超级链接信息,使用广度优先搜索算法和增量存储算法,实现自动地连续分析链接、抓取文件、处理和保存数据的过程。系统在运行中通过应用属性对比技术,在一定程度上避免了对网页的重复分析和采集,提高了信息的更新速度和搜索率。通常,网页采集技术支持多语言的编码,包括中文、英文、日文、法文等多种语言,且能按

---

① 微软必应将捆绑 Facebook 数据提供个性化搜索. http://www.kget.cn/caiji/246.html. [2011-05-17]
② 网络信息采集与利用的未来趋势. http://www.kget.cn/caiji/246.html. [2010-05-09]

## 第6章 基于因特网的信息采集

照用户指定网页链接层数下载,设定超时时限、重试次数、定时定制、追踪敏感站点等,还可以实现基于 Web 发布的网络数据库信息的采集和数据获取。

### 2. 网页采集技术与搜索引擎技术的区别

网络信息的采集通常是借助各种搜索引擎来完成的。从技术层面上来看,网页采集技术与搜索引擎采用的技术有着很多相似之处。但是从服务目的和方式来看,普通搜索引擎是面向所有互联网用户的,它力图满足所有用户对各种网络信息的搜索需要。搜索引擎一般提供关键词检索服务,用户使用时要向搜索引擎提供检索词,搜索引擎将在其索引数据库中检出相应内容并返回给用户所需内容的链接。而网页采集则是面向主题的,实时地为用户提供基于领域的信息查找和知识积累,用户获取的不仅仅是链接,还包括抓取的信息内容。网页采集系统是一个基于网页采集技术的实时搜索系统,在得到用户提出的主题和词表之后,直接到互联网上进行搜索,并将网上的信息内容抓取后全部返回给用户。

**案例 6-6　蓝蜘蛛网页采集系统**

WebSpider 蓝蜘蛛网页采集系统基于最先进的 Internet 信息采集技术,用户可以采用多台计算机、多线程不间断地采集,采集数量最高可达数千个网站,能在第一时间内抓取指定的网页内容,并实时将信息存储到本地数据库。WebSpider 蓝蜘蛛网页采集系统是在充分考虑广大用户信息需求的基础上设计开发的通用广谱采集工具,具有定制采集目标网站、定制网页数据解析等个性化设置,根据目标网站信息更新频度自动抓取网站最新信息。该系统可以采集到互联网、wap 网上的任何网页,包括需要登录后才能访问的页面。并能对抓取到的页面内容进行解析,得到结构化的信息,比如:新闻标题、作者、来源、正文、联系电话、邮箱、商品价格、分类信息等。该系统还支持列表页的自动翻页抓取,支持正文页多页合并,支持图片、文件、音视频等文件的抓取,可以抓取静态网页和带参数的动态网页,并可以个性化提示最新采集信息的数量,方便用户高效利用互联网上的网页信息,功能极其强大[①]。

---

① WebSpider 蓝蜘蛛网页采集系统. http://www.zhzhcn.cn/webPageCollecting/webspider.html. [2010-10-09]

### 6.2.2 文本挖掘技术

随着互联网的发展,文本信息已经成为一种重要的知识来源。由于文本信息的存储量大、变化快,从中获取信息十分困难,因此,文本挖掘逐渐成为网络信息采集的一个研究热点,不仅可以用于企业中存在决策需求的业务部门,而且可以用于提供综合信息服务的网站。

**1. 文本挖掘技术概述**

文本挖掘技术是综合运用人工智能、模式识别、神经网络等领域的各种技术,按照用户的个性化信息需求,根据目标特征信息对网络文本信息进行有针对性的搜寻和信息提取,从而为用户提供快速、准确、全面、有价值的信息。基于文本挖掘技术的网络信息采集系统可以采集动态网页信息、自动判别网页内容,通过网站提供的查询接口对网络数据库中的信息进行遍历和分析整理,最终提取相关信息导入本地信息库。

与一般数据挖掘所不同的是,文本挖掘的信息源是文本数据库,由来自各种数据源的大量文档组成,包括新闻、论文、书籍、期刊、报告、专利说明书、会议文献、技术档案、政府出版物、技术标准、产品样本、Web 页面等。这些文档可能包含标题、作者、出版日期、长度等结构化数据,也可能包含摘要和内容等非结构化的文本成分,而且这些文档的内容是人类所使用的自然语言,计算机很难处理其语义。因此,必须用文本挖掘技术来解决这一难题。文本挖掘中对文本信息的表示则更加准确,通常使用词和短语来表示文本的概念内容。在文本挖掘系统中,大多采用神经网络模型描述文本及文本集合中各概念之间、文本之间以及概念与文本之间的相互关系。

**2. 文本挖掘的一般过程**

文本挖掘不但要处理大量的结构化和非结构化的文档数据,而且还要处理其中复杂的语义关系。目前,文本挖掘一般采用将非结构化问题结构化,利用现有的数据挖掘技术进行挖掘。其主要处理过程是对大量文档集合的内容进行预处理、特征提取、结构分析、文本摘要、文本分类、文本聚类、关联分析等,如图 6-1 所示。

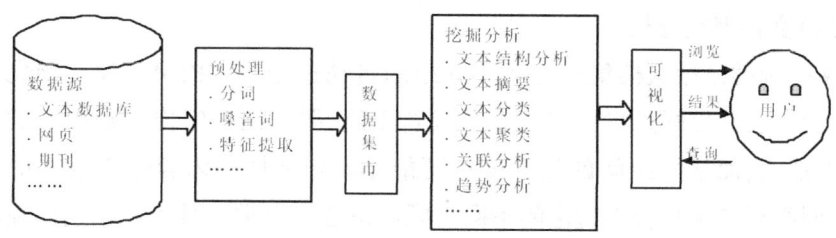

图 6-1　文本挖掘过程

**3．文本挖掘的方法**

挖掘文本数据库的方法主要有：文本总结、关联分析、文档分类分析和文档聚类分析。

（1）文本总结

文本总结是指从文档中抽取关键信息，用简洁的形式对文档内容进行摘要或解释。因此，用户不需要浏览全文便可了解文档或文档集合的总体内容。文本总结在有些场合十分有用。例如搜索引擎返回查询结果时，可以提供文档摘要，便于用户理解。

（2）关联分析

关联分析一般基于关键词开展，因此，首先要收集经常一起使用的关键词，然后找出其关联或相互关系。在这类分析中，每一个文档被视为一个事务，文档中的关键词组可以视为事务中的一组事务项。这样，这种基于关键词的关联分析就变成事务数据库中事务项的关联挖掘问题。一些经常连续出现或紧密相关的关键词可以形成一个词或词组。关联分析有助于找出复合关联，即领域相关的词或词组，如"计算机、软件、硬件"。

（3）文档分类分析

文档分类分析的一般做法是：先把一组预先分类过的文档作为训练集，然后对训练集加以分析以便得出分类模式。这种分类模式一般要经过一定的测试过程，不断细化，最后用分类模式对其他文档加以分类。通过对文档分类分析，可以把大量的联机文档自动分类组织，便于对文档的查询和分析。如：某学术论文包含作者、日期、出版商、标题和关键词等属性，从关键词上可能发现文本之间的关联。如果一篇文章中的关键词是"中国、数据挖掘"，另一篇文章中的关键词是"加拿大、数据挖掘"。分类模式可能联想出分别由中国和加拿大作者写了两篇有关数据挖掘的文章。

 信息采集

(4) 文档聚类分析

文档聚类是把文档集合分成不同组的自动过程。文档聚类没有预先定义好主题类别,其目标是将文档集合分成若干组,要求同一组内文档内容的相似度尽可能大,而不同组间的相似度尽可能小。当文档的内容作为聚类的基础时,不同组对应于集合中讨论的不同主题或论题。聚类工具可以识别出在同组文档中频繁出现的术语或词的列表,也可以根据文档的属性集(如长度、日期等)实施。

**案例 6-7　WebNews 互联网舆情监控系统的文本挖掘处理**

WebNews 互联网舆情监控系统实时采集跟踪众多的知名新闻网站、舆情多发网站、草根网站,了解最新最热的时事政治、经济生活、社会民生、反腐败、社会道德、就业等方面的舆情信息,发现舆情热点和敏感话题,以有效提升政府及企业的舆情掌握与危机公关能力。该系统能实现关键词提取、自动摘要、自动分类、自动聚类、敏感词识别、内容相似性分析等智能处理功能。对于重点事件、人物、地区、负面新闻等,可以通过设置词库、规则、特征关键词等多种方式进行重点关注,系统可以通过新闻分类、地区分类、站点分类、正负面分类、人物分类等多种方式进行导航浏览,可以对给定的文章种子进行主题分析,并追踪与该主题相同的其他文章,浏览一篇文章时,可以关联到与之内容相似的其他文章。还可以定时对热点资讯按照一天、三天、七天、一个月等时间跨度进行聚类,并自动产生聚类图[①]。

### 6.2.3　信息过滤技术

随着因特网的迅猛发展和广泛使用,"信息过载"和"不良信息"问题日趋严重。如何能够更有效、更准确地采集到自己感兴趣的信息,排除与自己需求无关的信息,已成为网络信息采集的重要任务。信息过滤技术是大规模内容采集的一种典型应用。

**1. 信息过滤技术概述**

信息过滤技术是针对用户在一段时间内比较固定的信息需求,对陆续到达的网络信息进行过滤操作,将符合用户需求的信息保留,将不符合用户需求的

---

① WebNews 互联网舆情监控系统. http://www.zhzhcn.cn/webPageCollecting/internetMonitoring.html. [2010-08-09]

信息排除。信息过滤技术主要用于处理文本信息,其目标是帮助用户批量筛选采集来的大量动态信息,着重排除用户不希望得到的信息。信息过滤技术大多数是用机器学习和人工智能方法实现的,其目的是提高过滤效率。根据过滤信息内容的不同,可分为不良信息过滤和个性化信息过滤。不良信息过滤一般指过滤掉暴力、反动、色情等信息,常通过预置不良网址等方式实现。个性化信息过滤属于基于内容的过滤,与个性化信息需求密切相关,它要将信息内容和潜在的用户信息需求特征化,然后再根据这些特征表述,智能化地将用户需求同采集信息相匹配,按照相关度排序将与用户信息需求相匹配的信息推荐给用户,其关键技术是相似性计算。

**2. 信息过滤方法的分类**

从不同角度可以对信息过滤做出不同的分类。根据基本原理可将其分为以下几种:

(1) 基于内容的信息过滤

基于内容的信息过滤又称认知学过滤,是指首先对一则信息的内容和潜在信息接收者的信息需求进行表征,然后利用这些表征智能地把相匹配的信息传送给接收者。目前,网络系统中使用的分配列表和关键词匹配是最基本的基于内容的过滤形式。

(2) 协作过滤

协作过滤又称社会学过滤,这种方法支持群体中个性化的和有组织的相互联系,其典型特征是利用用户群中兴趣相似或相同的知识来间接获取用户特定需求,从而进行信息过滤并为用户推荐相关信息。这种方法对事先不了解或很难表达其信息需求的用户比较有效,对复合式的信息过滤系统识别初始用户兴趣文档也具有重要价值。

(3) 基于经济学的过滤

基于经济学的过滤方法主要利用各种成本效益评价和显性的或隐性的价格机制来实现信息过滤。即用户常常根据成本与价值之比来确定是否对一则消息进行处理。信息的长度、潜在信息质量、成本、效益以及个性化程度等都是经济过滤方法中需要考虑的重要指标。这样的过滤系统原型目前还较为少见。

(4) 基于环境的过滤

基于环境的过滤又称链接分析或超文本信息过滤,是一种基于文献与文献

邻近度矩阵的过滤。用户在网络上浏览文献时,其兴趣常常强烈依赖于浏览的局部环境。系统将根据用户浏览过的文献间的相关度推测用户下一步可能会浏览哪些文献,从而实现个性化推荐。

另外,还有将上述几种方法不同程度地结合起来实施的复合型信息过滤。已运行的过滤系统实验证明,任何两种或两种以上方法的结合都能不同程度地提高信息过滤效率。

**案例6-8 WebRadar网络信息采集系统**

WebRadar网络信息采集系统帮助用户从互联网上采集信息。它使用互联网爬虫技术,采集、过滤并抽取用户所关注的来自任何网站的任何网页内的信息。WebRadar软件可对采集路径进行管理,设置路径过滤条件。路径过滤条件是一个包含通配符"*"(替代多个字符)或"$"(替代一个字符)的URL,或者是一个正则表达式。设置过滤条件之前,首先必须选择所设定的过滤条件对应的采集任务和入口网站。用户可以根据需要添加、删除或导入过滤条件。另外,还可以设置重点采集监测页面、采集与关键词及只采集与关键词相关的内容[①]。

### 6.2.4 自动文摘技术

自动文摘技术,是计算机技术、语言分析技术、人工智能技术相结合的产物,并与自动标引有非常密切的关系,其本质是信息的挖掘和浓缩。

**1. 自动文摘技术概述**

所谓自动文摘技术,就是利用计算机自动地从原始文献中提取能全面准确地反映其中心内容的短文的技术。自动摘录将文本视为句子的线性序列,将句子视为词的线性序列。它通常分四步进行:计算词的权值;计算句子的权值;将原文中的所有句子按权值高低降序排列,权值最高的若干句子被确定为文摘句;将所有文摘句按照它们在原文中的出现顺序输出。在自动文摘中,计算词权、句权、选择文摘句的依据是文本的形式特征,主要有词频、标题、位置、句法结构、线索词和指示性短语等。

传统的自动文摘技术主要有理解文摘和机械文摘两种。理解文摘作为理论探索的价值很高,但实用性较低。机械文摘能够适用于非受限域,符合当前

---

① WebRadar网络信息采集系统. http://www.suoyuan.com/product/webradar/help.[2011-02-19]

自然语言处理技术面向实用化的总趋势,但是由于它局限于对文本表层结构的分析,文摘质量很难再有质的飞跃。基于篇章结构的自动文摘方法,克服了传统自动文摘技术的缺点,能够更准确地探测文章的中心内容所在,因而能够避免机械文摘的许多不足,保证文摘质量。

**2. 自动文摘处理过程**

一般来说,自动文摘处理过程包括三个基本步骤,如图6-2所示。

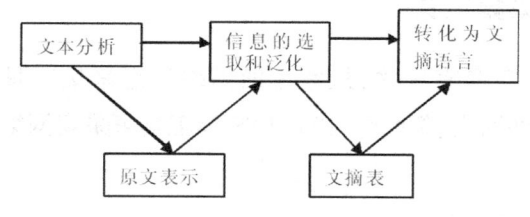

图6-2 自动文摘处理过程

(1)文本分析

该过程的任务是对原文本进行分析处理,识别冗余信息,其最终目的是要完全理解原文。文本分析的方法包括借助知识来分析文本表层特征的方法和研究文献的词频及其他一些浅层统计信息为主的方法。

(2)文本内容的选取和泛化

该过程的任务是从文档中辨认重要信息,通过摘录或概括的方法压缩文本,或者通过计算或理解的方法形成文摘表示。实际上现有的自动文摘系统均综合了文本分析技术和信息抽取技术,把原文中具有高相关值的句子抽取出来形成文摘。

(3)文摘的转换和生成

该过程要实现对原文内容的重组或者根据内部表示生成文摘,并确保文摘的连贯性。文摘的输出形式依据文摘的用途和用户需求确定。

由于不同的系统所采用的具体实现方法不同,因此,在不同的系统中上述几个模块所处理的问题和采用的方法也有所差异。例如:在基于句子抽取的多文档文摘系统中,其核心技术集中在句子相似性计算、文摘句抽取和文摘句排序三个问题上,不需要经过文摘表示环节。

**案例6-9 GalacticStar 智能摘要系统**

智能摘要软件 GalacticStar 是用于文本处理的自动摘要系统。它能对输入

信息采集

的一篇文章进行分析理解并自动摘要处理,输出符合人类理解和阅读习惯的文摘。GalacticStar软件利用了人工智能最新研究成果,能在理解的基础上实现关键词提取和自动摘要功能,在智能文档处理、情报过滤分析、辅助快速阅读和智能分类检索等方面都有着十分广泛的应用需求。GalacticStar还可以挂接英、汉、法等多种语言引擎,以适应处理各种文字的需要。

## 6.3 网络信息采集工具

网络信息采集工具有很多,最常用的网络信息采集工具是搜索引擎。另外,还可以使用邮件列表、新闻组、FTP、RSS等工具来采集网络信息。

### 6.3.1 搜索引擎

**1. 搜索引擎概述**

搜索引擎(Search Engine)是提供给用户进行关键词、词组或自然语言检索的工具。搜索引擎通过网络搜索软件或网站登录方式,将互联网上大量网站的页面收集到本地,经过加工处理而建库,从而能够对用户提出的各种查询做出响应,提供用户所需的信息。它一般具有布尔检索、词组检索、字段检索等功能。用户利用搜索引擎进行信息采集,省时省力,简单方便,能及时快速获取新增信息。但是,采集到的信息相关性较差。

互联网上的搜索引擎多种多样,按信息组织方式可以分为以下几类:

(1) 全文型搜索引擎

全文搜索引擎是名副其实的搜索引擎,它们均是从各网站提取信息(以网页文字为主),建立索引数据库,用户提出查询请求时,代替用户在数据库中检索与查询条件匹配的记录,并按一定的排列顺序将结果返回给用户。其典型代表是Google、AltaVista、Baidu等。

(2) 目录型搜索引擎

目录型搜索引擎是以人工方式或半自动方式搜集信息,由编辑员查看信息之后,人工形成信息摘要,并将信息置于事先确定的分类框架中,以提供目录浏览和直接检索服务。该类搜索引擎因为加入了人的智能,所以提供的信息准确、导航质量高"改为"框架中,以提供目录浏览和直接检索服务。该类搜索引擎因为加入了人的智能,所以提供的信息准确、导航质量高,缺点是需要人工介入、维护量大、信息量少、信息更新不及时,其典型代表是Yahoo!(雅虎)。

目前,全文搜索引擎与目录搜索引擎有相互融合渗透的趋势。原来一些纯粹的全文搜索引擎现在也提供目录搜索,如 Google 就借用 Open Directory 目录提供分类查询。而 Yahoo! 则通过与 Google 等搜索引擎合作扩大搜索范围。

(3)元搜索引擎

元搜索引擎是在接受用户查询请求时,同时在其他多个引擎上进行搜索,并将结果经去重、排序后返回给用户。在搜索结果排列方面,有的直接按来源引擎排列搜索结果,如 Dogpile(www.dogpile.com),有的则按自定的规则将结果重新排列组合,如:ixquick(www.ixquick.com)。典型的元搜索引擎有 Dogpile、ixquick、Metacrawler(www.metacrawler.com)、觅搜(www.metasoo.com)等。

2. 工作原理

搜索引擎的工作过程可以分为以下步骤:

(1)从互联网上抓取网页

每个搜索引擎都有网页抓取程序(Spider),它能够自动访问互联网,顺着网页中的超链接,连续地抓取网页并记录下来,最终收集到绝大多数网页。

(2)建立索引数据库

抓取回来的网页经预处理,提取出网页 URL、编码类型、关键词位置、生成时间等相关信息,然后经相关度计算,确定关键词的相关度(或重要性),建立网页索引数据库。

(3)在索引数据库中搜索排序

当用户输入关键词后,由搜索程序从索引数据库中找到匹配该关键词的相关网页,并对关键词的相关度进行排序,提供给用户。为了便于用户判断,除了网页标题和 URL 外,还会提供网页摘要及其他信息。

3. 搜索引擎的使用

目前,互联网上搜索引擎种类繁多。按采集的内容划分,可将搜索引擎分为综合性搜索引擎和专业性搜索引擎两类。通常,综合性搜索引擎一般具备网页、图片、视频、新闻等多种搜索功能。常用的综合性搜索引擎主要有百度、Google、搜狗(sogou)、雅虎(yahoo!)、必应(bing)、有道(youdao)等。专业搜索引擎将网页的非结构化数据抽取成特定的结构化信息数据,并将这些数据存储到数据库,进行去重、分类、分词、索引后,再以搜索方式满足用户需求,通常针对某一特定领域、特定人群或特定需求提供相关的信息和服务。因此,比综合

**信息采集**

性搜索引擎更加专注、具体和深入。专业搜索引擎的应用范围广泛，如购物搜索、房产搜索、职业搜索等。在Ssoooo（www.ssoooo.com）网站，用户可以找到很多优秀的专业搜索引擎。常用的专业搜索引擎如表6-1所示。

表6-1 主要的专业搜索引擎一览表

| 类别 | 名称 | 网址 | 特色 |
| --- | --- | --- | --- |
| 软件 | 搜索软件吧 | www.soft8.net | 可按名称或介绍搜索华军、天空等网站的软件 |
| | 百度软件 | soft.baidu.com | 搜索来自天空、华军等网站的电脑和手机软件 |
| 图片 | 搜图网 | www.ccnphoto.com | 图片有版权和作者，可联系图片购买 |
| | Tineye | www.tineye.com | 可对上传的或特定网址图片进行相似性搜索 |
| 音乐 | Hao123音乐搜索 | www.hao123.com/mp3s.htm | 提供多个音乐搜索引擎链接 |
| | 搜网MP3搜索 | www.sowang.com/mp3search.htm | 免去用户在各大MP3搜索及音乐网站之间转换 |
| 视频 | 拍拍趣 | www.ppqu.com | 除关键词搜索外，还可按分类、专题提供视频 |
| | 搜库 | www.soku.com | 提供覆盖搜索主流视频网站的搜索服务 |
| 职业 | 跳哪（职友集） | www.tiaona.com | 搜索各大人才网的工作信息，还可查询工资等 |
| | JobSoSo | www.jobsoso.com | 提供工作内容、技能、知识、兴趣等就业信息 |
| FTP | 北大天网 | www.tianwang.com | 可以搜索maze和FTP资源 |
| | Ftpsearch | www.ftpsearch.net | 搜索图片、MP3、软件等资源 |
| 地图 | MapABC地图网 | www.mapabc.com | 提供公交换乘、路径查询、地图名片查询服务 |
| | E都市 | www.edushi.com | 提供3000多个县市的地图查询服务 |
| 学术 | cnki | search.cnki.net | 提供学术定义、文献、翻译、学术趋势等搜索 |
| | Scirus | www.scirus.com | Elsevier开发，用于搜索期刊和专利等科技文献 |
| 知识问答 | 奇虎 | www.qihoo.com | 中文问答搜索引擎，支持自然语言提问 |
| | Ask | www.ask.com | 英文问答搜索引擎，支持自然语言提问 |
| 旅游 | 去哪 | www.qunar.com | 提供机票、酒店等旅游信息搜索 |

下面以Google为例介绍搜索引擎的使用方法。

Google（www.google.com）是公认的全球规模最大的搜索引擎，1998年9月由斯坦福大学博士生 Larry Page 与 Sergey Brin 发明。它提供了简单易用的免费服务,其主界面如图 6-3 所示。Google 支持的主要功能有:

图 6-3　Google 主界面

(1) 布尔逻辑检索

当输入多个关键词时,可对关键词进行布尔逻辑组配检索。只需要将关键词用空格隔开,Google 会在关键词之间添加"AND",进行逻辑"与"操作;在关键词前用减号"-",将执行逻辑"非"操作,检出不包括该关键词的结果;在关键词间用大写的"OR",将进行逻辑"或"操作,检出包括其中某个关键词的结果。

(2) 高级检索

单击 Google 搜索框旁边的【高级搜索】就能打开 Google 高级搜索对话框,如图 6-4 所示。利用高级搜索,用户可以搜索符合到满足特殊要求的网页,如:以特定语言编写或以特定文件格式创建、位于特定域或网站内的网页等。

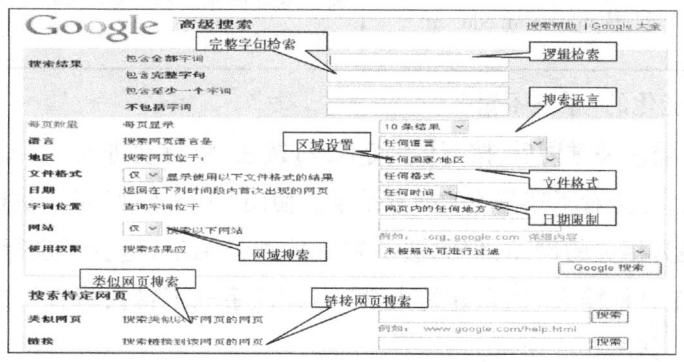

图 6-4　Google 高级检索

信息采集

(3) 命令检索

Google 支持 filetype、site 等多种搜索命令,表 6-2 是常用 google 搜索命令一览表。在 Google 搜索命令后输入关键词,即可进行相应的检索。

表 6-2 常用 google 搜索命令一览表

| 命令 | 实例 | 用途及说明 |
|---|---|---|
| allintext | allintext:蓬莱特产小吃 | 搜索仅在正文里包含所有查询关键词"蓬莱特产"、"小吃"的网页 |
| allintitle | allintitle:采集软件手机 | 搜索仅在标题里包含所有查询关键词"采集软件"、"手机"的网页 |
| allinurl | allinurl:lib faq cn | 搜索仅在 URL(网址)里包含所有关键词"lib"、"faq"、"cn"的网页,可快速找到国内图书馆(lib)提供的常见问题回答(faq)网页 |
| filetype | 绩效评估 filetype:pdf | 搜索包含"绩效评估"关键词的 PDF 格式的文件,支持的其他文件类型主要有 doc、txt、ppt、xls、rtf、swf 等 |
| intitle | intitle:采集软件手机 | 搜索标题或正文中包含"手机"和仅在标题里包含"采集软件"的网页 |
| inurl | inurl:lib faq cn | 搜索标题或正文中包含"faq"、"cn"且在 URL 中包含"lib"的网页 |
| site | 证书 site:nenu.edu.cn | 搜索限定网站"nenu.edu.cn"中包含关键词"证书"的网页 |

(4) 智能化的"手气不错"

用户在输入关键词后,按下【手气不错】按钮,将自动进入 Google 查询到的第一个网页,完全看不到其他的搜索结果。使用"手气不错"可以快速到达与查询关键词最为相关的网站,但无法了解其他查询结果,适合于进行网站搜索。如:在搜索工具栏输入"山东建筑大学",点击【手气不错】,将直接进入山东建筑大学网站,如图 6-5 所示。

图 6-5　Google"手气不错"搜索

(5)"网页快照"

Google 在访问网站时，会将看过的网页复制一份网页快照，以备在找不到原来的网页时使用。单击【网页快照】时，您将看到 Google 将该网页编入索引时的页面。符合搜索条件的词语在网页快照上突出显示，便于快速查找所需的相关资料，尚未编入索引的网站没有"网页快照"。此外，若网站所有者要求 Google 删除其快照，则这些网站也没有"网页快照"。

### 6.3.2　邮件列表

**1. 邮件列表概述**

邮件列表是 Internet 上的一种重要工具，主要用于各种群体之间的基于 E-mail 的信息交流和发布，具有传播范围广、使用简单等特点。只要能够使用 E-mail，就可以使用邮件列表，并可以向 Internet 上数十万个用户迅速传递消息。

**2. 邮件列表的类型与形式**

邮件列表的类型分为公开、封闭、管制三种。其中，公开型邮件列表指的是任何人都可以在列表里发表信件的列表，如公开的论坛组。封闭型邮件列表指的是只有列表里的成员才能发表信件的列表，如技术讨论。管制型邮件列表指的是只有经过邮件列表管理者批准的信件才能发表，如产品信息发布、电子杂志等。邮件列表的类型可以在创建邮件列表的时候设置，也可以在任何时候通过管理中心修改其属性来设置。

通常，邮件列表有公告型和讨论型两种基本形式。其中，公告型邮件列表通常由一个管理员向小组中的所有成员发送信息。如电子杂志、新闻邮件等，

小组中的每一个成员都可接收管理员发送的信息。而讨论型邮件列表内的所有小组成员均可以向组内其他成员发送信息,小组成员要首先发送 E-mail 到小组公共电子邮箱,经系统处理后分发给组内所有成员。

**3. 邮件列表的使用**

国内可用的邮件列表不多。下面以希网邮件列表为例说明邮件列表的使用方法。

希网网络(www.cn99.com)邮件列表系统创建于 1999 年 11 月,目前已拥有邮件列表 38,000 多份,其中优秀的电子杂志 5,000 多份,订户数 960 多万,每天新增订户 2 万多。希网邮件列表系统是个开放、免费、自由的平台,能使用 E-mail 的任何人均可使用。用户既可以在希网订阅他人建立的邮件列表,也可以创办自己的邮件列表。用户创办邮件列表后,便成为该邮件列表的管理者,并要向组内其他用户提供服务。

使用希网邮件列表的用户,首先需要注册成为希网会员。希网邮件列表订阅的步骤如下:

(1)注册并登录希网

用户注册登录后,主界面如图 6-6 所示。在此,普通用户可以管理个人密码、E-MAIL 等信息,查询及退订列表。高级用户还可以创办并管理列表。单击【查询及退订】,将显示用户订阅列表总数及邮件列表代码、列表名称、订阅人数、接收状态等信息,如图 6-7 所示。

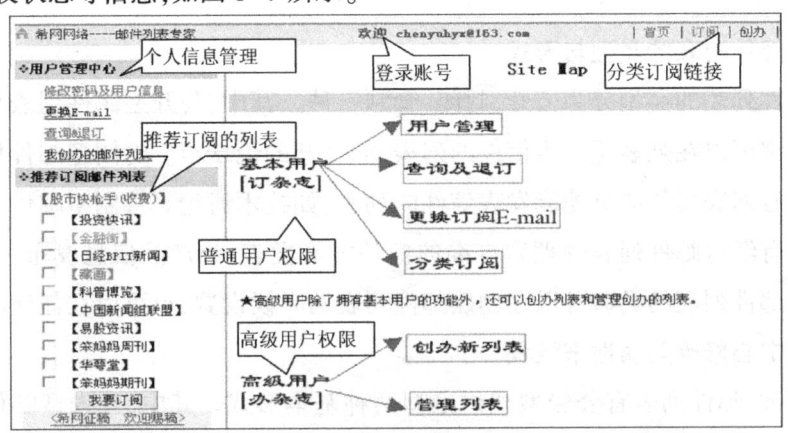

图 6-6　希网邮件列表主界面

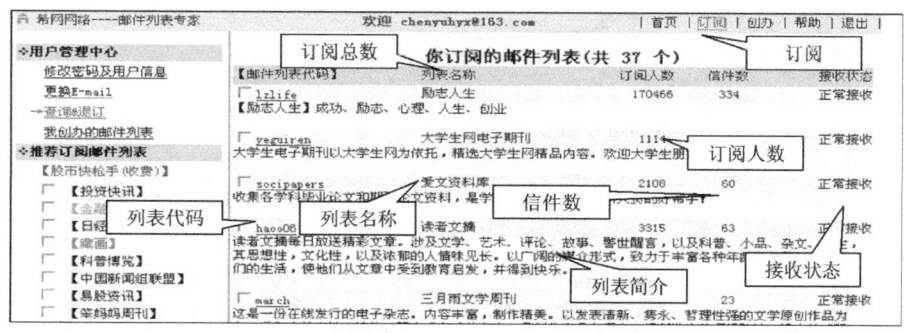

图6-7 希网列表用户查询&退订界面

(2) 选择喜爱的列表

用户可以直接订阅图6-6左侧的推荐列表,也可以单击图6-6页面右上方的【订阅】,依据系统提供的分类进一步筛选自己喜爱的列表,还可以通过【查询邮件列表】,按关键词搜索列表名和列表简介,找到自己喜爱的邮件列表,如图6-8所示。

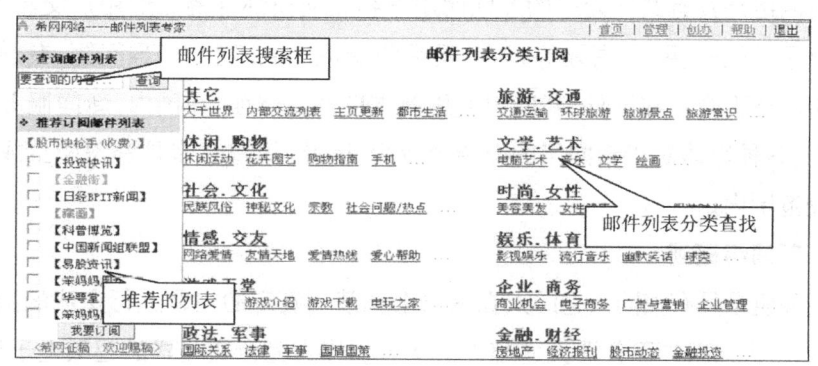

图6-8 希网邮件列表分类订阅页面

(3) 订阅列表

选择好自己需要的列表后,单击邮件列表代码或邮件列表名称前的复选框,然后单击【订阅】按钮,即可按系统提示完成订阅。列表订阅成功后,用户便可定期或不定期地在订阅E-mail中接收订阅列表发出的邮件,如图6-9所示。值得注意的是,有时订阅信箱不能正常接收希网网络发送的邮件列表,主要原因可能包括以下几种:①订阅邮箱的接收服务器系统本身不稳定。②服务器拒绝接收来自希网邮件列表系统的信件。

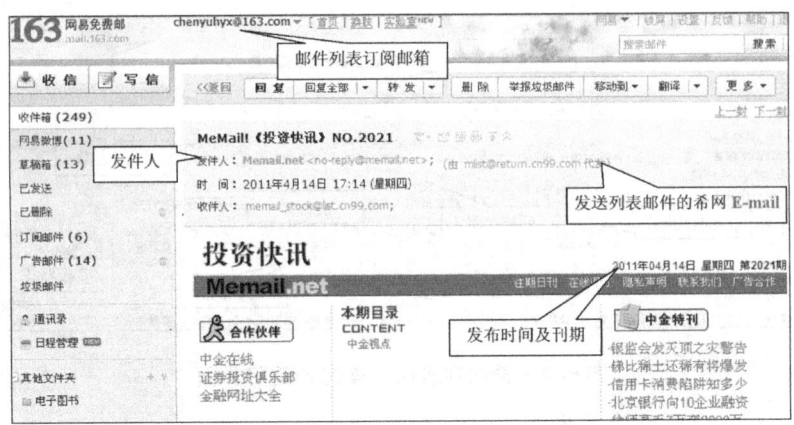

图 6-9　接收到的希网列表邮件

当用户要创建邮件列表时，必须先升级用户，具体操作过程可参见希网帮助文件。在此不再赘述。

### 6.3.3　新闻组

新闻组是具有共同爱好的互联网用户相互交换邮件的无形用户交流网络，具有公平、开放、快速、高效等特点，是采集交流个人经验、疑难问题、专题信息的实用网络平台。在国外，新闻组使用范围广泛。然而，在国内，新闻服务器数量很少，各种媒体对于新闻组的介绍也较少，因此，用户大多是资深网虫或局限在高校范围内。

**1. 新闻组概述**

新闻组是具有相同兴趣的人在网络上就某一确定的主题进行交流的网上讨论组，是个人向新闻服务器投递邮件的集合。作为完全交互式的超级电子论坛，新闻组是任何网络用户均可参与的网络信息交流工具。新闻组与常见的网络论坛非常相似，任何人均可在新闻组自由发布信息，也可以下载阅读其中的帖子，只是浏览、发帖和回帖均要通过 E-mail 进行。新闻组通常具有鲜明的主题，内容可涉及计算机、网络、生活、娱乐、文学、体育、商业、财经等诸多方面，如体育新闻组、财经新闻组。由于大部分新闻组用户是具有一定专业知识的群体，因此，当遇到问题后到相关主题的新闻组中提问，很快会得到高手的指点与帮助。

**2. 新闻组的分类及命名规则**

国际新闻组在分类、命名上有其约定俗成的规则。新闻组由许多特定的集中区域构成,组与组之间呈树状结构,这些集中区域被称为类别。目前,在新闻组中主要类别如表 6-3 所示,新闻组在命名时以句点间隔,通过主题分类,可以快速看出新闻组的主要内容,如:"alt. music. classical"代表的主题是有关古典音乐的杂谈。

表 6-3 常用新闻组类别

| 类别代称 | 含义说明 |
| --- | --- |
| comp | 关于计算机专业及业余爱好者的主题。包括计算机科学、软件资源、硬件资源和软件信息等。 |
| sci | 关于科学研究、应用或相关的主题,一般情况下不包括计算机。 |
| soc | 关于社会科学的主题。 |
| talk | 一些辩论或人们长期争论的主题。 |
| news | 关于新闻组本身的主题,如新闻网络、新闻组维护等。 |
| rec | 关于休闲、娱乐的主题。 |
| alt | 比较杂乱无规定的主题,任何言论在这里都可以发表。 |
| biz | 关于商业或与之相关的主题。 |
| misc | 其余的主题。在新闻组里,所有无法明确分类的东西都称为 misc。 |

### 3. 新闻组服务器

与 WWW 免费服务不同,大多数的新闻组是一种内部服务,即一个公司、一个学校的局域网内有一个服务器,根据本地情况设置讨论区,并且只对内部机器开放,从外面无法连接。国内外对外开放的新闻组较少,但用途极大。用户进入新闻组时,首先要连接到该新闻组的服务器,然后才可以向新闻组投递或阅读新闻。新闻组服务器是存储和管理新闻组邮件的中心,负责接收世界各地用户发来的邮件,然后转发给其他用户。在国内,常用到的新闻组服务器如表 6-4 所示。

表 6-4 常用新闻组服务器

| 服务器名称 | 服务器地址 | 服务器名称 | 服务器地址 |
| --- | --- | --- | --- |
| 新帆新闻组 | news://news.newsfan.net | 微软新闻组 | news://msnews.microsoft.com |
| 雅科新闻组 | news://news.yaako.com | 香港新闻组 | news://news.newsgroup.com.hk |
| 希网新闻组 | news://news.cn99.com | 前线新闻组 | news://freenews.netfront.net |

### 4. 新闻组的使用

使用新闻组时,一般要用客户端软件,下面以 Outlook Express 为例进行介绍。

(1) 设置新闻组

打开 Outlook Express,单击【工具】->【账户】,弹出账户设置窗口,单击窗口中的【新闻】选项卡切换到新闻服务器设置,单击【添加】按钮选择【新闻】,则激活了新闻组设置向导,单击【下一步】依次填写在回复信件中显示的名称、E-mail 地址以及要加入的新闻组服务器名等完成设置。如图 6-10、6-11、6-12 所示。

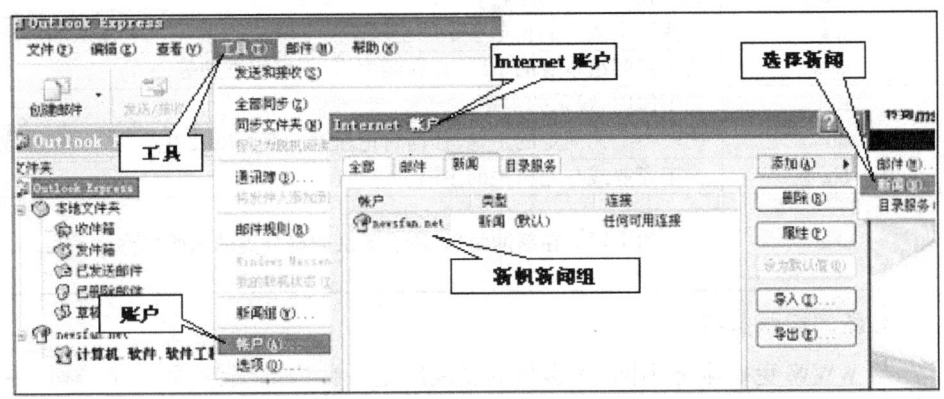

图 6-10 设置新闻组 Internet 账户 1

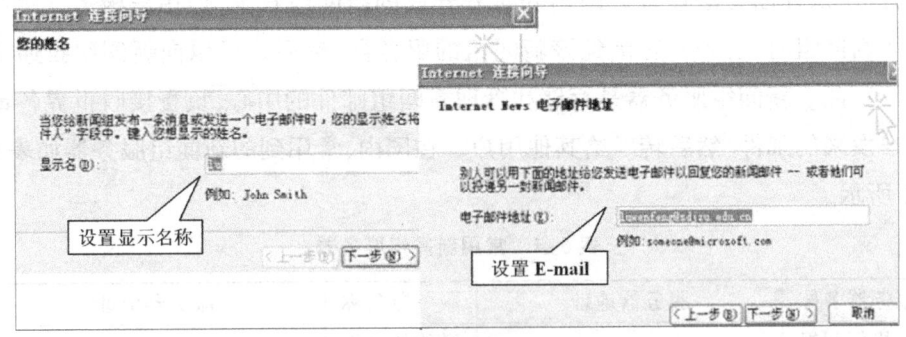

图 6-11 设置新闻组 Internet 账户 2

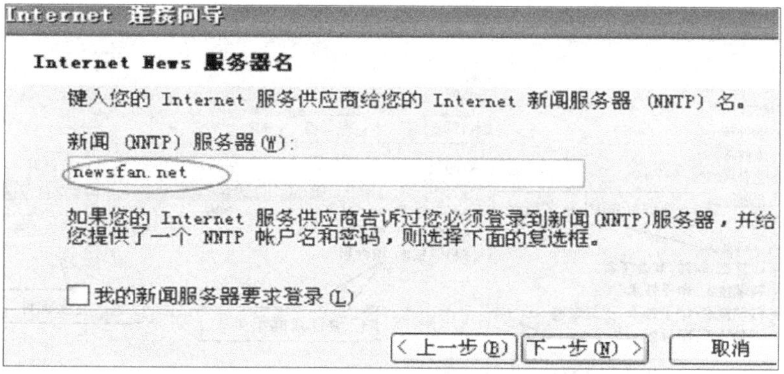

# 第6章 基于因特网的信息采集

图 6-12　设置连接的新闻组服务器

(2) 订阅新闻组

单击【工具】->【新闻组】,可进行新闻组订阅。Outlook Express 提供关键词查询功能,在搜索窗口输入要查询的新闻组主题,系统将提供该主题的相关讨论组信息,如图 6-13 所示。用户选定需要的组后,单击【订阅】按钮,会发现该组的名称前会出现已订阅标记,切换到【已预订】选项中可以查看预订了哪些讨论组。

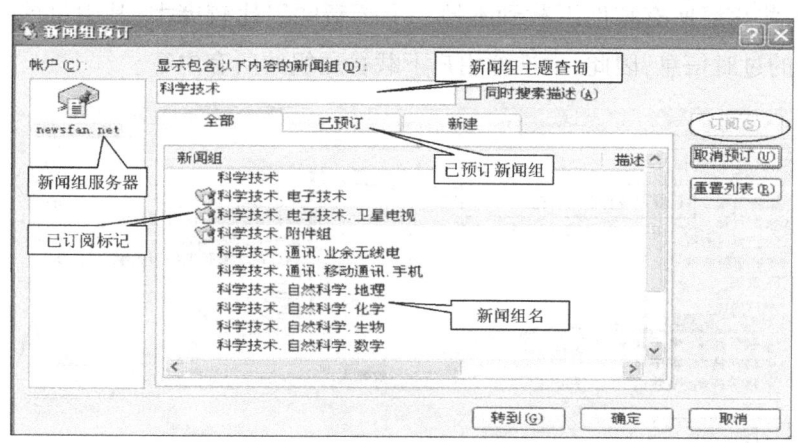

图 6-13　新闻组订阅

返回 Outlook Express 主窗口,在左侧的文件夹窗口多出了一个新闻组的分支目录,列出了新设置的新闻组服务器以及在该服务器上已经预订的新闻组列表,如图 6-14 所示。

信息采集

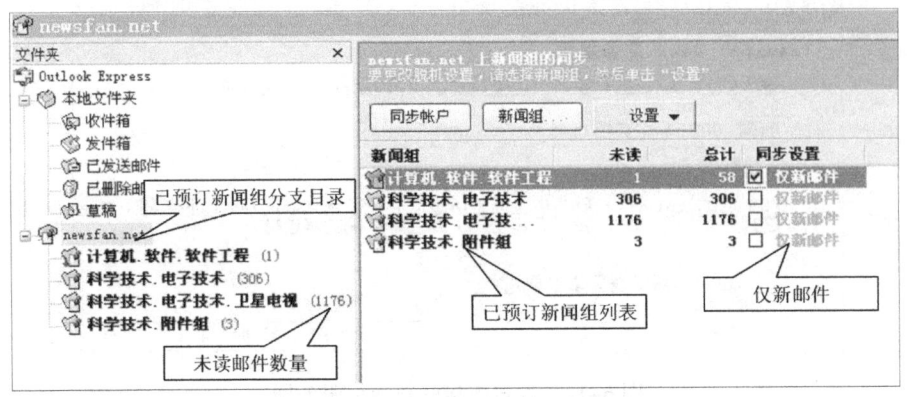

图 6-14 已预订新闻组查询

(3) 下载邮件

下载邮件可通过设置"同步设置"选项来完成,由于新闻组的离线浏览特性,在用户每次登录的时候只需将上次登录以来新发表的文章下载到本地即可。因此,一般将【同步设置】选项设置为【只要新邮件】,如图 6-15 所示。第一次登录新闻组的用户,如果想要获取以前的所有邮件,就要选中【所有邮件】的选项,将该组所有邮件下载到本地。由于新闻组比较庞大,其中可能包含很多无用的过时信息,因此,不推荐用户下载普通组的所有内容。

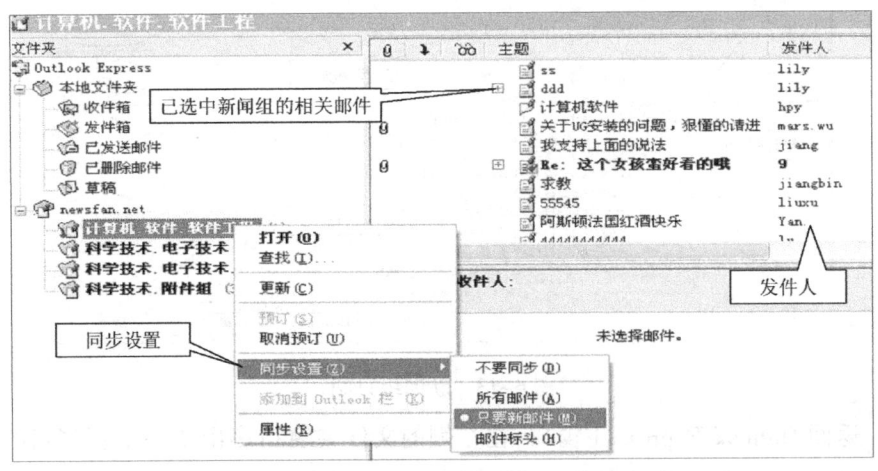

图 6-15 新闻组同步设置

## 第6章 基于因特网的信息采集

### （4）参加讨论

若想在一个讨论组中发表想法或观点，只需在窗口左侧列表中选中想要发言的组，再单击窗口上方的【新投递】按钮，撰写一封新邮件即可，如图 6-16 所示。回复新闻组邮件信息，像普通邮件一样操作。但要注意，此处的答复功能包括答复组和答复两种选项。【答复组】是将用户对该邮件的看法和意见发回到该新闻组中，新闻组中的所有人都能浏览该答复；而【答复】是答复发件人，其他用户看不到。

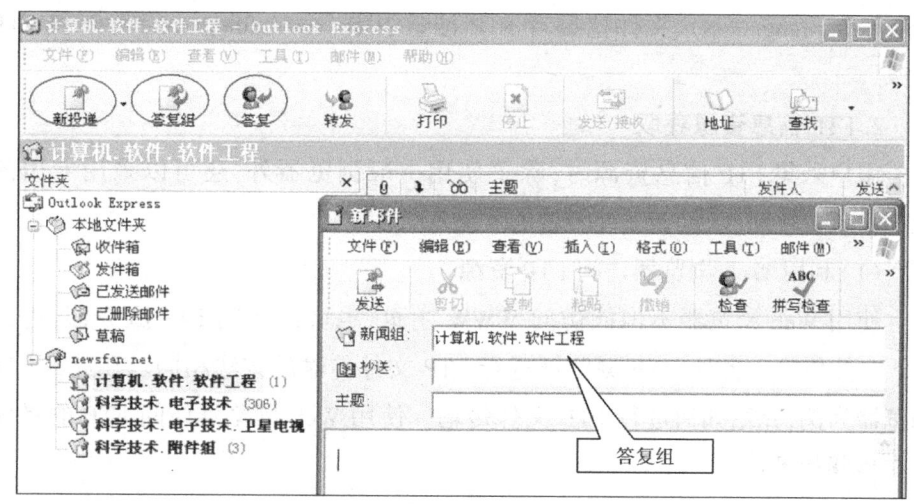

图 6-16 新闻组参加讨论

### 6.3.4 FTP

FTP（File Transfer Protocol）文件传输协议是 Internet 文件传输的基础。用户可以利用 FTP 采集免费的网络文件和应用软件。

#### 1. FTP 概述

FTP 是 TCP/IP 协议簇中的一个协议，用于 Internet 文件的双向传输。同时，FTP 也是一个应用程序。通过 FTP，用户可以很方便地在几台计算机之间传送程序和文件，也可以在服务器和用户 PC 机之间互传文件。使用 FTP 可以传送多种文件类型，如正文文件、二进制文件、图像文件、声音文件、数据压缩文件等。

FTP 服务采用的是客户机/服务器运作方式。FTP 服务器是存放文件型资源并实现文件传输功能的计算机。连接 FTP 服务器且遵循 FTP 协议传送文件的计算机是 FTP 客户端。一般的 FTP 服务,要求用户在登录到 FTP 服务器时提供该服务器授权的账号和密码。为了方便用户使用,许多信息服务机构提供匿名 FTP 服务,即允许用户不注册,而以"anonymous"(匿名)作为用户名,以任意字符串为口令登录。习惯上,常用用户的 E-mail 地址作为口令,以便系统维护程序能够记录谁在存取这些文件。因特网上有无数个匿名 FTP 服务器,为用户提供了宝贵而又丰富的信息资源。如:用户可以通过北大天网 FTP 搜索引擎(www.tianwang.com)、文件挖掘者 FTP 搜索引擎(www.fdigg.net)等查找 FTP 资源。

**2. FTP 信息资源获取**

用户采集 FTP 信息资源时,除了使用一般浏览器外,还可以采用专用的 FTP 客户端软件,以保证文件传输的质量和效率。

(1)利用 Web 浏览器访问 FTP 资源

使用 Web 浏览器不但能访问 WWW 主页,也可以访问 FTP 服务器,进行 FTP 文件传输。各种 Web 浏览器进行 FTP 文件传输的方法相同。在此,以 IE 浏览器为例,介绍如何进行 FTP 文件传输。使用 Web 浏览器访问 FTP 的具体操作步骤如下:

1)设置 IE 浏览器

打开 IE 浏览器,单击【工具】->【Internet】,出现【Internet】对话框,在该对话框中单击【高级】选项卡,屏幕画面,选中【使用被动 FTP】及【启用 FTP 文件夹视图】选项,单击【确定】按钮即可完成设置,如图 6-17 所示。

2)访问 FTP 服务器

在浏览器地址栏中直接输入以 FTP 协议控制的 URL 地址(如:ftp://ftp.pku.edu.cn)并确认后,IE 浏览器便会与响应的 FTP 服务器连接。连接成功后,可以打开文件夹,查找、复制、下载文件,如图 6-18 所示。浏览器的 FTP 功能使用户不需要记住烦琐的命令,即可方便地浏览和下载 FTP 上的信息资源,因而应用广泛。但其功能不如专用的 FTP 软件强,不能通过浏览器进行上传操作。

# 第6章 基于因特网的信息采集

图 6-17　IE 浏览器 FTP 设置页面　　图 6-18　北京大学 FTP 资源站点

(2) 利用专用 FTP 软件传送文件

各类专用的 FTP 软件具有友好的界面，容易操作，不需要记 UNIX 命令，只要使用鼠标单击，就可以方便地连接 FTP 主机，实现信息资源的上传、下载。由于专用 FTP 软件的研制和版本更新，使信息检索与软件使用紧密联系起来，能够更加有效地获取信息。在专用软件中，比较常用的是 CuteFTP。

CuteFTP 界面简洁，操作简单方便，传输速度稳定，支持上下载断点续传，方便用户进行文件的上传和下载。下载安装软件，双击安装程序会出现如图 6-19 所示的连接向导。在"主机地址"中输入 ftp://ftp.pku.edu.cn，在"站点名"中输入"北京大学"，单击【下一步】可进入用户名和密码设置对话框，如图 6-20 所示。

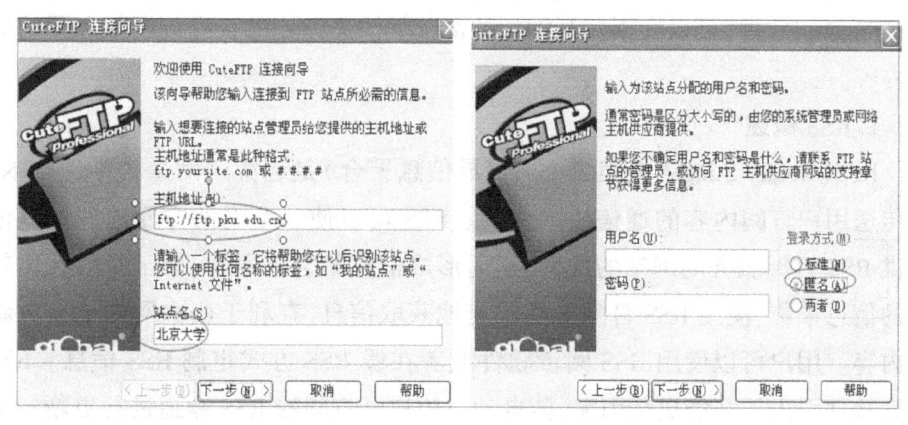

图 6-19　CuteFTP 站点设置　　6-20　Cute 用户名和密码设置

用户名和密码都设置为空,登录方式选中【匿名】,单击【下一步】,进入本地和远程文件夹设置对话框,设置本地和远程文件夹,单击【完成】按钮,将进入连接 FTP 服务器成功界面,如图 6-21 所示。在此页面中,左边是本地计算机的当前工作目录及其中的文件,右边是远程 FTP 服务器的当前工作目录和文件。在左边的列表框中选中用户要上传的文件或文件夹,然后单击工具栏上的上传按钮即可上传文件。在右边的窗口中选中要下载的文件或文件夹,然后单击工具栏上的下载按钮即可下载文件。

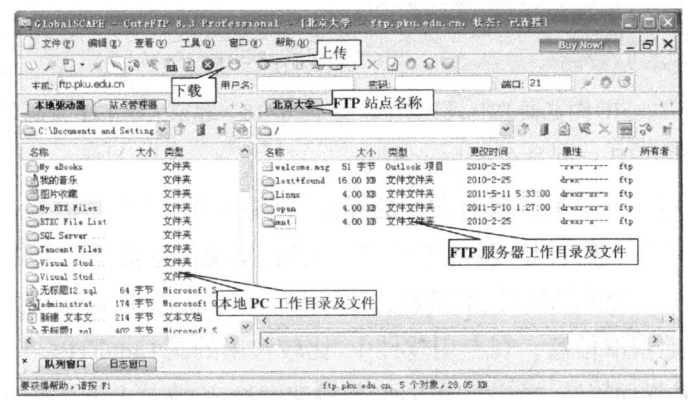

图 6-21　连接 FTP 服务器成功界面

### 6.3.5　RSS

RSS 是网络站点用来和其他站点之间共享内容的一种简易方式。用户利用 RSS 订阅软件,可以在不打开网站的情况下快速方便的获得订阅信息源的最新内容。

#### 1. RSS 概述

RSS(Really Simple Syndication,简易信息聚合)是起源于网景的推送技术,是传送用户订阅内容的通信协同格式。RSS 可以使一个网站方便地调用其他提供 RSS 订阅服务的网站的内容,从而形成信息聚合。通常,对于时效性比较强的信息采集,使用 RSS 订阅能更快速地获取信息,有利于获取网站最新更新的内容。用户可以使用 RSS 阅读软件或者在线 RSS 方式定制 RSS 信息。RSS 阅读软件引入了智能更新引擎,能自动对用户已订阅的 RSS 频道进行更新。用户在不打开网站内容页面的情况下便可阅读支持 RSS 输出的网站内容。当网站内容更新时,用户会看到新信息的标题和摘要,通过链接可以阅读全文;用户还可以通过登录在线 RSS 阅读器阅读到提供 RSS 服务的各大网站的最新内容，避免了时间、精力的浪费。随着越来越多的站点对 RSS 的支持，RSS 已经成为目前最成功的 XML 应用，已广泛用于网上新闻频道、blog 和 wiki，主要的版本有 0.91,1.0,2.0 等。

RSS 订阅具有如下优点：

(1)"一站式"服务

RSS 是一种被广泛采用的内容包装定义格式，专业新闻站点、电子商务站点、企业站点甚至个人站点，均可采用 RSS 方式来发布信息。因此，用户可以根据自己的喜好，订阅多个 RSS 信息源，并将多个来源的内容整合到单个阅读界面中，实现多信息来源的"一站式"服务。

(2)个性化"聚合"

个性化"聚合"是 RSS 传播的重要特征，它有效地限定了信息的来源和内容范围。用户可根据个性需求广泛订阅相关信息，而不再依赖某个或某类网站，订阅内容和行为完全个性化。因此，用户收到的仅是来自订阅信息源的信息，而且 RSS 阅读器会自动更新订阅内容，以保持采集信息的新颖性。

(3)过滤"垃圾"信息

RSS 订阅内容简洁，能屏蔽或过滤用户没有订阅的内容、弹出广告及垃圾邮件等，免除无关的"垃圾"信息骚扰。同时，对下载到本地阅读器的内容，用户可以进行离线阅读、存档、搜索、排序、分类、删除等多种管理操作，十分便于用户整理采集到的信息内容。

2. RSS 阅读工具

RSS 阅读工具包括在线版 RSS 阅读软件和桌面版 RSS 阅读软件。其中，在线版 RSS 阅读软件可以在任何一台联网的计算机上读取定制信息，快捷方便。常用的在线版 RSS 阅读软件有：Google 阅读器(reader.google.com)、有道阅读器(reader.youdao.com)、抓虾(www.zhuaxia.com)、飞豆(www.feedou.com)等。桌面版 RSS 阅读软件需下载并在本地计算机上安装才能使用，定制的信息也必须在本机上阅读，可以离线阅读最近一次更新的信息。常用的桌面版 RSS 阅读软件有：GreatNews、FireDemon(飞火流星)、周博通 Potu 等。

3. RSS 订阅步骤

现在很多网站上提供 RSS 订阅，如果用户需要跟踪不同网站的最新信息，

信息采集

只需单击这些订阅标志,使用专门的 RSS 阅读器"订阅"即可。用户订阅后,打开 RSS 阅读器,即可在同一个界面中阅读不同来源的更新信息。下面以 Google 阅读器为例,说明 RSS 信息订阅步骤。

(1) 启动 RSS 阅读器

各 RSS 阅读工具启动方式类似。在线 RSS 通常要先注册账号才能启动,桌面版 RSS 工具下载安装后即可启动。阅读工具启动后,即可将信息源添加到阅读器中。以 Google 阅读器为例,首先要输入在线阅读器网址:reader.google.com,即可进入如图 6-22 所示的界面。在此界面中,已注册用户可直接登录,未注册用户可以先单击【创建账户】创建账户后再登录。

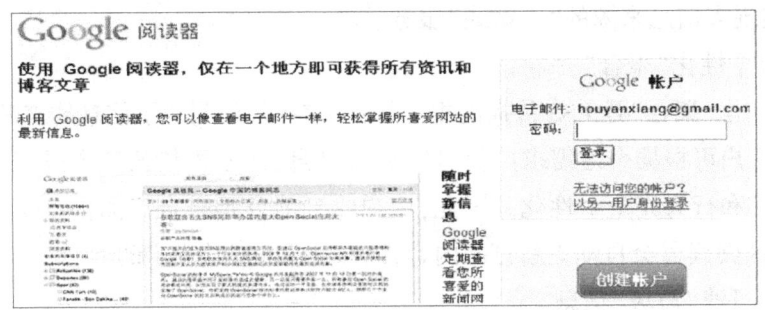

图 6-22　GoogleRSS 阅读器登录界面

(2) 添加 RSS 信息源

启动阅读工具后,即可选择并添加 RSS 信息源(频道),如图 6-23 所示。RSS 信息源较多,主要有博客、新闻发布站点、电子商务网站、学术信息资源站点(图书馆、数据库、学术服务机构等网站)。提供 RSS 订阅服务的网站一般有 RSS 订阅标志(如:RSS 订阅、RSS、RSS 订阅、RDF 等),它们均可作为 RSS 的信息源。用户要根据自己的个性化需求,选择更新频率高、内容可靠的信息源。一般的阅读器都会推荐一些 RSS 源和条目,用户既可以选择这些源和条目,也可以根据自己的需要添加相应信息源。如要添加"网络团购"方面的 RSS 条目,只要单击 6-23 页面左上方的【添加订阅】,即可按照输入关键词"网络团购"查找 RSS 供稿,用户可根据订阅者数量、条目主题及简介、来源网址、每周帖子数量等来筛选供稿信息源,对于需要的 RSS 源可直接单击【订阅】。若知道供稿地址,也可以直接粘贴到添加前的输入框,然后单击【添加】完成订阅。订阅后的条目,将按照类别或来源显示在页面左侧的【订阅】中。

第6章 基于因特网的信息采集

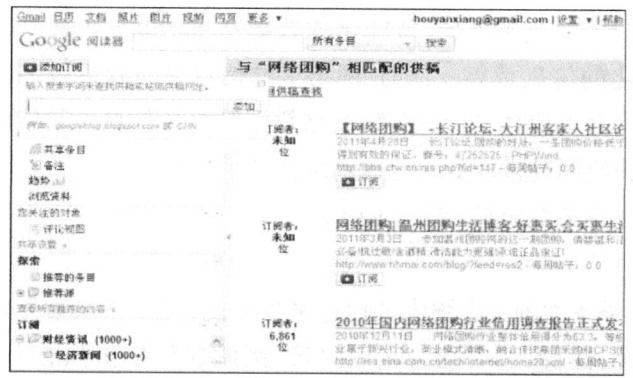

图 6-23　Google RSS 阅读器添加订阅界面

（3）管理接收订阅信息

用户订阅 RSS 源后，即可自动接收更新的 RSS 条目信息，如图 6-24 所示。用户还可以单击页面左下方的【管理订阅】，查看已订阅信息源的数量、网址，为订阅信息源配置文件夹，重命名信息源，对于不需要的 RSS 信息源可以退订。另外，用户还可以导出、导入订阅，操作均较为简单，在此不再赘述。

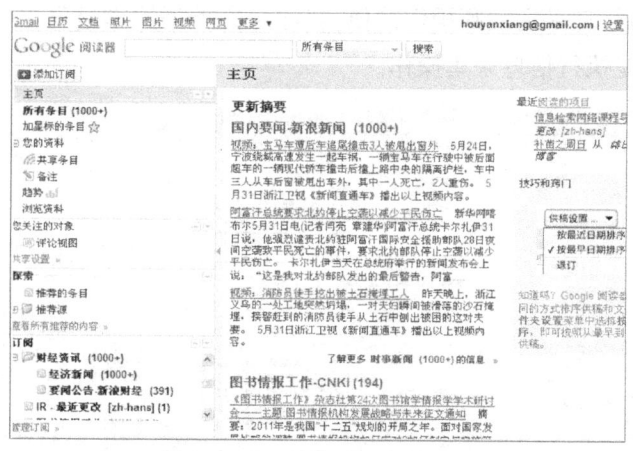

图 6-24　Google RSS 阅读器接收更新条目界面

## 6.4　网络信息采集软件

网络信息采集软件从用户角度出发，提供采集任务管理、信息采集、数据管理、数据发布等多种功能，可以帮助用户有效、快速地进行网站信息抓取、网页信息下载等工作。它们常支持批量添加任务，能实现自动信息采集，支持目前

信息采集

流行的主流数据库,具备方便、智能化的数据发布功能。因此,可实现批量化、自动化、智能化的信息采集。目前,网络上的信息采集软件较多,有数百种,可采集企业名录、会员信息、论坛信息、商品数据等多种信息。其使用方法基本类似,本节主要介绍两种常用的综合性网络信息采集工具。

### 6.4.1 网络信息采集大师(NETGET)

**1. 概述**

网络信息采集大师具有强大的信息采集功能,几乎可采集任何类型的网站信息,操作简便,性价比高,能为企业决策、网站建设提供强有力的信息保障。安装完成后可以看到如图6-25所示的主界面。界面最上方是菜单栏及工具栏,工具栏提供了一些最常用的工具按钮,为用户操作软件提供了便利。左侧是分类数据区,可对采集数据进行分类管理,默认有自定义类别、运行区、回收站三个分类。右侧上半部分是任务区,显示执行任务的名称、所属类别、任务类型、采集数量、已执行比例、用时等信息。右侧下半部分是采集数据区,采集任务执行后,将动态地显示该任务对应的采集数据的序号、标题、时间、来源、内容等信息。网络信息采集大师操作简便,普通采集类型操作过程首先要进行任务设置,然后才能执行信息采集操作。

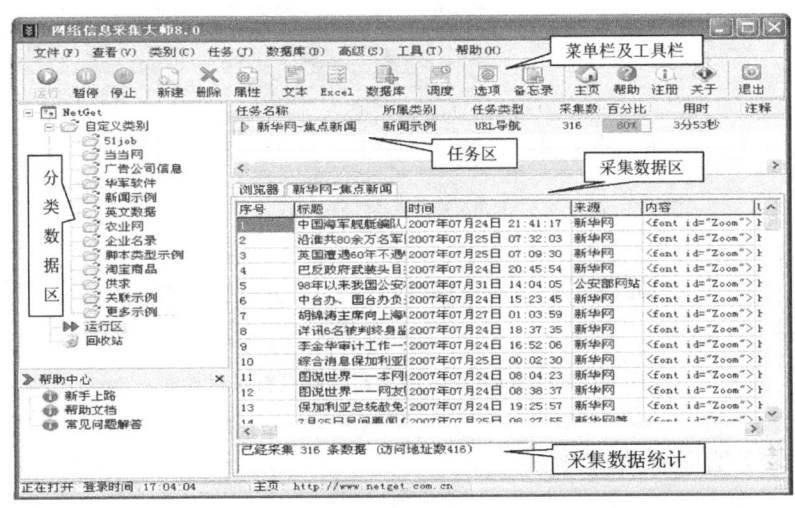

图6-25 网络信息采集大师主界面

**2. 任务设置**

任务设置包括任务概述、设置采集规则和数据提取规则。

（1）任务概述

单击工具栏上的【新建】或【任务】->【新建任务】，出现【新建任务】->【任务概述】页面，设置任务名称、网站首页、任务注释、所属类别等信息，如图6-26所示。

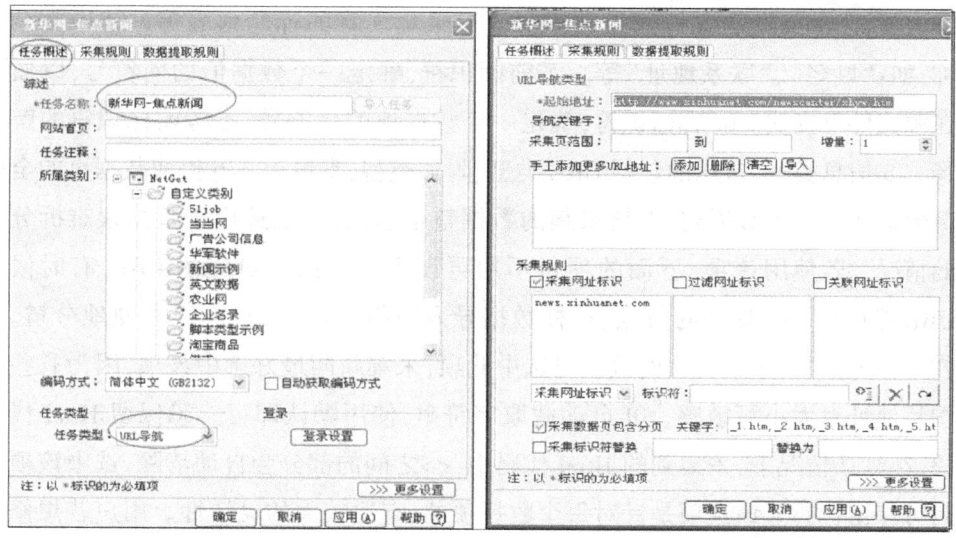

图6-26  "任务概述"设置　　图6-27  "采集规则"设置

（2）采集规则

采集规则的设置合理与否，直接影响到数据能否顺利采集。采集规则设置页面如图6-27所示。设置内容主要包括以下几项：①起始地址，即采集任务的开始地址，如：www.xinhuanet.com/newscenter/xhyw.htm。②导航关键字，即可连接到下一页的关键字符串。一般来说，采集的信息是多页的，如：http://...page=1中，页码数字前面的字符串page就是导航关键字。若不填该项，则只采集起始地址的数据。③采集页数范围，即采集哪一页到哪一页之间的数据，可以是1到1000，也可以是1001到1500等。若不填该项则只采集起始地址的数据。④增量，默认为1，一般来说页码变化是连续的。⑤采集网址标识，即需要抓取数据的页面URL地址关键字。⑥过滤网址标识，即不打算采集的页面地址里的关键字，一般情况下不用。⑦关联网址标识，即一次采集多个页面的信息组合成一条数据，要在此填写关联网址的关键字。注意该标识符在整个网页源码中具有唯一性，可以组合URL前后的字符串来标识。⑧采集数据页包含分页。一般用来采集以多个页面显示的新闻、文章等，关键字为分页地址里的关键字符串。⑨采集标识符替换。该选项为提高采集效率而设置，一般不用，目的是把某些 URL 地址直接替换成自己想要采集数据的 URL 地址。

(3) 数据提取规则

在如图 6-28 所示的"数据提取规则"页设置数据提取规则。主要需设置以下内容：①本页提取多行同类数据，如：只采集文章的标题列表等。②中文名称，如："姓名"、"联系地址"等。③前标识符，确定一个数据值的前符号，以便在源文件里查找。④后标识符，确定一个数据值的后符号，参考前标识符的解释。⑤信息类型，常用的包括 URL 类型、附加类型、常量等。⑥提取数据页的全部数据作为一个数据列，即把采集的数据整个输出，一般适用于数据很难拆分的情况。若使用该项，下面的项目不用再设置。⑦保存对应的 URL，有时候 URL 能标识一行具体的数据，这样数据导入数据库后，用户能很方便地分辨。⑧区分大小写，采集英文的数据可选中此项，采集新闻最好选中该项，因为有些图片地址对大小写敏感。⑨自动截取字符串，使用默认即可。⑩保留 Html 代码，在默认情况下，采集到的 Html 代码中，<>之间的部分会自动清除，选中该项后可保留代码。该选项是针对每个数据项的，有比较大的灵活性。用户若想修改任务的采集规则，只要在任务区选择要修改的任务，然后双击可打开任务修改窗口，即可对任务概述、采集规则及数据提取规则进行修改设置。

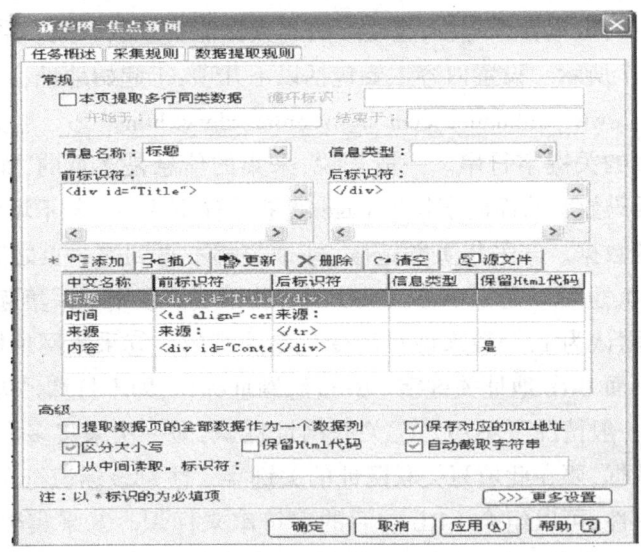

图 6-28 "数据提取规则"设置

此外，单击工具栏的【调度】按钮，出现如图 6-29 所示的【任务调度】对话框。在该对话框中可以设置任务为自动随软件运行，或是在某个时间运行，可以设置运行指定的次数或是循环运行，从而使采集的数据同步，实现从采集到加工到数据发布的服务自动化。

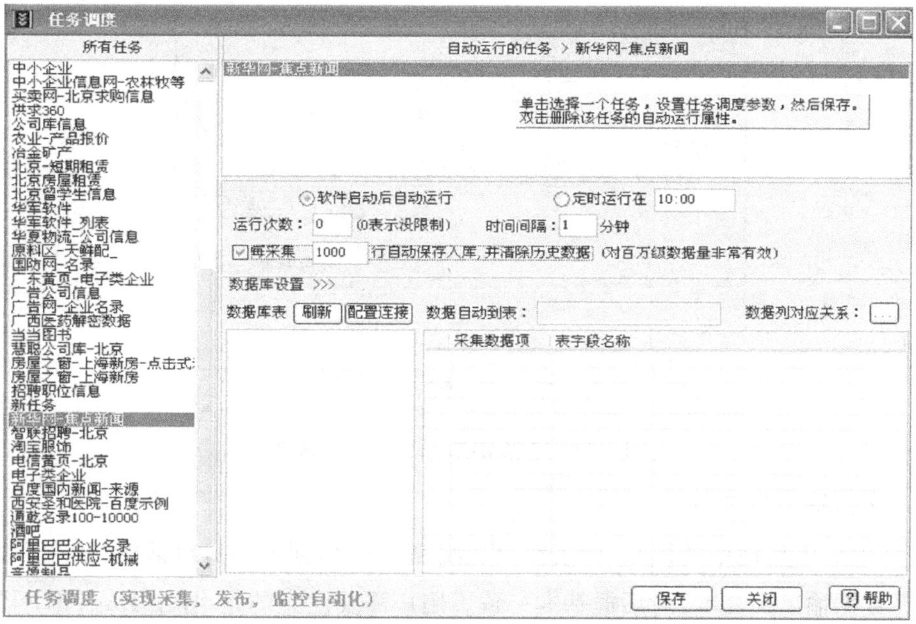

图 6-29 "任务调度"对话框

### 3. 信息采集

任务设置完成后，只要在任务区中选中该任务，然后单击工具栏上的【运行】按钮，即可按设定好的规则采集数据到本地。

### 4. 采集数据管理

（1）输出为文本

单击工具栏中的【文本】按钮，打开【数据输出到文本】对话框，如图 6-30 所示。在该对话框中，只有窗口的上半部分的功能有效，下半部分为数据库功能，不用设置。如果需要把采集数据项的标题一起导出，可勾选【输出列标题】，默认只输出采集的数据。同时，可选择输出的数据范围，比如 1 到 10 行。

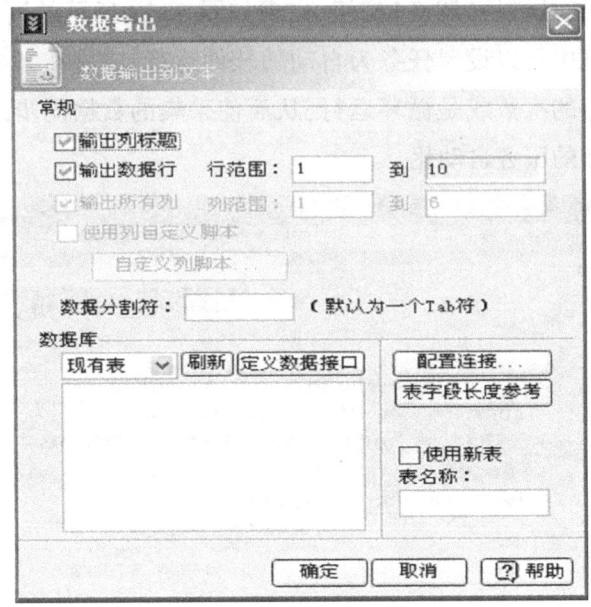

图6-30 "数据输出到文本"对话框

(2)输出为 Excel

单击工具栏中的【Excel】按钮,出现【数据输出到 Excel】对话框,该对话框与【数据输出到文本】对话框基本一致。用户需要注意的是,导出 Excel 时不要对 Excel 文件有任何操作(点击、调整宽度等),否则可能导致异常。若无任何操作情况下仍有异常,一般重装 Office 软件可得到彻底解决。

(3)输出到数据库

单击工具栏中的【数据库】按钮,出现【数据输出到数据库】对话框。该对话框与【数据输出到文本】对话框基本一致。输出到数据库时,窗口的上半部分只有【输出行范围】有效,列标题不会导入到数据库。窗口的下半部分,即标志【数据库】的部分需要重点设置,设置步骤如下:

1)配置数据库连接。目前完整测试的数据库有 Access、SQL Server、Oracle、MySQL。

2)选择导入哪个表。已经配置好了数据库连接,单击【刷新】,可得到连接数据库的表,选择一个表导入。或者使用新表,勾选【使用新表】,输入表名称,可自动创建表。

# 第6章 基于因特网的信息采集

3）若是导入数据库里已经存在的表，并且表里的字段个数（或叫列个数）与采集数据项的个数完全一致，并且字段长度可容纳采集的数据，可直接单击【确定】，数据会自动导入数据库。假如不能满足这两个条件（即字段和采集项个数一一对应,字段长度足够长），导入数据库会发生异常。字段长度不够可到数据库里更改字段长度；不是一一对应时，单击【定义数据接口】，在【数据列接口设置】对话框中设置哪个数据项对应哪个字段。

## 6.4.2 瞬速信息采集专家

瞬速信息采集专家是瞬速软件开发的一套互联网信息采集软件。该软件基于人工智能的自动学习技术,只要输入目标网站的网址就可以自动监测并采集目标网站上最新的资讯信息,自动过滤掉无关的信息（如：广告信息、版权信息等），达到了所采即所得的效果。瞬速信息采集专家运行界面如图6-31所示。

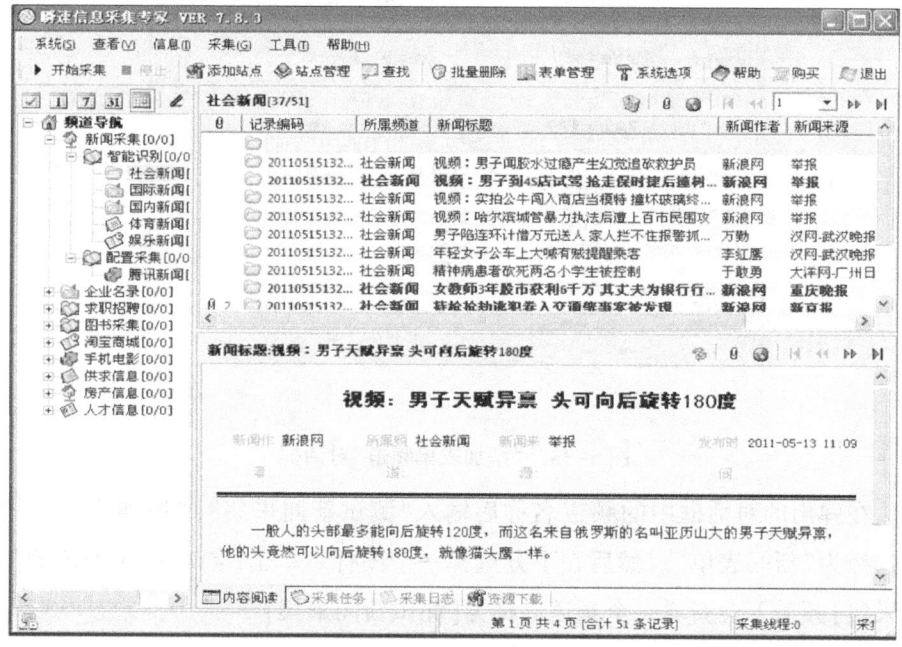

图6-31 瞬速信息采集专家主界面

下面以"采集新闻网站上的最新新闻"为例，介绍瞬速信息采集专家的使用方法和步骤。

 信息采集

**1. 创建新闻频道**

在软件主界面单击【频道导航】下的【新闻采集】频道,右击弹出快捷菜单,单击菜单中的【新建频道】(如图 6-32 所示),弹出如下图 6-33 所示的对话框。

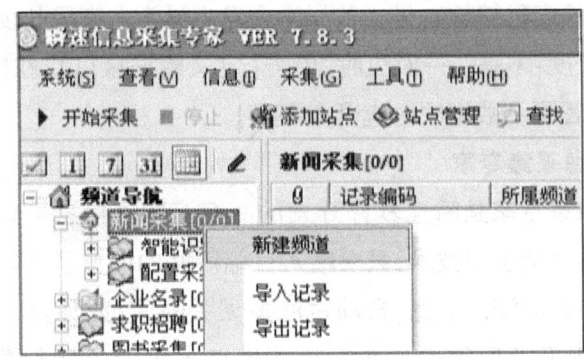

图 6-32　右击弹出"新建频道"菜单

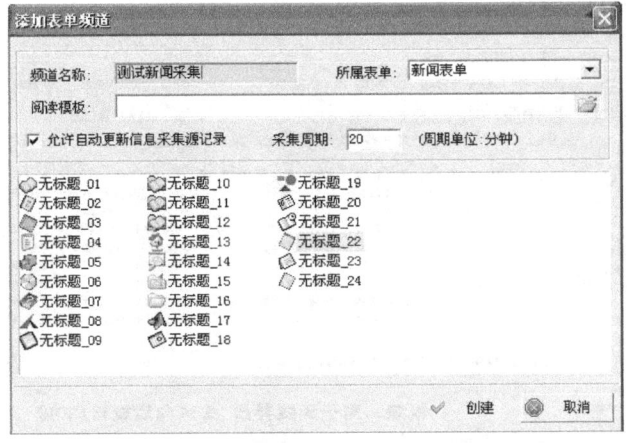

图 6-33　"添加表单频道"对话框

在弹出的对话框中的频道名称后输入"测试新闻采集","所属表单"一定要选择为"新闻表单"。然后在下方选择一个图标。单击【创建】,在刚才的【新闻采集】频道下会新增一个频道名称为【测试新闻采集】。

**2. 添加采集任务**

选择新加频道【测试新闻采集】,右击,在弹出的菜单中选择【添加采集任务】,弹出【新建站点—配置向导】对话框。在"站点地址"后面输入一个新闻网站地址,如:http://news.cctv.com/society/index.shtml,然后单击旁边的小球,软

件会自动获取站点的名称,如图 6-34 所示。

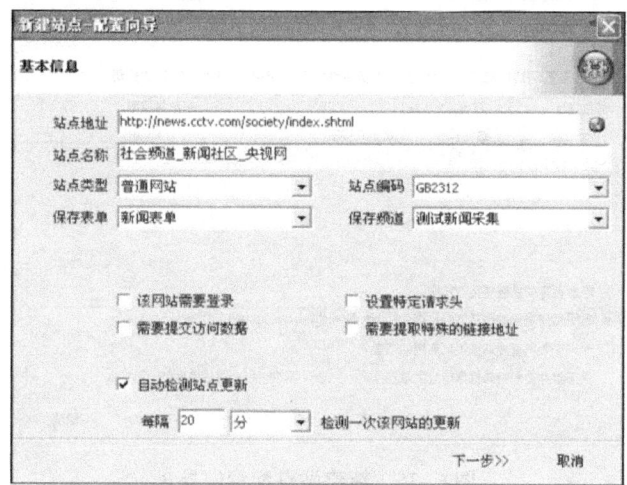

图 6-34　新建站点配置向导 1

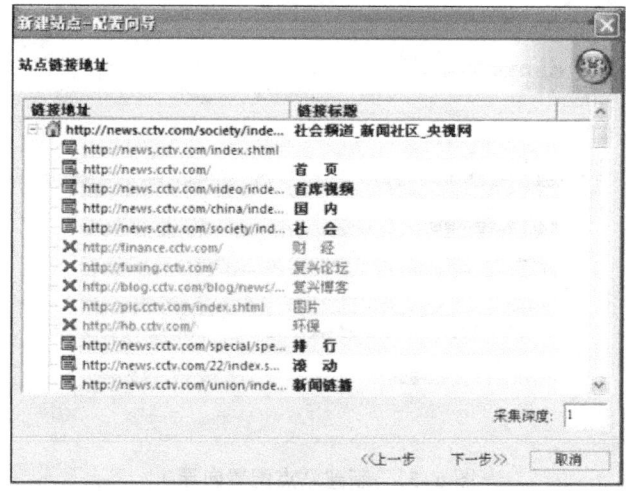

图 6-35　新建站点配置向导 2

默认其他的设置,单击【下一步】按钮,进入站点链接地址对话框,对话框中列出了该网站下的所有链接地址,红色的表示软件不会采集,黑色表示软件会采集的链接,如图 6-35 所示。

单击【下一步】按钮,出现如图 6-36 所示的对话框。请按照图输入"/society/"后,单击旁边的【ⓞ】按钮,将该过滤规则添加到下方的列表中。

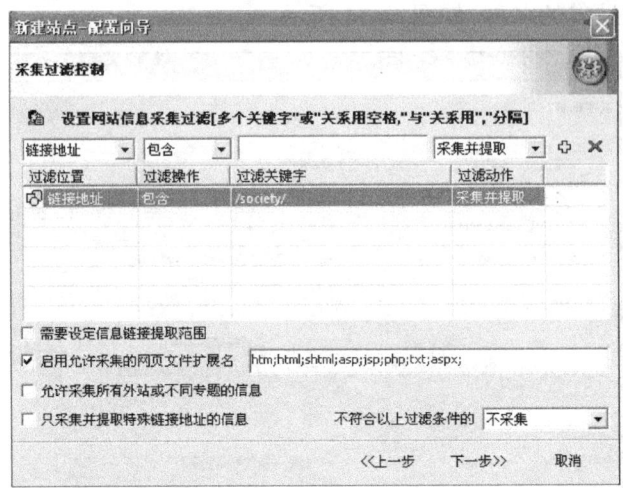

图 6-36　新建站点配置向导 3

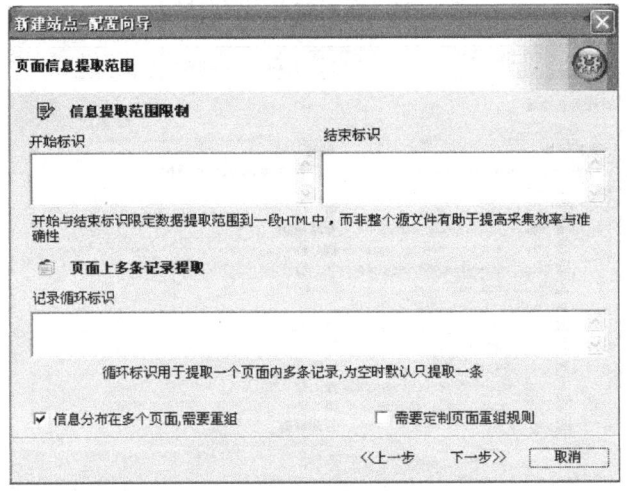

图 6-37　新建站点配置向导 4

单击【下一步】按钮,出现【页面信息提取范围】设置页面。勾选【信息分布在多个页面,需要重组】的选项框(如图 6-37 所示),然后单击【下一步】按钮,进入【字段抽取设置】页面。选择【通过智能识别提取】,并选择【使用标题】,然后单击【提取测试】,如图 6-38 所示。按照同样的方法,可依次设置"新闻作者"、"新闻来源"、"新闻正文"、"关键词"、"文章摘要"、"发布日期"等选项,完成配置。

# 第6章 基于因特网的信息采集

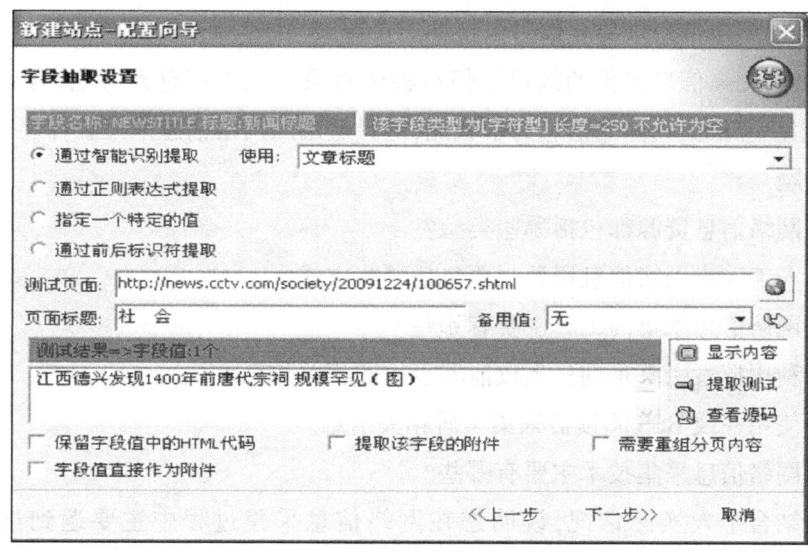

图 6-38　瞬速新建站点配置向导 5

**3. 采集新闻**

选择刚才新建的频道【测试新闻采集】，右击，弹出菜单选择【扫描采集任务】，弹出【频道站点管理】对话框，选中刚才添加的采集任务，单击【扫描】按钮，软件就开始采集了，采集结果如图 6-39 所示。

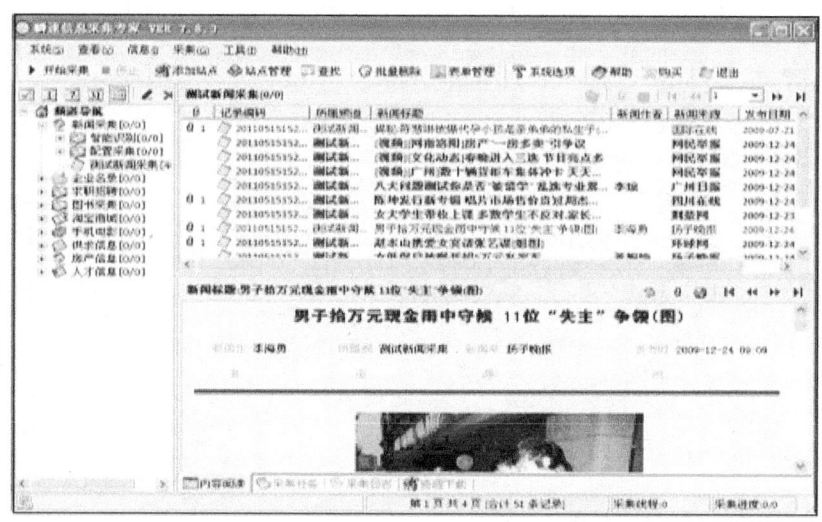

图 6-39　瞬速信息采集专家采集结果

 **信息采集**

总之，网络信息采集软件可以帮助用户有效、快速地进行网站信息抓取、下载等工作，提高信息采集的效率。但每种信息采集软件都有其特色，有其适用范围，用户应根据具体的信息需求状况，选择适用的网络信息采集软件。

习题

1. 网络信息资源都包括哪些类型？

2. 人工采集网络信息资源主要包括哪些方式？

3. 网络信息采集的工具主要有哪些？

4. 利用搜索引擎查询日本核泄漏事故的相关信息。

5. 使用在线 RSS 阅读器采集考研相关信息。

6. 网络信息采集技术主要有哪些？

7. 结合个人实际情况，说明您在网络信息采集过程中主要遇到过哪些问题。

# 第7章 基于数据库检索的信息采集

【本章提示】

本章主要介绍基于数据库检索的信息采集方法,具体包括信息资源数据库的类型、特点、基本检索程序等知识,以及 CNKI、超星、EBSCO 等主要的中外文数据库的检索方法。重点是数据库信息检索的基本程序和中文数据库的检索。通过本章的学习,学生应当初步了解信息资源数据库的特点、类型,掌握信息资源数据库检索的基本程序,能够熟练使用 CNKI、超星等中文数据库,初步掌握 EBSCO、CSA 等外文数据库的基本检索方法。

## 7.1 信息资源数据库检索概述

信息资源数据库是以数据库形式组织的电子形式的出版物,是获取图书、论文、研究报告等信息的重要来源。作为信息资源的重要组织方式之一,信息资源数据库以其无可比拟的共享性、可获得性、密集性等优势赢得了广大学术研究者的青睐,成为采集学术信息资源的重要途径。

### 7.1.1 信息资源数据库的概念与类型

信息资源数据库是以数据库形式组织的相互关联的信息集合。它由一个或多个文档组成,具有数据高度整合、知识分类导航、检索途径多样、数字化高度保真、数据更新及时、获取随时便捷、服务模式多样等特点。它可以是网络版的文摘、索引、期刊,也可以是光盘版的百科全书、科学数据记录、全文和多媒体信息等。

信息资源数据库的类型多种多样,按其收录的信息资源类型,可划分为以下几类:

(1)电子期刊数据库

电子期刊数据库是发展历史较长、产品数量较多的一类数据库,可用来采集数字化期刊。如:中国期刊全文数据库、中文科技期刊全文数据库、Springer Link、Wiley 等。

(2)电子图书数据库

电子图书数据库可用来采集数字化图书。目前,大部分电子图书数据库是按传统的图书出版形态,将图书中的文字、图片、图像等信息数字化,存储在各种介质的存储设备中,供用户阅读、检索和利用。如:超星数字图书馆、书生之家电子图书、Ebrary 电子图书等。

(3)电子报纸数据库

电子报纸数据库可用来采集具有固定出版周期和栏目结构的报纸。既有专门的电子报纸数据库,也有部分综合数据库收录了报纸文章。如:PressDisplay 在线报纸数据库收录了来自 70 余个国家、40 多种语言的 800 余份全世界知名的报纸。EBSCO 数据库中的 Newspaper Source 子库,收录近 30 种国外报纸全文以及 200 种美国报纸的部分正文。国内比较重要的电子报纸数据库有 CNKI 中国重要报纸全文数据库、金报兴图等。

(4)学位论文数据库

学位论文数据库具有较高的学术价值,可用来采集学士及硕士、博士研究生等学位论文。如:CNKI 优秀硕士学位论文全文数据库、PQDD 学位论文数据库等。

(5)会议论文数据库

会议论文数据库汇集了各种会议的学术成果,具有很高的学术参考价值,可用来采集各类会议论文。如:CNKI 中国重要会议论文全文数据库、ISTP(科技会议索引)数据库等。

(6)科技成果数据库

科技成果数据库汇集了大量的经审核或鉴定的科技成果,具有极高的参考价值,可用来采集各类科技报告。如:CNKI 国家科技成果数据库、美国 NTIS 数据库(主要收录美国商务部的 PB 报告、国防部的 AD 报告、国家航空与航天局的 NASA 报告、能源部的 DOE 报告和其他部门及国家的科技报告)等。

(7)标准文献数据库

标准文献数据库收录与标准化活动有关的一切文献,可用于采集各领域的技术和发展趋势信息。如：DIALOG 系统的国际标准规范数据库、万方的中外标准数据库等。

（8）专利文献数据库

专利文献数据库汇集了大量的发明、实用新型及外观设计等专利信息，可用于采集新技术信息和产品竞争信息等。如：DII（德温特创新索引）数据库、中国知识产权局的中外专利数据库服务平台（CNIPR）等。

（9）产品数据库

产品数据库汇集了某一区域或企业的产品相关信息，可用于采集产品说明书、产品技术白皮书、产品图片等信息。如：GPD（全球产品样本数据库）、万方的 CECBD（中国企业、公司和产品）数据库等。

（10）法律法规数据库

法律法规数据库汇集了某一区域或行业的法律、法规、条例、管理办法等相关信息，是采集法律法规条文的重要信息源。如：中国经济信息网的《中国法律法规库》、Westlaw International 数据库、北大法意数据库等。

（11）组织机构数据库

组织机构数据库收录企业、科研、教育等机构的名称、简介、所在区域、负责人等相关信息，是采集组织机构状况的重要信息源。如：万方的机构数据库收录了国内外企业、科研、教育、信息等机构的各类信息。

（12）其他

另外，还有人物、地名、术语、专业文献等数据库，通常可用于采集一些专题或专业领域信息。如：中国科技名人数据库（WHOCST）、北京地名库（BJDM）、科技术语数据库协同工作平台、龙语瀚堂典籍数据库、中国建材文献库（JYY）等。用户可以根据其信息需求状况，选用适合的数据库采集相关信息。

### 7.1.2 信息资源数据库检索的基本程序

信息资源数据库检索过程，是用户根据其信息需求，提出检索提问，然后使用有关的检索语言将拟定的检索提问规范成检索标识，用于资料查询的过程。其实质就是从信息资源集合中找出所需信息内容的过程。信息资源数据库检索的步骤如下：

 **信息采集**

**1. 课题分析**

课题分析就是根据用户所研究的课题,经过某种特定的手段来分析并提炼检索时所需的检索词的过程。其目的是分析研究内容的关键部分,找出并提炼要检索的词汇或短语,明确检索的内容范围。课题分析的主要任务是分析检索课题所需资料的主题范围、学科范围、时间范围、文献类型、语种、文献量等要求,明确对查新、查准、查全指标的要求及侧重点。

[例7-1]"专利信息在企业竞争对手分析中的应用研究"课题分析

＊学科范围:企业管理、信息资源管理

＊主题范围:专利信息、竞争对手分析

＊时间范围:2000—2007年

＊文献类型:期刊论文、学位论文、图书、研究报告等

＊语种及文献量:中英文相关文章不少于20篇

＊要求及侧重点:新颖、相关性强

[说明]本课题为某教授研究项目"动态环境下的技术竞争对手的跟踪与监测"的子课题之一,上述分析是根据项目的相关要求完成的。

**2. 检索数据库的选择**

检索数据库的选择,直接影响到信息检索的效果。对数据库的正确选择,必须建立在对电子资源全面了解的基础上,同时充分认识各种资源的类型、内容、意义和功能。检索人员应根据课题要求,选择与所查课题的时间和学科范围相适应、报道文献的数量多、提供的检索途径较完善、更新周期短频率高的数据库。

[例7-2]"专利信息在企业竞争对手分析中的应用研究"的检索数据库选择

＊首选中文数据库:CNKI数据库、读秀知识库

＊首选外文数据库:Wiley数据库、Netlibrary

＊备用数据库:万方数据库、超星数字图书馆、书生搜吧、EBSCO、Emerald、Ebrary数据库。

[说明]考虑到课题的文献类型要求,主要选择了论文类数据库和图书类数据库。中文方面,首选CNKI数据库为中文论文类数据库,若检索时出现问题,可用万方数据库补充或替代。考虑到读秀知识库

# 第7章 基于数据库检索的信息采集

功能完备,收录图书新颖,故选用其作为主要的图书信息源,不可用时,可用超星数字图书馆或书生搜吧代替。外文方面,根据数据库收录的学科范围,论文类优先选择 Wiley 数据库,若检索时出现问题,可用 EBSCO、Emerald 数据库。电子图书类优先选择 Netlibrary 数据库,备用数据库为 Ebrary 电子图书数据库。

### 3. 检索点和检索词的选择

检索点和检索词的选择,对数据库检索过程至关重要。检索点(也称检索途径)是检索的出发点,对应数据库中的字段名称。检索词是用户或检索人员给出的字、词、字符或短语,用于查找包含(或不包含)它们的记录,是表达信息需求和数据库系统进行匹配运算的基本要素。检索点和检索词共同决定了检索效果的优劣。在进行初步检索时,应在检索课题分析的基础上,选取一些对揭示和描述主题内容起主要作用的关键性词语作为检索词,先对数据库题(篇)名字段进行摸底检索。由于检索词出现在题(篇)名字段中的文献,通常比较切题,因此,可以逐篇浏览命中文献的题(篇)名、关键词、文摘等信息,来确定课题检索的关键词。若仅通过篇名检索,便可以获得足够数量的文献信息,就没有必要选择其他检索点。

常用的检索点主要有以下几种:①题名检索,是从文献的名称出发来检索文献信息,通常指篇名或书名。②分类检索,是从文献内容所属的学科类别出发来检索文献,它依据的是一个可参照的分类体系。③主题检索,是从反映文献内容的有关主题词出发来检索文献,其对应的检索词是文献的主题词。主题词包含多种类型,有规范词和自由词,有单元词和多元词,有先组结构和后组结构等。④著者检索,是从文献的作者姓名出发来检索其文献,包括汇编者、编者、主办者、译者等,此外,还有代表机构、团体作者等。⑤关键词检索,是利用关键词索引,根据关键词字顺检索文献。关键词是不加规范或略加规范的自然语言。如:义务教育、普及教育等。⑥号码检索,是以号码特征来检索文献信息,包括文献的编号、代码等,是文献信息的一些特有的外部标识,如科技报告号、专利号等。

[例7-3]"专利信息在企业竞争对手分析中的应用研究"的检索点和检索词选择

*首选检索点:题名

*备选检索点:主题、关键词

 **信息采集**

\*检索词:专利、竞争对手分析

[说明]考虑到摸底调查,优选题名途径。若检索出的文献数量较少,可根据命中检索结果的关键词,进行主题或关键词检索。考虑到专利信息可能在文献中表达为"专利"、"专利信息"、"专利情报",因此,选用"专利"为检索词。考虑到企业竞争对手分析也可能表达为"竞争对手分析",因此,"选用竞争对手分析"为检索词。

### 4. 构造检索式

检索式也称检索提问表达式,是根据信息需求拟定的,要求检索系统执行的检索语句。它通过逻辑运算符将检索单元(检索词)组合起来,正确表达它们之间的逻辑或位置关系,是检索策略的具体体现,也是计算机检索的依据。检索式可以表达复杂的检索提问,将各个检索点、不同属性值、不同的关系组织在一个检索式中,完成检索任务。用户所需内容查找的是否准确,取决于构造的检索式是否合理。在检索实践中,一个检索式可一次完成,也可分多步完成。对于一个课题而言,其对应的检索式未必是唯一的,有多种选择、组配、描述和限定等方式,这些关系主要通过布尔逻辑运算符来体现,主要包括"与"(AND,\*)、"或"(OR,+)、"非"(NOT,-)三种基本逻辑算符,这是现行计算机检索的基本技术。通常,使用逻辑"与"算符越多,专指性越强,查准率越高;使用逻辑"或"算符越多,检索范围越大,查全率越高;使用逻辑"非"算符可去掉不相关的概念,也可提高查准率,但用时要慎重,以免漏检。

[例7-4]"专利信息在企业竞争对手分析中的应用研究"的检索式构造

\*首选检索式:(专利 and 竞争对手分析)in 题名

\*备用检索式:(专利 and 竞争对手分析)in 关键词;(专利 and 竞争对手分析)in 摘要;(专利 and 竞争对手分析)in 全文。

[说明]首先使用首选检索式进行检索,若命中文献减少,可依次使用其他备用检索式。

### 5. 调整检索策略

检索策略是就某一问题检索一个或多个数据库所输入的检索式的结合,是为满足信息需求所制定的一系列的检索式。实际上,信息检索过程是一个动态的信息采集过程,初步拟定的检索式有时无法满足课题的整体需要,甚至产生一些与检索目标相差甚远的检索结果,因此,为了得到比较满意的最终结果,往往需要多次修改、构造其他检索式来扩大或缩小检索范围。检索策略的调整可以从以下两个方面来考虑：当检索出来的文献量太多时，就需要通过增加限定、使用下位词等方式，适当紧缩检索式，以减少检出结果；反之，则要采取相反的措施。

[例 7-5]"专利信息在企业竞争对手分析中的应用研究"的检索策略调整

\* 调整检索式 1：(专利地图 in 题名)and(竞争对手跟踪 in 关键词)

\* 调整检索式 2：(专利地图 and 竞争对手跟踪)in 关键词

\* 调整检索式 3：(专利地图 and 竞争对手跟踪)in 摘要。

[说明]：经检索，发现密切相关文章中，主要用专利地图作为关键词，而竞争对手分析多表达为"竞争对手跟踪"，因此，进行了上述调整，调整后的检索策略由 3 个新的检索式组成。

**6. 获取原文**

通过上述步骤，可以查找到符合需要的文献内容。对于直接提供全文的信息资源数据库而言，这一步可以轻而易举地完成。但对于文摘、指南等参考性信息资源数据库而言，检索结果还不是全文，还应根据检索出来的文献线索，想方设法找到原文，以备利用。

### 7.1.3 信息资源数据库的发展历程

信息资源数据库的发展，是现代信息采集技术的基础和核心。信息资源数据库技术最早产生于 20 世纪 50 年代初，由美国海军兵器中心图书馆（NOTSL）研制，应用于情报检索试验。经过几十年的多元化发展，已经取得了辉煌的成就。信息资源数据库的发展历程大致分为以下几个阶段：

**1. 单机数据库阶段(20 世纪 60 年代)**

计算机的发明引发了人类历史上的第四次技术革命，是信息资源数据库产生的基础。20 世纪 60 年代中期，美国国立医学图书馆开发的 MEDLARS（Medical Literature Analysis and Retrieved System）数据库[①]，可谓是信息资源数据库的鼻祖。该数据库以磁带作为存储介质，利用单台计算机的输入输出装置，实现了医学文献的顺序检索。此后，美国一些信息机构相继使用计算机编辑期刊文摘，编制成了书目型数据库，从客观上实现了机读的书目文档。在该阶段，检索人员需先将用户的检索提问汇集到一起，进行批量检索，然后将检索

---

① 颜瑞武，王曰芬. 信息获取与用户服务. 北京：科学出版社，2010.1：87.

结果通知各个用户。该方法检索速度比较慢，适合于大批量的定题检索。

### 2. 国际联机数据库阶段(20世纪60年代中至70年代)

随着计算机技术、信息处理技术及数字通讯技术的发展，电子信息资源远距离的传输和交换得以实现。从20世纪60年代中期起，联机目录型数据库得到了广泛应用，出现了许多著名的联机检索系统，如美国的Dialog、德国的STN(国际科技信息网络)系统等。在该阶段，用户可利用计算机终端设备，通过人机对话、联机会话的交互方式，从联机检索系统中实时检索出所需信息，检索速度大大提高，检索内容日益丰富，检索效果得以改善。但通常能够传输和检索的仅为简单的文摘或索引信息，无法获得文献全文。

### 3. 光盘数据库阶段(20世纪80年代至90年代)

20世纪80年代起，利用光盘作为信息存储介质提供检索服务的数据库系统应运而生。光盘数据库分为单机版和网络版两种。在客观条件允许的情况下，用户可以通过购买或租用单机光盘，进行光盘数据库检索利用；也可以通过校园网等网络，访问多组光盘数据库及其检索系统。光盘数据库检索系统实现了多用户资源共享、高密度存储、数据高速检索等功能，推动了信息资源数据库的快速发展。

### 4. 网络数据库阶段(20世纪90年代至今)

互联网的产生丰富了信息资源的类型，也推动了网络数据库的产生和发展。网络数据库存储在远程服务器或镜像服务器上，用户只需利用通用的浏览器，在任一连接互联网的计算机上即可便捷的进行信息检索。目前，网络数据库已成为人类进行科学研究、商业活动和共享信息资源的重要手段。

可以预见，随着网络技术的不断发展，信息资源数据库将呈现知识化、智能化、专业化、可视化等发展趋势。

## 7.2 常用中文数据库检索

随着信息技术的发展，中文数据库的规模不断扩大，文献类型多种多样。目前，比较大型的中文数据库有CNKI中国知识资源总库、重庆维普、万方数据、超星数字图书馆、书生之家数字图书馆等。本节主要以CNKI、重庆维普、万方数据、超星等几种常用的中文数据库为例介绍中文数据库的检索方法。

## 7.2.1 CNKI 系列数据库

**1. 数据库简介**

CNKI 是国家知识基础设施(China National Knowledge Infrastructure, CNKI)的简称,始建于1999年6月,由清华大学、清华同方共同发起,目的是完成以实现全社会知识资源传播共享与增值利用为目标的信息化建设项目。《中国知网》由清华同方光盘股份有限公司、中国学术期刊(光盘版)电子杂志社、光盘国家工程研究中心等单位创建,是目前国内最大型的学术期刊数据库。CNKI 工程集团经过多年努力,采用自主开发并具有国际领先水平的数字图书馆技术,建成了世界上全文信息量规模最大的 CNKI 数字图书馆,并正式启动建设《中国知识资源总库》及 CNKI 网格资源共享平台。通过产业化运作,为全社会知识资源高效共享提供最丰富的知识信息资源和最有效的知识传播与数字化学习平台。

CNKI 产品数据库主要包括中文学术文献总库和国际学术文献总库两大系列数据库。其中,中文学术文献总库主要包括了中国期刊全文数据库、中国优秀硕士论文全文数据库、中国博士论文全文数据库、中国重要报纸全文数据库、中国重要会议论文全文数据库、中国学术辑刊全文数据库、中国标准数据库、中国专利全文数据库、中国年鉴网络出版总库等20多个科技学术文献总库和人文与社科学术文献总库。该库的文献总量达到7 242万多篇,收录了从1949年至今国内8 200多种综合期刊与专业特色期刊的全文。文献类型包括学术期刊、学位论文、工具书、重要会议论文、年鉴、专著、报纸、专利、标准、科技成果、知识元、古籍等。国际学术文献总库包括德国 Springer 期刊题录数据库、英国 Taylor&Francis 期刊题录数据库、Earthscan 期刊题录数据库、MultiScience 期刊题录数据库、国外专利数据库等9个国际学术文献库,该库收录文献题录数据共计2,300多万条,包括外文学术期刊、专利、标准、图书等共计340多万篇。

CNKI 产品出版的形式包括 Web 版(网上包库)、镜像站版、光盘版、流量计费等。其中,Web 网上数据库是每日更新的,各镜像站点则通过互联网或卫星传送数据进行每日更新,专辑光盘每月更新,专题光盘年度更新。文献全文以 CAJ、KDH、PDF 等格式进行存储,可用 CAJ Viewer 或 Acrobat Reader 阅读器打开阅读。

信息采集

### 2. 访问方式

目前，CNKI 数据库主要有以下两种访问方式：

(1)远程访问。通过各高校图书馆网站或在 IE 浏览器中输入 http://www.cnki.net，以各高校图书馆网站提供的用户名和密码登录，用户可进入中国知网主页，进行远程访问。远程访问具有服务范围广、数据更新快、服务内容多等优势。用户在图书馆内访问时，可进入平台入口选择界面，选择高校机构馆、新版出版平台、旧版入口等三种访问方式开展检索。其中，新版出版平台实现了更精确的检索，为用户提供了更多的学术情报服务，也可以创建个性化的数字图书馆，是目前经常用到的平台，如图 7-1 所示。本节将以此平台为例，详细介绍CNKI 数据库的各种检索方法。

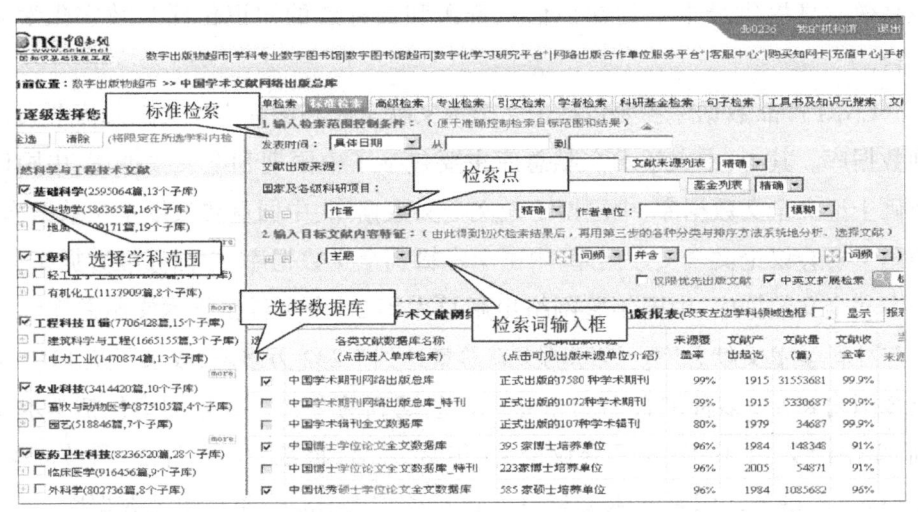

图 7-1　新版出版平台主页

(2)镜像访问。许多高校和科研院所都购买了 CNKI 数据库镜像服务，将 CNKI 数据库的数据和软件系统整体移植到机构内部网的服务器上，供机构内部读者在内部网上使用。因此，可以直接在本校或本所的数字资源中，找到 CNKI 镜像访问链接，直接进入本地 CNKI 数据库进行访问。这种方式具有使用范围广、效果好、稳定性高，运行成本低的显著优势。

### 3. 检索方法

CNKI 新版出版平台提供了简单检索、标准检索、高级检索、专业检索、引文

# 第7章 基于数据库检索的信息采集

检索、学者检索、科研基金检索、句子检索、工具书及知识元搜索以及文献来源检索等多种检索方法。其中，较为常用的检索方式有以下几种：

(1) 简单检索

简单检索是最直接、最简单、最实用的检索方法，它提供了类似搜索引擎的检索方式。单击新版出版平台主页中的【简单检索】项目，可进入简单检索界面，如图7-2所示。用户只需在输入框中键入检索词，单击【简单检索】按钮，即可完成检索。简单检索方便、快捷，适合初级用户使用，但不能进行组合检索。

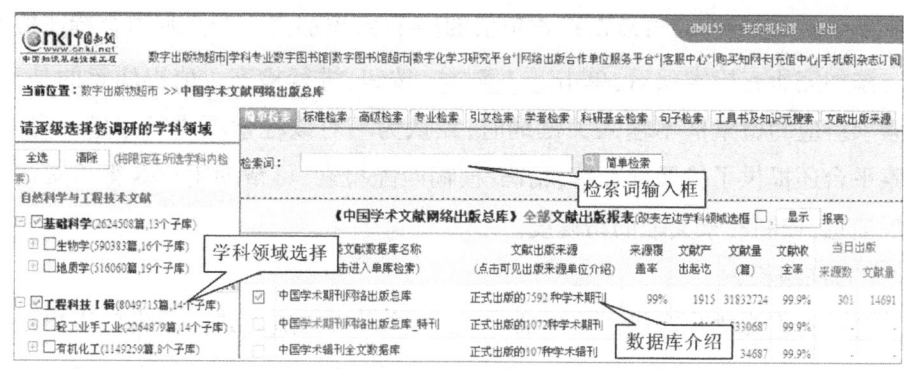

图7-2　CNKI数据库简单检索界面

(2) 标准检索

标准检索是最常用的检索方法，它是指按照给定的检索条件范围和目标文献内容特征来进行综合检索的方式。单击页面上方的【标准检索】，进入标准检索界面，如图7-3所示。

图7-3　CNKI数据库标准检索界面

在标准检索中，当要控制检索范围时，用户可以限制检索文献发表的起讫时间、文献出版来源、作者、作者单位等检索项,还可以限制从国家及各级科研项目中进行检索。当用户不知道确切的文献来源名称或基金名称时,既可直接在检索框中输入对应的关键词,也可以单击检索框后的【文献来源列表】或【基金列表】按钮查看对应信息。当要限制目标文献内容特征时,用户可在下拉框中,选择题名、主题、全文、关键词、中图分类号等任意一种文献内容特征,并在其后的检索框中填入一个关键词。若一个检索项同时需要两个关键词控制,可选择【并含】、【或含】、【不含】等关系,在第二个检索框中输入另一个关键词。若有多个控制条件时,可点击检索项前的【+】号,添加另一个文献内容特征检索项。添加完所有检索项后,单击 检索文献 按钮,进行检索。值得注意的是,当检索项对应的检索框不输入关键词时,默认为不对该检索项进行限定。另外,检索平台还提供了扩展词推荐、精确/模糊匹配检索,可帮助用户获得检索词的扩展信息,控制检索文献的精确度。

(3)高级检索

高级检索为用户提供了更灵活、方便的检索式构造方式。单击新版出版平台主页中的【高级检索】,进入高级检索界面,如图7-4所示。单击 ⊞ 可以增加检索条件行,并与上一行检索条件自由组配逻辑关系,最多可以增加7行。同时,可限定文献发表时间范围条件缩小检索范围。检索项包括题名、关键词、主题、全文、作者及单位、文献来源等。

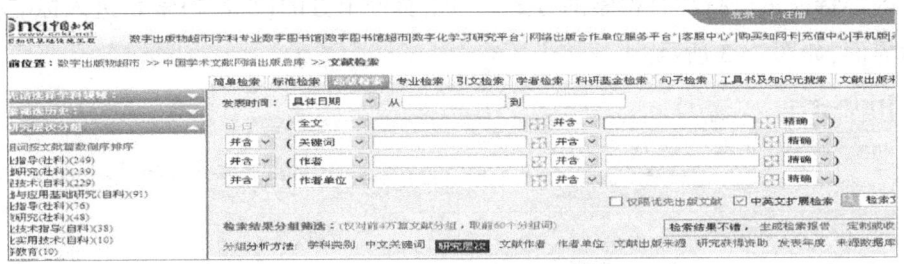

图7-4 CNKI数据库高级检索界面

(4)专业检索

专业检索允许使用逻辑运算符和关键词直接构造检索式,适用于信息检索专业人员使用。单击新版出版平台中的【专业检索】,进入专业检索界面,如图7-5所示。

# 第7章 基于数据库检索的信息采集

图 7-5 CNKI 数据库专业检索界面

专业检索允许使用 AND、OR、NOT 等逻辑运算符,对以下检索项进行检索:SU=主题,TI=题名,KY=关键词,AB=摘要,FT=全文,AU=作者,FI=第一责任人,AF=机构,JN=刊名,RF=引文,YE=年,FU=基金,CLC=中图分类号,SN=ISSN,CN=统一刊号,IB=ISBN,CF=被引频次。但要注意的是,检索式中的所有符号和英文字母,都必须使用英文半角字符。

(5)引文检索

引文检索是以检索参考文献为出发点,根据文献的引用关系,找到引用文献,适用于查找密切相关的文献和查看文献的被引用情况。单击新版出版平台主页中的【引文检索】项目,进入引文检索界面,如图 7-6 所示。在引文检索中,用户可限定被引文献的具体特征,包括被引频次、作者及单位、题名、关键词、摘要、中图分类号等。在引文检索结果页面,单击【查看引证文献】按钮,可查看选定文献的全部引用文献。

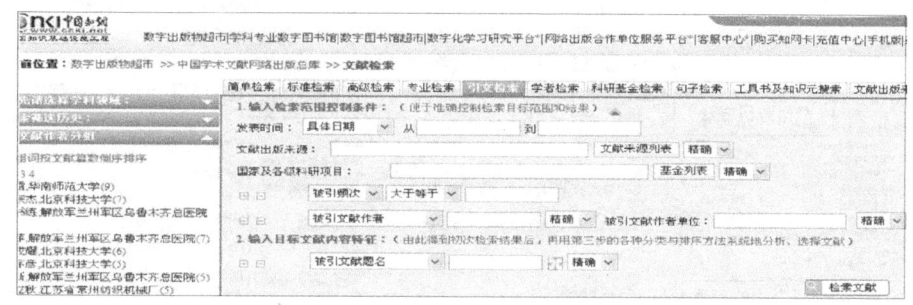

图 7-6 CNKI 数据库引文检索界面

(6)学者检索

学者检索是通过学者的姓名、单位、研究方向关键词等信息,查找学者发表的全部文献及被引用、下载等情况。通过学者检索,既可以全方位了解某位学

信息采集

者的主要研究领域、研究成果等情况,也可以了解某个研究领域的核心学者及其成果状况。单击新版出版平台主页中的【学者检索】,进入学者检索界面,如图7-7所示。

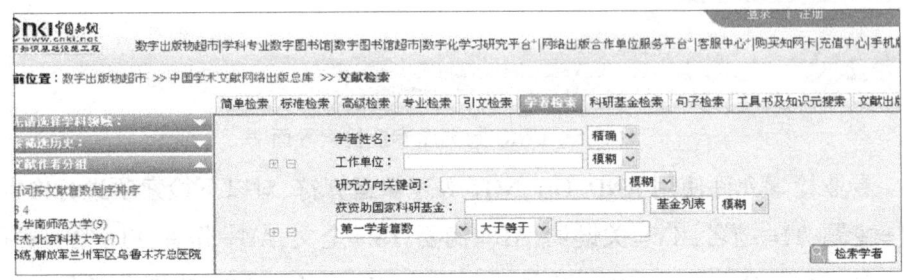

图7-7 CNKI数据库学者检索界面

**4. 检索结果处理**

在检索结果界面中,系统提供了检索结果记录列表。在每一个检索结果记录前有一个小图标,用户单击这个图标即可下载文献全文,如图7-8所示。单击后将出现文件保存对话框,用户可以选择相应的保存路径来存储下载的论文全文。用户将鼠标移到某个记录上时,会出现该篇文章的关键词、摘要等简要信息。

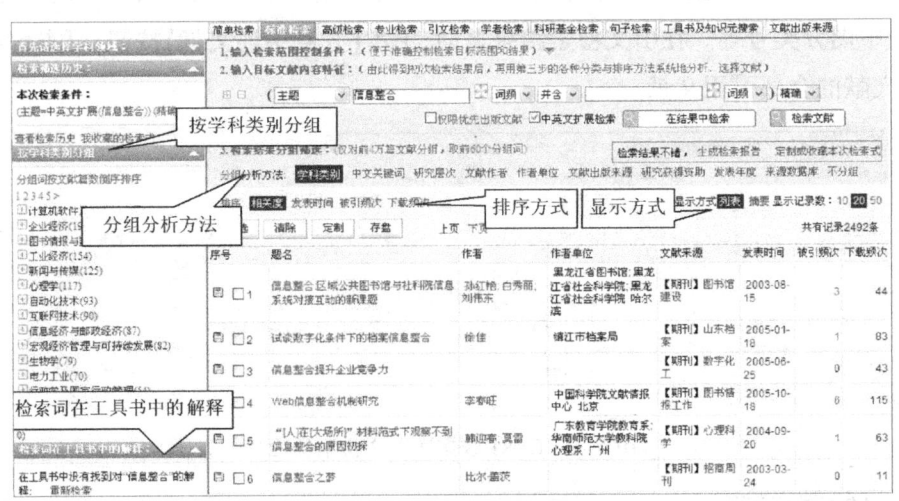

图7-8 CNKI数据库检索结果界面

单击检索结果列表中的某篇文章,会出现该篇文章的详细信息记录,并可

# 第7章 基于数据库检索的信息采集

单击 PDF下载 或 推荐 CAJ下载 按钮，下载文献全文。如图 7-9 所示。在此页面中，用户可以查看该文章的作者、文献出处、中文关键词、摘要、DOI、分类号、正文快照等详细信息。还可以查看【读者推荐文章】及【相似文献】等与该文章内容相关或相似的论文信息。

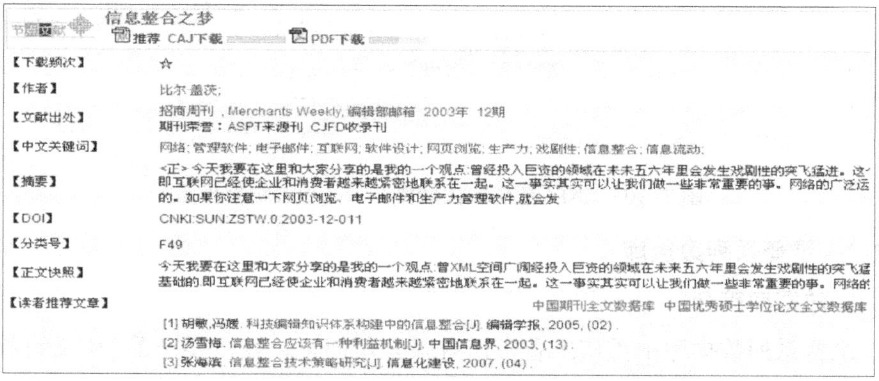

图 7-9　CNKI 数据库文章详细记录信息页面

新版出版平台还提供了一些检索结果分组分析方法和排序方式选择。在分组分析方面，用户可根据需要，按照学科类别、中文关键词、研究层次、文献作者、文献出版来源、研究获得资助、发表年度、来源数据库等标准对检索结果进行分组分类分析。单击分组类别选项，就会在左侧显示相应的分组统计结果，如图 7-8 所示的是按照学科类别进行的检索结果分组统计，其中，心理学（117）、自动化技术（93），分别表示在"信息整合"的检索结果中，心理学学科的相关文献数量为 117 篇，自动化技术学科中的相关文献为 93 篇。在检索结果排序方面，用户按检索记录的相关度、发表时间、被引频次和下载频次等方式来进行排序。检索结果通常按降序排列，即相关性越大，发表时间越晚，被引用次数越多，下载次数越多，显示次序越靠前。另外，用户还可以设置检索结果记录的显示方式以及设置每页显示的记录数等。每页可显示的记录数可选择 10、20、50 三种选项，20 为默认选项。默认的显示方式是列表方式，即以表格显示题名、作者、作者单位、文献来源、被引用及下载频次等信息，如图 7-8 所示。用户也可以选择摘要显示方式，如图 7-10 所示。

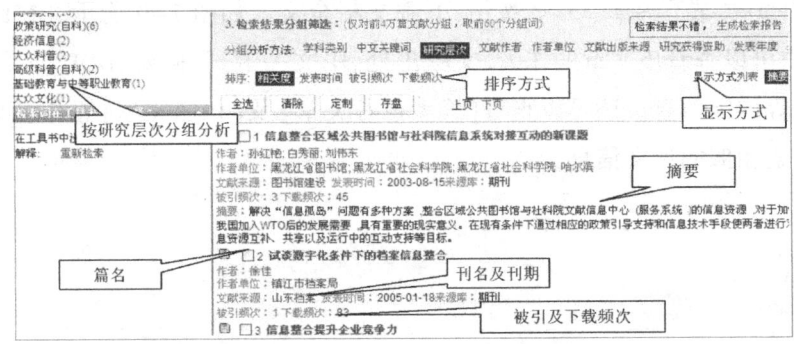

图 7-10 CNKI 数据库按摘要显示的检索结果界面

### 7.2.2 维普系列数据库

**1. 数据库简介**

维普系列数据库由重庆维普资讯有限公司创建。其主要产品《中文科技期刊数据库》是我国第一个期刊文献数据库,也是最大的自建中文文献数据库,其问世解决了文摘版收录量巨大但索取原文烦琐的问题,结束了中文科技期刊检索难的历史。该数据库收录了 1989 年至今中国境内历年出版的中文期刊 12,000 余种,全文 3 000 余万篇,引文 4 000 余万条,分三个版本(全文版、文摘版、引文版)和 8 个专辑定期出版发行,目前拥有学校、公共图书馆、科研机构、政府部门、信息机构、企业等各类用户 6 000 多家,是 Google 学术搜索频道最大的中文合作资源。

重庆维普资讯有限公司还研发了《中国科技经济新闻数据库》《外文科技期刊数据库》《中文科技期刊数据库(引文版)》《中国科学指标数据库 CSI》、《中文科技期刊评价报告》《中国基础教育信息服务平台》《维普–Google 学术搜索平台》《维普考试资源系统 VERS》《图书馆学科服务平台 LDSP》《文献共享服务平台 LSSP》等系列产品,受到了全国专业用户的欢迎。本书主要介绍《中文科技期刊数据库(全文版)》的使用方法。

**2. 访问方式**

维普数据库的访问方式主要有以下两种:

(1) 远程访问。在浏览器中输入 http://vip.calis.edu.cn/index.asp,以各单位提供的用户名和密码登录,可直接进入维普中文科技期刊全文数据库进行

# 第7章 基于数据库检索的信息采集

远程访问。

（2）镜像访问。许多高校和科研院所都购买了维普数据库镜像服务，将维普数据库的目录数据和软件系统移植到机构内部的服务器上，供机构内部读者使用。因此，用户可直接在本校或本所的数字资源中，找到维普镜像访问链接，直接进入本地维普镜像站点进行访问。如图7-11所示。这种方式具有检索速度快、稳定性高、运行成本低的显著优势。

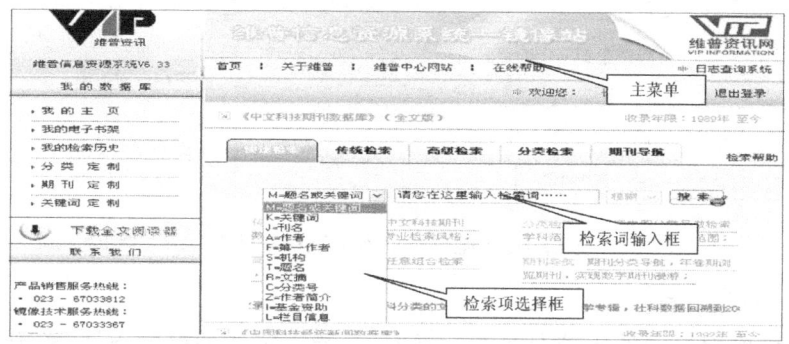

图7-11 维普中文科技期刊全文数据库主页

**3. 检索方法**

维普数据库采用国内一流的尚唯全文检索系统实现数据库的检索管理，其文献全文须用PDF阅读器进行访问和阅读。维普中文科技期刊全文数据库为用户提供了快速检索、传统检索、高级检索、分类检索、期刊导航五种检索方式。

（1）快速检索

快速检索是系统默认的检索方式，简单、快捷、易用，可通过选择检索项，输入相关的检索词，单击 搜索 按钮，即可完成快速检索，如图7-11所示。其中，检索项包括题名、关键词、刊名、作者、第一作者、机构、文摘、分类号、作者简介、基金资助等。同时，可对输入的检索词进行【精确】（完全匹配）和【模糊】（部分匹配）匹配检索。

（2）传统检索

传统检索是维普公司提供上一版本界面的检索方式，适合老用户使用。用户单击【传统检索】选项，进入传统检索界面，如图7-12所示。在传统检索界面，用户既可以使用专辑导航、分类导航直接浏览某一专辑或分类的相关文献，

信息采集

也可以直接在页面上方的检索框输入检索词进行检索,还可以先选定某一专辑或分类,然后在选定范围内进行检索。同时,用户还可以选择【同义词】、【同名作者】扩大或缩小检索范围。

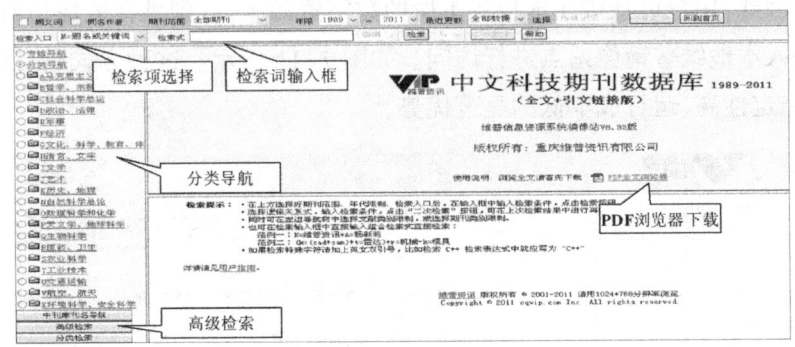

图7-12 维普数据库传统检索界面

(3)高级检索

高级检索是一种比较专业的检索方式,能限定各种检索条件,实现复杂的逻辑组配检索,达到精确检索的目的。单击【高级检索】选项,即可进入高级检索界面,如图7-13所示。

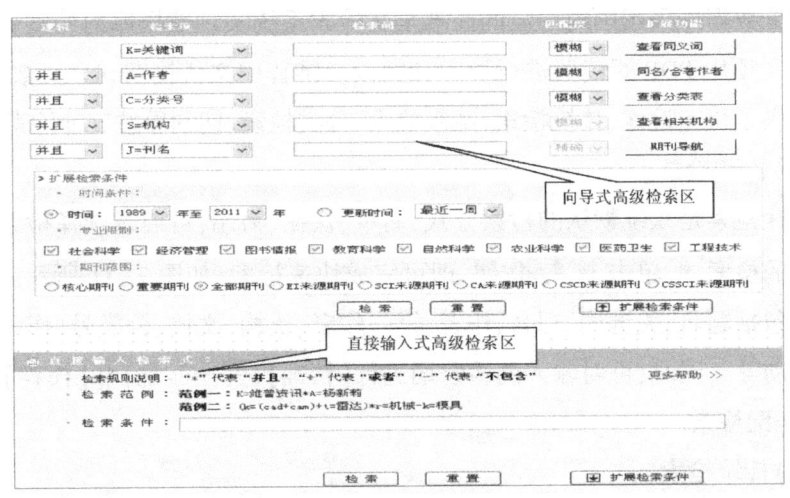

图7-13 维普数据库高级检索界面

维普高级检索提供了向导式检索和直接输入检索式检索两种方式。其中,向导式检索为用户提供分栏式检索词输入方法,用户除选择逻辑运算符、检索项、匹配度外,还可以进行相应字段的扩展信息限定,最大程度地提高了检准率。直接输入检索式检索是指用户可在检索框中直接输入逻辑运算符、字段标识等,单击【扩展检索条件】对相关检索条件进行限制后,单击【检索】按钮进行检索。检索式输入有错误时,检索后会返回"查询表达式语法错误"的提示,用户需使用浏览器的【后退】按钮返回检索界面重新输入正确的检索表达式。

(4)分类检索

分类检索相当于传统检索的分类导航限制检索,不同之处在于:这里采用的是第四版中图法的原版分类体系,分类细化到最小一级,能够满足用户对分类细化的不同要求。单击【分类检索】选项,进入分类检索界面,如图7-14所示。分类检索的具体操作步骤如下:①选择学科类别。用户可直接在左边的分类列表中按照学科类别逐级点开查找,或者运用左边方框中的搜索框对学科类别进行查找定位。这里采用的是模糊查找,如果检索结果有多个,则定位在第一个类别上。在目标学科前的小方框中打上【√】,并点击 >> 按钮将类别移到右边的大方框中,即完成该学科类别的选择。点击【 << 】按钮可将右边大方框中选中的相应学科类别去除。②在所选类别中搜索。在选中学科类别以后,在页面上的检索框处选择检索入口,输入检索条件,即可进行在选中学科范围内的检索操作。

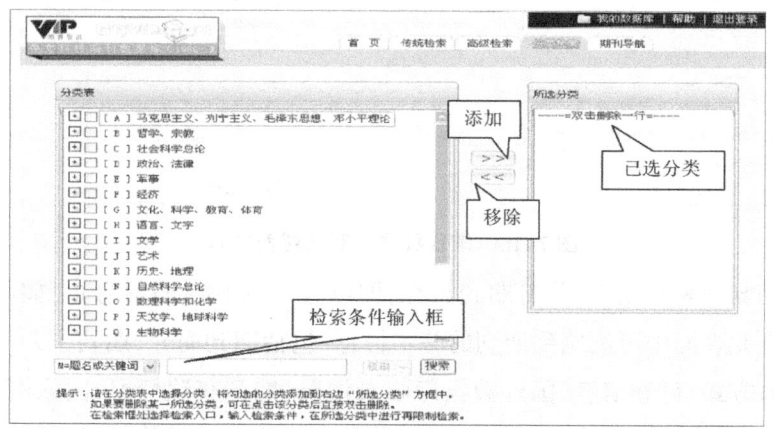

图7-14 维普数据库分类检索界面

(5)期刊导航

单击【期刊导航】选项，进入期刊导航界面，如图 7-15 所示。在此界面中，系统提供了按刊名的首个字的首字母的字顺(A ~ Z)进行查找、按学科分类进行查找以及按刊名进行查找等三种查找方式。

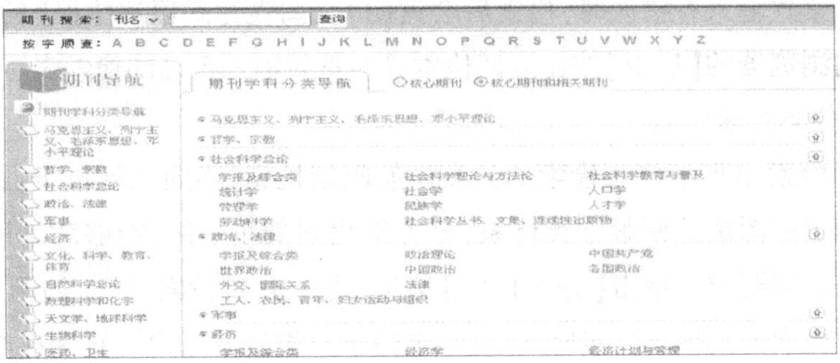


图 7-15　维普数据库期刊导航界面

通过期刊查找功能可找到所需的期刊列表，如图 7-16 所示。在期刊列表页面中，提供了刊名、ISSN 号、CN 号、核心期刊标记(有★标记的为核心期刊)等信息。在列表中如果有核心期刊和相关期刊，则列表中的★号为蓝色，单击 ★ 核心期刊 按钮即可将列表中的核心期刊全部筛选出来，此时 ★ 核心期刊 按钮变为黄色。

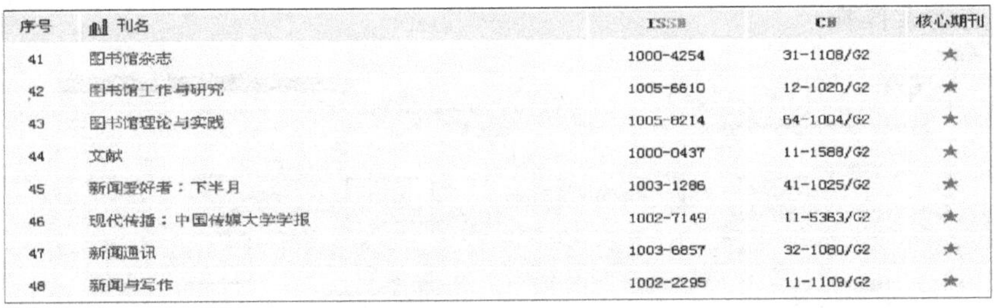

| 序号 | 刊名 | ISSN | CN | 核心期刊 |
|---|---|---|---|---|
| 41 | 图书馆杂志 | 1000-4254 | 31-1108/G2 | ★ |
| 42 | 图书馆工作与研究 | 1005-6610 | 12-1020/G2 | ★ |
| 43 | 图书馆理论与实践 | 1005-8214 | 64-1004/G2 | ★ |
| 44 | 文献 | 1000-0437 | 11-1588/G2 | ★ |
| 45 | 新闻爱好者：下半月 | 1003-1286 | 41-1025/G2 | ★ |
| 46 | 现代传播：中国传媒大学学报 | 1002-7149 | 11-5363/G2 | ★ |
| 47 | 新闻通讯 | 1003-6857 | 32-1080/G2 | ★ |
| 48 | 新闻与写作 | 1002-2295 | 11-1109/G2 | ★ |

图 7-16　维普数据库期刊列表界面

在期刊列表页面中，单击期刊名称，即可进入期刊封面信息页，如图 7-17 所示。在此页面中可浏览到期刊的基本信息，包括期刊简介、期刊主办信息、编辑部联系方式、订刊信息、国外数据库收录情况、期刊获奖情况、国家图书馆馆藏、上海图书馆馆藏等信息。此页还提供了当前期刊文献的任意字段检索，提供收录年限、选定年限的刊期选择。

# 第7章 基于数据库检索的信息采集

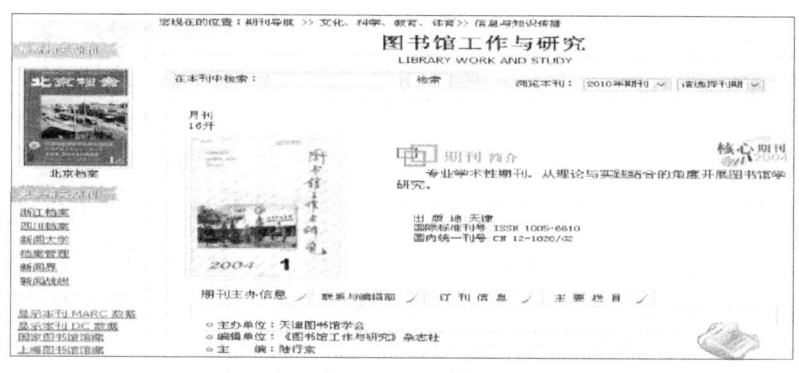

图 7-17　维普数据库期刊档案信息页面

在期刊封面页上,单击某一刊期或直接进行检索,将进入该期刊的整刊浏览页面,如图 7-18 所示。该页面提供年卷期浏览方式和期刊内检索两种方式。期刊内检索有跨年检索和单年浏览两种方式,并可在此基础上进行二次检索。

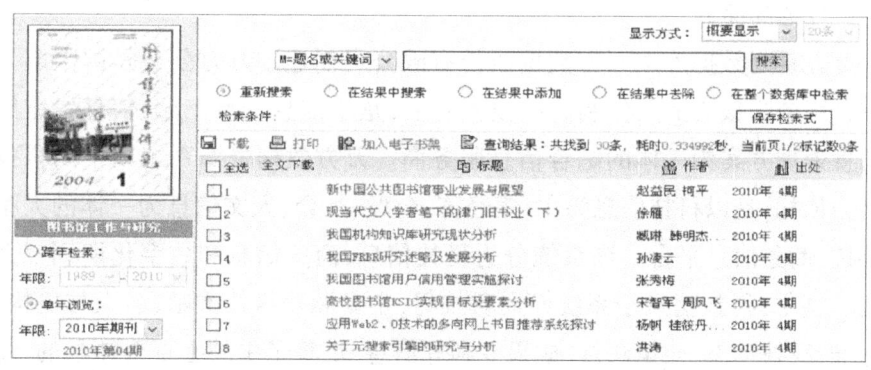

图 7-18　维普数据库单个期刊的整刊浏览页面

### 4. 检索结果处理

用户输入检索词并选择相应的检索项后,单击 搜索 按钮,进入检索结果页面,如图 7-19 所示。在检索结果页面,系统提供了检索期刊范围、年限、最近更新、显示方式等限制条件选项。除此之外,系统还提供了对初检结果的再处理功能,即二次检索,包括【重新搜索】、【在结果中搜索】、【在结果中添加】、【在结果中去除】等功能。

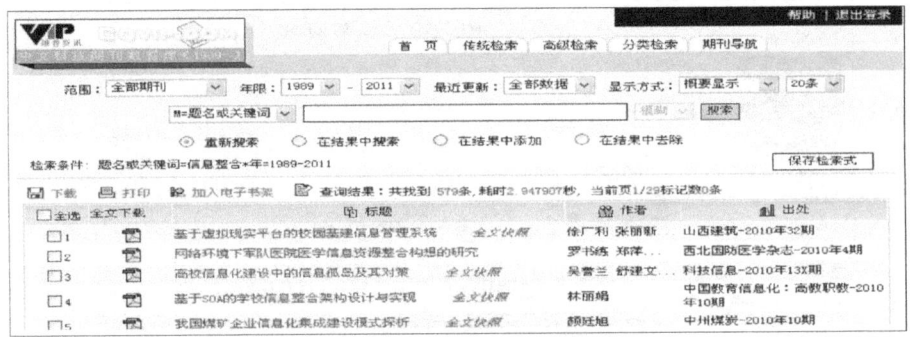

图7-19　维普数据库检索结果页面

在每个检索结果记录前都有一个 图标,用户可直接单击此图标下载论文全文,或者单击文章标题进入下载页面下载全文。单击该图标后会出现文件保存对话框,选择合适的保存路径存储下载的论文。

### 7.2.3　万方系列数据库

#### 1. 数据库简介

万方系列数据库由万方数据股份有限公司创建。万方公司是国内第一家以信息服务为核心的股份制高新技术企业,是集信息资源产品、信息增值服务和信息处理方案为一体的综合信息服务商。万方数据资源系统以中国科技信息所为依托,是以科技信息为主,集经济、金融、社会、人文信息为一体的大型网络科技、商务信息平台。该系统分为科技信息、商务信息和数字化期刊三大子系统。其中,科技信息子系统面向科技界,主要涵盖科技文献、名人与机构、中外标准、科技动态、政策法规、成果专利等信息,汇集了中外上百个知名的、使用频率较高的科技、经济、金融、文献、生活与法律法规等数据库。商务信息子系统面向广大工商、企业用户服务,主要产品《中国企业、公司及产品数据库》收录了96个行业20万家企业的详尽信息。数字化期刊子系统以期刊为单位,按理、工、农、医、哲学、人文、社会科学、经济管理与教科文艺等8大类划分,集纳了100多个类目的近5 500余种各学科领域核心期刊。期刊全文内容采用HTML和PDF两种国际通用格式,方便读者随时阅读和引用。本节以数字化期刊为例讲解万方数据库的检索方法。

#### 2. 访问方式

万方数据库的访问方式主要有以下两种:

## 第7章 基于数据库检索的信息采集

（1）远程访问。在浏览器中输入 http://g.wanfangdata.com.cn/，以各单位提供的用户名和密码登录，可进入万方数据资源系统主页进行远程访问，如图7-20所示。

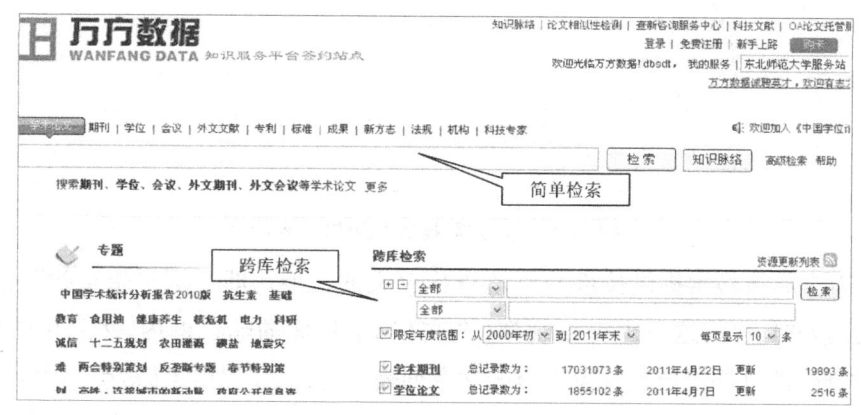

图7-20 万方数据库主页

（2）镜像访问。购买万方数据库镜像服务的高校和科研院所，其机构内部读者可直接通过本校或本所的镜像访问链接，直接进入本地镜像站点进行访问。

**3. 检索方法**

万方数据库提供了简单检索、高级检索、经典检索和专业检索四种检索方法。

（1）简单检索

简单检索是系统默认的检索方式，操作简单、方便。万方数据库为用户提供了一体化的检索模式，将学术论文、期刊、学位论文、会议论文、外文文献、专利、标准、新方志、法规等检索整合到一个检索界面上。用户选择要检索的文献类型后，只需在检索词输入框内输入检索词，系统会自动在各个检索点中查找与该检索词相匹配的文献，如图7-20所示。

（2）高级检索

在主页中单击【高级检索】，进入高级检索界面。在此页面中，提供了高级检索、经典检索和专业检索三个检索选项，如图7-21所示。高级检索为默认选项，它是在指定的范围内，通过增加检索条件满足用户更加复杂的要求，以检索到满意的信息，适合专业人员使用。

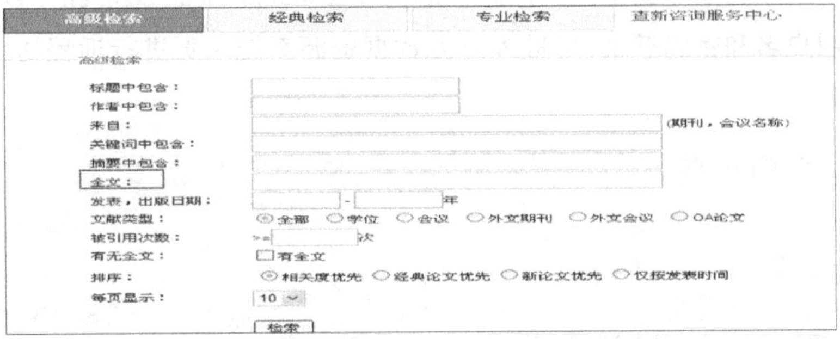

# 信息采集

图 7-21 万方数据库高级检索界面

万方高级检索提供按部分段落查找全文的功能。即当用户想查找某段文字的出处时，可将这段内容复制到【全文】选项后面的输入框内，然后单击【检索】按钮，即可获得包含这段内容的文章列表。另外，还提供了【被引用次数】选项，用户输入某一数值，系统会将被引用次数大于或等于这个数值的文章筛选出来。此外，在高级检索中还提供了相关度优先、经典论文优先、新论文优先、仅按发表时间等四种检索结果排序方式。选择【仅按发表时间】选项，表明系统只提供按论文发表时间的排序方式显示检索结果。

(3) 经典检索

单击【经典检索】，进入经典检索界面，如图 7-22 所示。经典检索提供了标题、作者、作者单位、中图分类、关键词、摘要、全文等七个检索项，用户可根据需要，最多设定五个检索条件进行逻辑"与"组合检索，每个检索条件的检索项可以相同也可以不同。

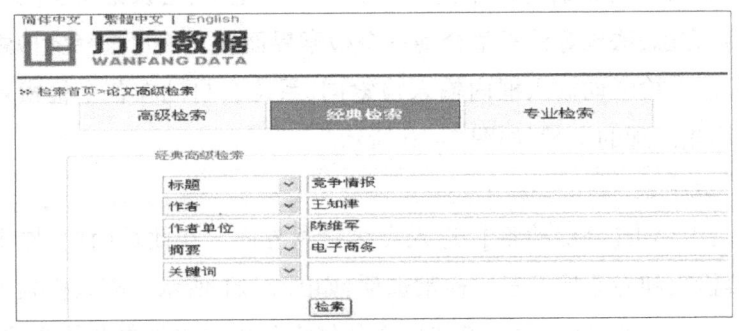

图 7-22 万方数据库经典检索界面

# 第7章 基于数据库检索的信息采集

(4) 专业检索

单击【专业检索】,进入专业检索界面,如图7-23所示。专业检索比高级检索和经典检索功能更强大,但需要检索人员根据系统的检索语法编制检索式进行检索,适用于熟练掌握检索语言的专业检索人员。万方专业检索提供的检索字段有Title(题名)、Creator(作者)、Source(来源)、KeyWords(关键词)、Abstract(摘要)等。并提供排序字段CoreRank(经典论文优先)、CitedCount(引文次数降序)、Date(最新论文优先)、Relevance(相关度优先)等。如"刀具磨损 and Creator exact 张三 sortby relevance"表示检索数据库任意字段中包含"刀具磨损"和作者字段精确为"张三"的记录,且检索结果按相关度进行排序。

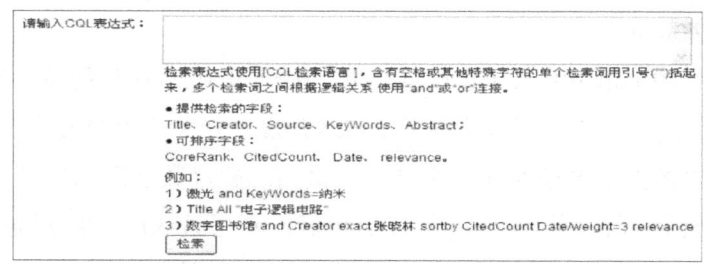

图7-23 万方数据库专业检索界面

**4. 检索结果处理**

万方检索结果界面如图7-24所示。

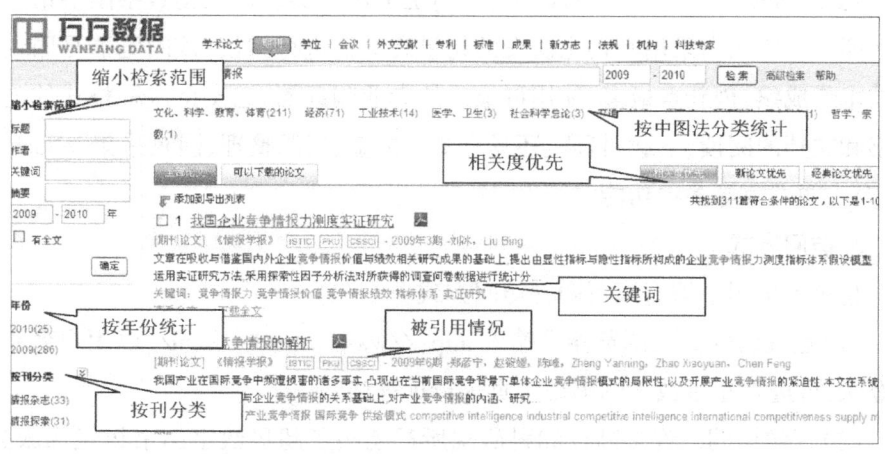

图7-24 万方数据库检索结果界面

在该界面中,默认显示与检索条件相关的所有检索记录。单击【可以下载的论文】按钮,用户可快速找到有全文的文献。点击文献题名后的图标,可以直接下载全文。检索结果界面还提供了相关度优先、新论文优先和经典论文优先三种排序方法,用户可根据具体情况选用。另外,在页面的左上方提供了缩小检索范围服务,用户可以通过这些选项进一步缩小检索范围,找出更加精确的检索结果。页面的左侧还提供聚类服务,即系统为用户提供检索结果的分类汇总,用户不仅可以直观地了解检索结果分布情况,还可以直接单击某年度、某期刊、某中图法分类的论文检索结果。用户还可以选定需要的检索记录,直接将检索结果的题名、作者、来源等非全文信息以列表导出,便于利用。

### 7.2.4 超星数字图书馆

#### 1. 数据库简介

超星数字图书馆由北京超星信息技术有限公司于 2000 年创建。超星公司成立于 1993 年,长期致力于数字图书馆技术开发及相关应用与推广,是我国专业的数字图书馆技术服务商和解决方案提供商。超星数字图书馆新书试用包含图书资源近百万种,其中 2003 年以后出版的新书近 30 万种,涵盖文学、历史、法律、军事、经济、科学、医药、工程、建筑、交通、计算机、环保等类别。超星数字图书馆采用其自主研发的文献服务平台进行管理,提供多库同平台管理、支持不同格式数字文献资源、多种类统计、专业课教师推荐教辅教参等 10 多种优势功能,数据更新速度快,资源丰富,满足了用户实现多元化数字图书馆的需求。超星数字图书采用其自主研发的超星阅览器进行阅读,该阅览器是国内目前技术最成熟、创新点最多、使用群最广的专业阅读器,它支持多种格式的电子图书和文档的阅读、下载、打印,还具有图书标签、资源整理、网页采集、eBook 制作、个人图书馆等多种功能。

#### 2. 访问方式

超星数字图书馆有以下两种访问方式:

(1)远程访问。在浏览器中输入 http://www.ssreader.com/,以用户名和密码登录,可进入超星数字图书馆主页进行远程访问。

(2)镜像访问。许多高校和科研院所都购买了超星数字图书馆镜像服务,供机构内部读者使用。因此,购买了该资源的机构用户,可以直接在本单位的数字资源中,找到超星镜像访问链接,进入超星镜像站点进行访问,如图 7-25

所示。本书以镜像站点为例进行介绍。

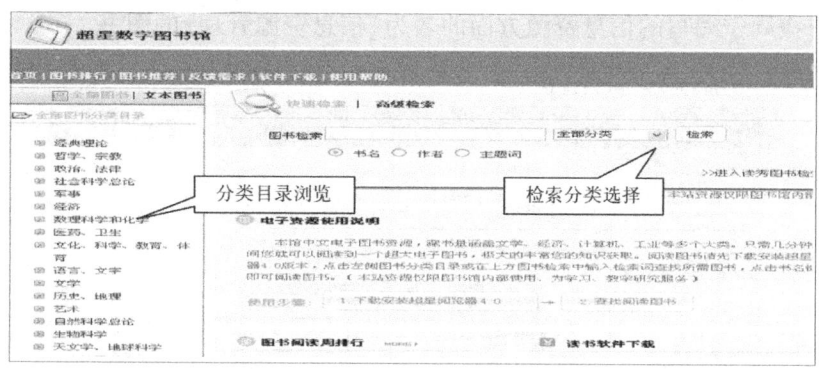

图 7-25　超星数字图书馆主页

**3. 检索方法**

在超星数字图书馆主页中，系统为用户提供了快速检索、高给检索分类目录浏览、读秀图书检索及超星阅览器下载的链接服务。用户可直接单击【读书软件下载】中的【立刻下载】按钮，下载超星阅览器。系统还提供了图书阅读周排行功能以及排在前 10 位热门图书的列表，并配有电子资源使用说明，详细说明了图书查找、下载、安装和阅读的步骤。

(1) 快速检索

快速检索是超星默认的检索方式。用户通过在图 7-25 所示的【图书检索】后的输入框中输入检索词，即可进行检索。快速检索仅支持单字段限制检索，即书名、作者和主题词字段只能任选其一，且输入的检索词不能超过 30 个字。快速检索默认的检索范围是所有分类。当用户要检索的图书明确为某一分类时，可直接在【检索】按钮前的下拉菜单中选择所需分类，则系统将仅在所选类别中进行快速检索。

(2) 高级检索

单击【高级检索】选项，进入高级检索界面，如图 7-26 所示。高级检索允许用逻辑运算符将多个检索词进行组合检索，提供的检索项包括书名、作者、主题词等，用户还可以通过出版年代、选择检索类别等方式，缩小检索范围，通过选择排序方式、每页显示的记录数，设置检索结果显示方式。高级检索使用户能够快速、准确地检索到相关资源，适用于对图书具体信息了解较多的用户使用。

 信息采集

例如:"书名=信息资源管理 并且 作者=周宁 或者 主题词=信息资源",表示用户要查找周宁编写的信息资源方面的名为《信息资源管理》的图书。

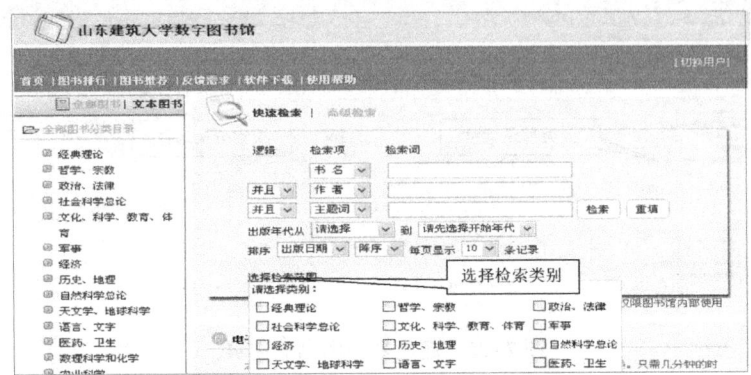

图7-26 超星数字图书馆高级检索界面

(3)分类目录浏览

在超星数字图书馆主页中提供了分类目录浏览功能。按照中国图书分类法,超星将其数字化图书分为22个大类,这些大类又逐级划分为若干个子类及下级类目,用户单击至最后一级类目时,系统将显示相关图书信息,如图7-27所示。分类目录浏览方式适用范围广,既适合不了解图书具体信息的读者使用,也适合对中图法较为熟悉的专业人员使用。

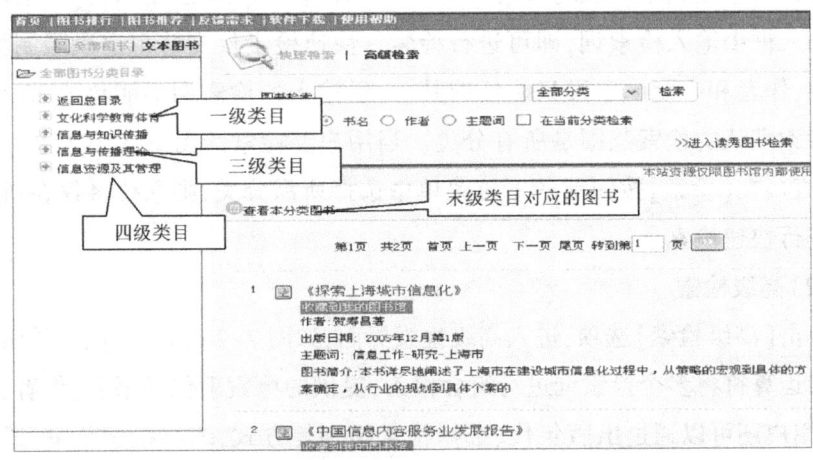

图7-27 超星图书馆信息资源及其管理类目的相关图书

## 4. 检索结果处理

检索结果界面如图 7-28 所示。在此界面中,系统提供了检索结果记录总数、图书书名等相关信息。用户可根据个人偏好和需要,设置排序方式、显示方式、页显示记录数,也可在结果中进行二次检索。系统默认的排序方式是按出版日期排序,也可选择按书名排序。通常,检索结果页面会默认显示图书的详细信息,包括书名、作者、出版日期、主题词、图书简介等信息。若不需要详细信息,单击【按列表显示】按钮,将仅显示相关图书的书名。

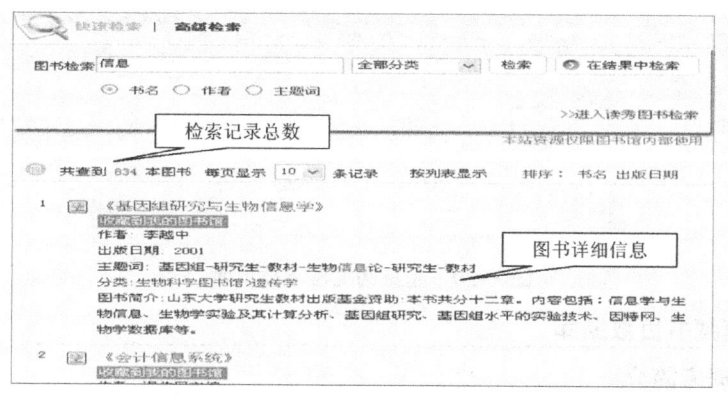

图 7-28　超星数字图书馆检索结果界面

若用户所用的计算机没有安装超星阅览器,系统会在书名的下方显示红色的信息,提示用户下载安装浏览器。只有安装超星阅览器后,单击所需查看的书名链接,才能阅览图书的正文内容,如图 7-29 所示。

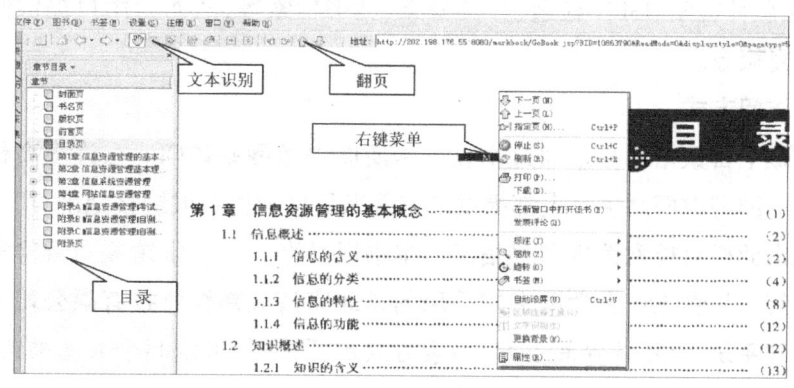

图 7-29　超星阅览器主界面

若用户需要下载图书,则可在该界面右击,单击弹出菜单中的【下载】按钮,即可进入下载选项界面。用户也可通过点击主菜单中的【图书】->【下载】项,进入下载选项界面。在下载界面中,用户需要选择下载文件的保存位置。用户既可自由选择存放路径,也可通过选择分类,将文件保存到超星阅览器指定的路径中,单击【确定】按钮,即可进入下载页面,如图7-30所示。下载结束时系统会提示用户。值得注意的是,超星阅览器下载的图书有效使用期为180天,过期后如需继续使用,必须重新下载。

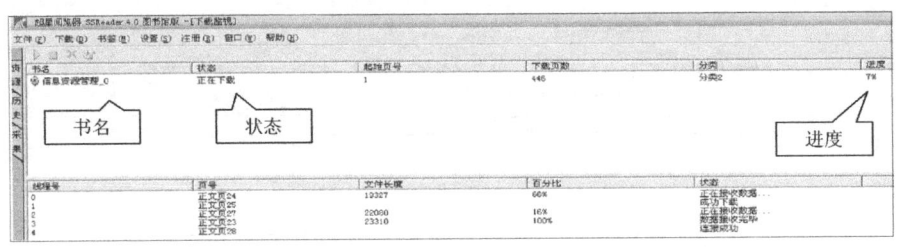

图7-30　超星阅览器下载页面

### 7.2.5　馆藏书目数据库

**1. 数据库简介**

馆藏书目数据库是信息机构为揭示本单位纸本馆藏书目信息而建立的数据记录库,通常以联机公共目录查询系统(Online Public Access Catalogue,OPAC)体现,使用户能够通过互联网实现馆藏书目的查找和借阅。根据馆藏图书和期刊的特征,OPAC系统可以轻松实现多种类型的检索,如书名检索、作者检索、出版社检索、ISBN检索、分类检索、丛书检索等,从而为用户提供便捷的书目信息服务。

**2. 访问方式**

馆藏书目数据库必须通过本校或本所图书馆网站访问。在许多高校和科研院所的图书馆网站主页上都提供了馆藏书目检索栏目或链接地址,用户可以通过单击此栏目检索馆内藏书信息。本书以长春工业大学馆藏书目检索系统为例讲解。长春工业大学图书馆采用的是北京清大新洋科技有限公司开发的图书管理系统,该系统界面友好,检索方式灵活多样,可定制个人图书馆,实现读者荐购图书、预约借书等多种功能,如图7-31所示。

## 3. 检索方法

长春工业大学图书馆 OPAC 系统提供了简单检索、多库检索、高级检索、分类浏览、新书新刊、期刊导航等检索方式,实现了期刊和图书整合检索的功能。

(1) 简单检索

简单检索是系统默认的检索方式,用户直接输入检索词,并选择相应的检索项即可进行检索,如图 7-31 所示。该系统提供的检索项包括题名、责任者、主题、索书号、出版者、ISBN/ISSN、语言、出版时间、主分类、入藏时间、任意词。默认为题名检索。在排序方式上,系统提供按题名、作者、索书号、出版社、入藏时间的升序和降序排列,默认为按出版时间降序排列。在显示格式上,可以按详细、表格以及表格封面三种格式显示检索结果。

图 7-31 长春工业大学馆藏书目检索系统主页

(2) 多库检索

单击【多库检索】选项,进入多库检索界面,如图 7-32 所示。多库检索是在简单检索的基础上,加上数据库的选择列表实现的,用户可以在数据库列表中选择相应的数据库进行检索,默认状态下选择全部数据库。数据库列表是依据图书馆实际拥有的数据库为准建立的,包括中西文图书期刊数据库以及特色馆藏数据库。

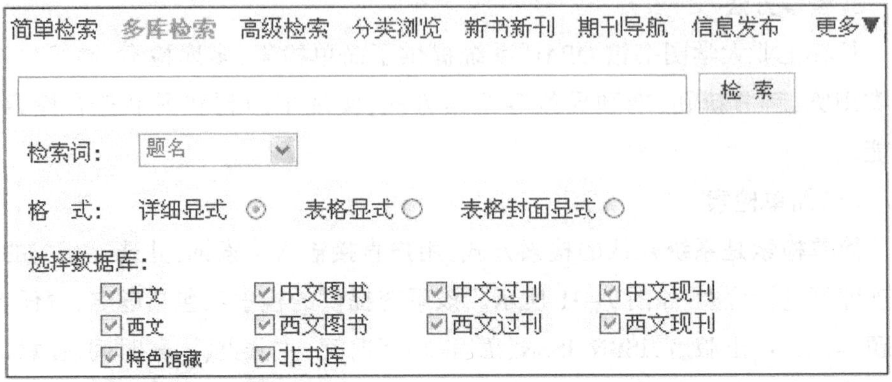

图 7-32　馆藏书目数据库多库检索界面

(3) 高级检索

单击【高级检索】选项，进入高级检索界面，如图 7-33 所示。高级检索是通过对多个检索条件的组合来达到检索目的的检索方式。它设置了一个类型选择项和三个条件选择项，三个条件选择项之间采用逻辑运算符进行连接，以精确提炼检索结果。

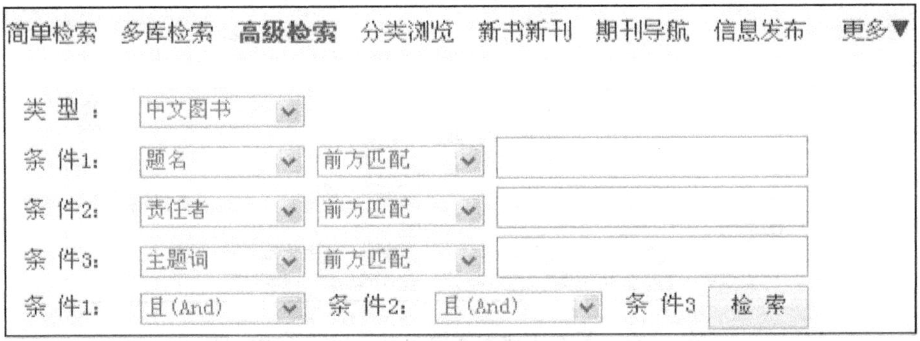

图 7-33　馆藏书目数据库高级检索界面

(4) 分类浏览

单击【分类浏览】选项，进入分类浏览界面，如图 7-34 所示。分类浏览是按中图法将所有书刊划分为 A～Z 等 22 个大类，然后进行逐级划分，直到将所有馆藏书刊归为合适的类为止。此功能是一种分类导航的方式，比较直观，适用于快速查找某一主题类别的资料。

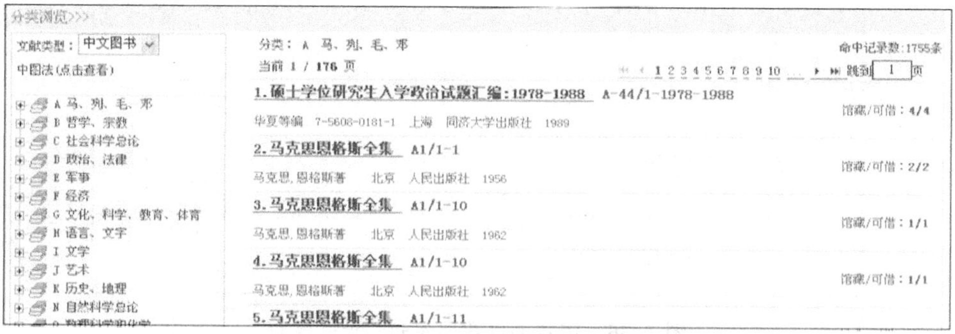

第7章　基于数据库检索的信息采集

图 7-34　馆藏书目数据库分类浏览界面

(5) 新书新刊

单击【新书新刊】选项,用户可查找最近一段时间入藏的图书或期刊,如图 7-35 所示。在此页面中,用户可按入藏时间、出版时间、馆藏单位以及排序方式等对检索结果加以限定。

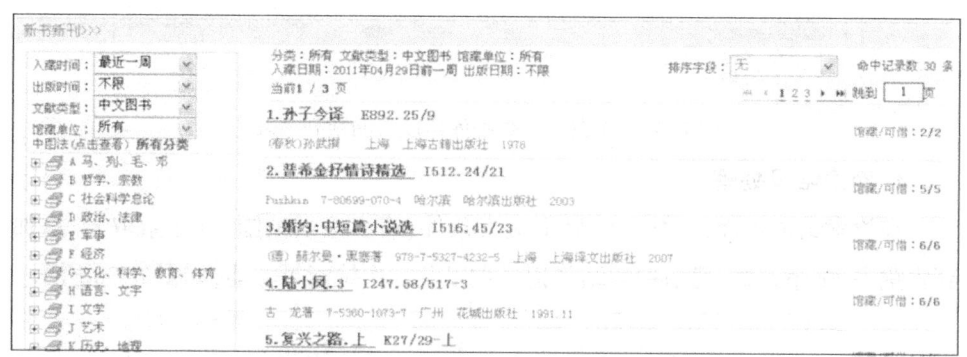

图 7-35　馆藏书目数据库新书新刊检索界面

(6) 期刊导航

单击【期刊导航】选项,用户可查看本馆订购的中西文期刊信息。通常,按字母 A~Z 的顺序导航馆藏期刊。单击相应的字母,会出现以该字母为首字符的期刊列表,如图 7-36 所示。在期刊导航界面中,还提供【年度订购期刊】选项。用户既可按订购的年度了解期刊订阅情况,也可按刊名、分类号、出版社及 ISSN 等选项查找相关期刊,如图 7-37 所示。

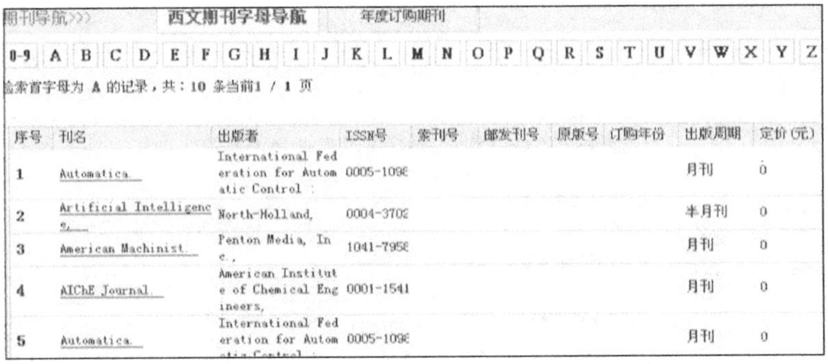

## 信息采集

图7-36 馆藏书目数据库期刊导航界面

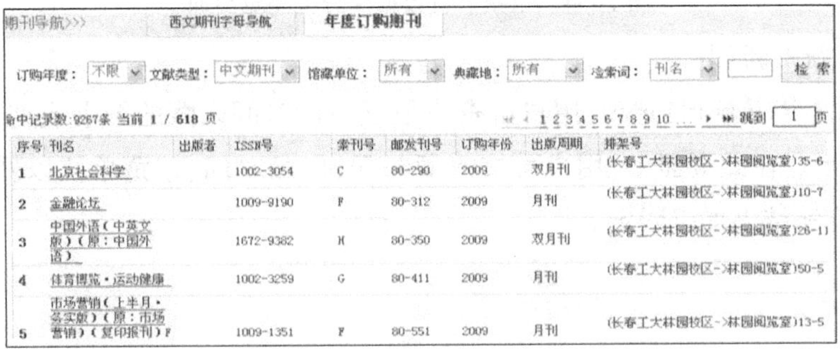

图7-37 馆藏书目数据库年度订购期刊列表

### 4. 检索结果处理

在检索结果界面，系统提供显示检索条件、缩小检索范围、打印索取号、添加到收藏夹、排序方式、显示检索结果记录数以及二次检索等功能，如图7-38所示。

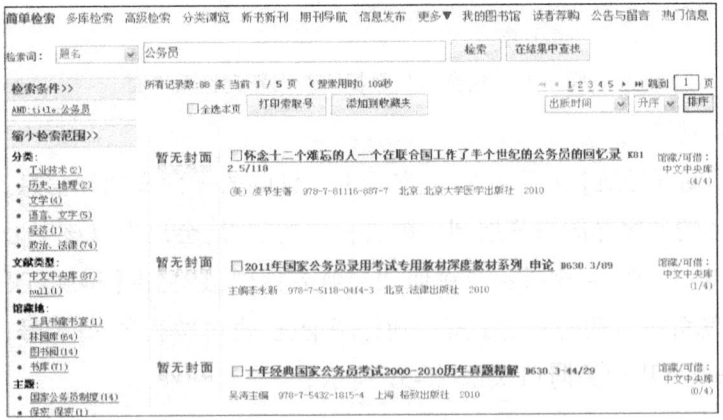

图7-38 馆藏书目数据库检索结果界面

在检索结果列表中,单击某条记录,即可查看该记录对应的书刊详细信息及典藏情况,如图 7-39 所示。相关信息主要包括题名/责任者、ISBN 号/定价、主题词/索书号、典藏地、借还书状态、在库图书册数等。系统还提供书目信息、卡片、MARC 三种图书信息显示格式,默认为书目信息显示格式。

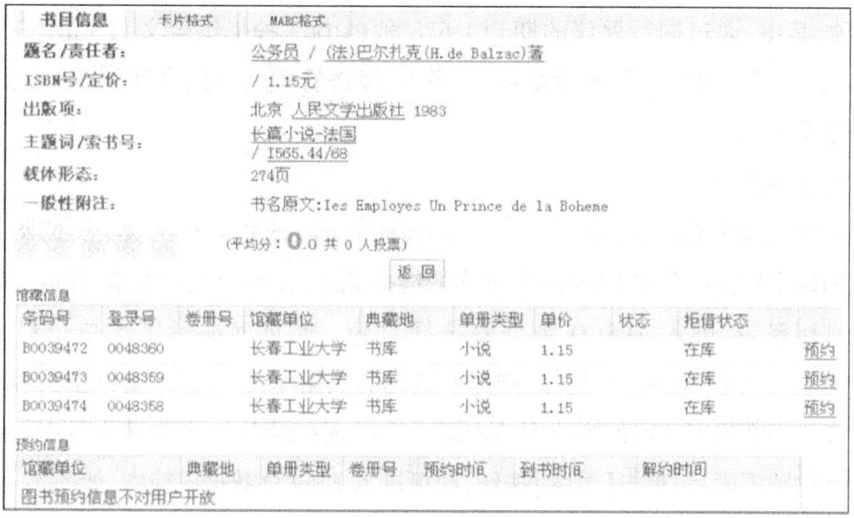

图 7-39　馆藏书目数据库检索结果记录的书目信息

## 7.3　常用外文数据库检索

外文数据库的发展历史较长,尤其是一些英文数据库,已成为学术界必备的信息资源。目前,比较常用的外文数据库有 EBSCO、SpringerLink、Wiley、ProQuest、CSA 等,本书将简要介绍这几种常用的外文数据库的使用方法。

### 7.3.1　EBSCO 数据库

**1. 数据库简介**

EBSCO 数据库由 EBSCO 数据公司创建。该公司成立于 1944 年,具有 60 多年的发展历史,专门提供期刊、文献订购及出版等大型文献服务。EBSCO 总部位于美国,分部遍及全球 19 个国家,服务于全球 200 多个国家和地区。该公司 1986 年开始出版电子出版物,共开发了 100 多个电子文献数据库,包括近万种期刊索引,全文期刊 6 000 多种,其中一半以上为 SCI、SSCI 来源期刊,涉及自然科学、社会科学、人文和艺术、教育学、医学等多个学术领域。其主要产品

ASP 学术资源数据库(Academic Search Premier)共收录期刊 7 699 种,其中,通过同行评议的期刊 6 553 种(3 123 种提供全文),SCI&SSCI 收录期刊 993 种,内容涵盖工商、经济、信息技术、人文科学、社会科学、通信传播、教育、艺术、文学、医药等多个领域。BSP 商业资源数据库(Business Source Premier)共收录期刊 4 432 种,其中,通过同行评议的期刊 1 678 种(1 067 种提供全文),SCI&SSCI 收录期刊 398 种,内容涉及国际商务、经济学、经济管理、金融、会计、劳动人事、银行等多个主题。

### 2. 访问方式

在浏览器中输入 http://search.ebscohost.com/,或者在本校或本所的图书馆网站的数字资源中单击 EBSCO 数据库的链接地址,在本校或本所 IP 许可范围内可以直接登录,进入 EBSCO 数据库选择页面。此页面显示了本单位订购的 EBSCO 数据库状况,用户可在此选择要查询的数据库,也可进入查询主页后选择数据库。在数据库前面的方框中单击即可选中该数据库,☑即为选中状态。选中要查询的数据库后,单击【继续】按钮,即可进入 EBSCO 数据库检索,如图 7-40 所示。在此页面中,用户可选择页面语言,还可查看检索历史记录,可进行检索首选项的设置,还可以查看新增的功能。单击 按钮或单击【帮助】菜单,可查询帮助信息。用户还可查看各商业公司概况、作者简介、各数据库的索引信息、不同数据库收录的主题等信息。另外,还提供了设置检索条件选项的功能,除了设置一些公共限制条件外,还针对不同的数据库设有不同的选项。

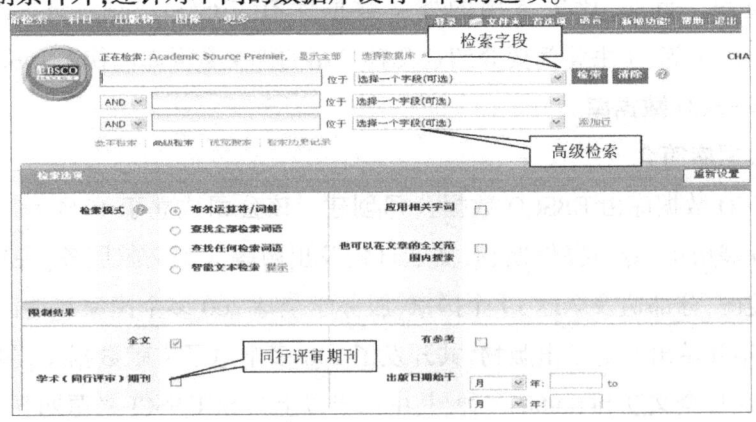

图 7-40　EBSCO 数据库主页

### 3. 检索方法

EBSCO 数据库提供了基本检索、高级检索、视觉检索等检索方法。

(1) 基本检索

单击【基本检索】选项,进入基本检索界面,如图 7-41 所示。用户在输入框内输入检索词后,单击【检索】按钮,系统将在各检索字段中查找与检索词匹配的记录,并反馈给用户。基本检索方便快捷,但当检索词过于宽泛时,容易出现检索结果过多的情况。

图 7-41 EBSCO 数据库基本检索界面

(2) 高级检索

高级检索是系统默认的检索方式,如图 7-40 所示。高级检索提供的检索字段有全文(TX)、作者(AU)、题名(TI)、学科分类(SU)、资源类型(SO)、摘要(AB)、ISSN 号(IS)等。用户可通过【添加行】来添加检索条件,进行组合检索。

(3) 视觉搜索

单击【视觉搜索】选项,进入视觉搜索界面,如图 7-42 所示。视觉搜索是 EBSCO 特有的检索方式,是通过一种视觉导航的方式实现检索结果的显示。

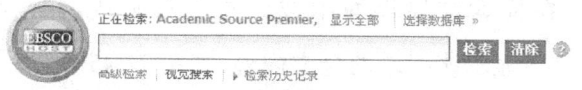

图 7-42 EBSCO 数据库视觉搜索界面

用户输入检索词,单击【检索】按钮,即可获得视觉检索结果,如图 7-43 所示。视觉检索以一种图形链接的方式显示检索结果,并可实现滚动效果查看所有记录。在此页面中,提供了组结果、排序结果和按日期过滤结果等方式。其中,组结果分按科目和出版物两种,排序结果分按日期和相关性两种。同时,并提供了按行(如图 7-43)和按块显示方式,给用户一种舒适的视觉感受。用户单击任何一个检索结果记录,即可在右侧的摘要栏【Summary】显示该记录的简要信息。单击【More】按钮,还可查看该记录的详细信息。

# 信息采集

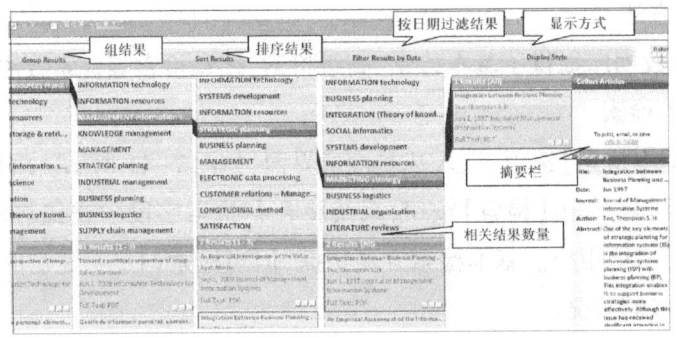

图 7-43　EBSCO 数据库视觉搜索结果界面

### 4. 检索结果处理

检索结果界面显示了命中记录数，相关记录的题名、作者、来源、摘要等信息，如图 7-44 所示。页面左侧提供了【全文】、【有参考】、【学术（同行评审）期刊】等精确检索结果选项。另外，用户可以在页面左侧设定检索日期范围，设定对期刊、新闻、报告、政府文档等具体的文献类型进行检索。若用户发现输入的检索词有错误，可以在检索前单击 清除 按钮，将其清除后可重新输入新的检索词进行检索。系统还提供了下载、保存、共享检索结果记录，对检索结果进行排序、设置检索结果的页面等功能。另外，用户还可将部分检索结果记录添加至文件夹中。单击 添加至文件夹 按钮，系统自动建立一个可存放检索结果记录的文件夹，并在界面右侧显示出文件夹中的对象信息。单击【文件夹视图】即可查看文件夹内容。在检索结果界面中或者在文件夹内容显示界面中，单击 PDF全文 按钮，即可显示该记录的全文内容，如图 7-45 所示。用户既可单击 按钮将全文内容以 PDF 格式保存到个人电脑中，也可以执行复制、打印、放大、缩小、标记等操作。

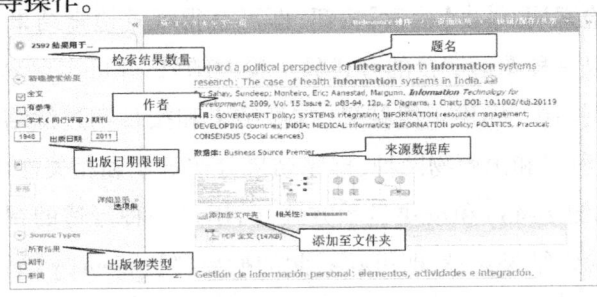

图 7-44　EBSCO 数据库检索结果界面

第7章 基于数据库检索的信息采集

图 7-45　EBSCO 数据库全文内容显示界面

### 7.3.2　SpringerLink 数据库

**1. 数据库简介**

SpringerLink 数据库自 1996 年推出以来,已成为全球领先的在线科学技术全文数据库。SpringerLink 新版平台为全世界 600 家企业客户、超过 35 000 个机构提供在线检索服务,服务范围涵盖各个研究领域,提供 2 600 多种同行评议学术期刊。Springer 电子图书数据库包括专著、教科书、手册、地图集、参考工具书、丛书等多种资料。Springer 数据库划分为建筑与设计(Architecture and Design)、行为科学(Behavioral Science)、生物和生命科学(Biomedical and Life Sciences)、商业与经济学(Business and Economics)、化学和材料科学(Chemistry and Materials Science)、计算机科学(Computer Science)、地球和环境科学(Earth and Environmental Science)、工程学(Engineering)、人文社会科学与法律(Humanities, Social Sciences and Law)、数学和统计学(Mathematics and Statistics)、医学(Medicine)、物理和天文学(Physics and Astronomy)、计算机职业技术与应用(Professional and Applied Computing)等学科子库。并提供中国在线科学和俄罗斯在线科学两个特色图书馆,为科研人员提供了强有力的信息资源保障体系。

**2. 访问方式**

SpringerLink 数据库提供了以下两种访问方式:

(1)远程访问。在浏览器中输入 http://www.springerlink.com/,以用户名和密码登录,用户可进入 SpringerLink 数据库主页进行远程访问。

(2)镜像访问。SpringerLink 数据库在国内清华大学图书馆设置了镜像网站 springer.lib.tsinghua.edu.cn,各机构用户可通过此镜像网站进行访问,如图

7-46所示。

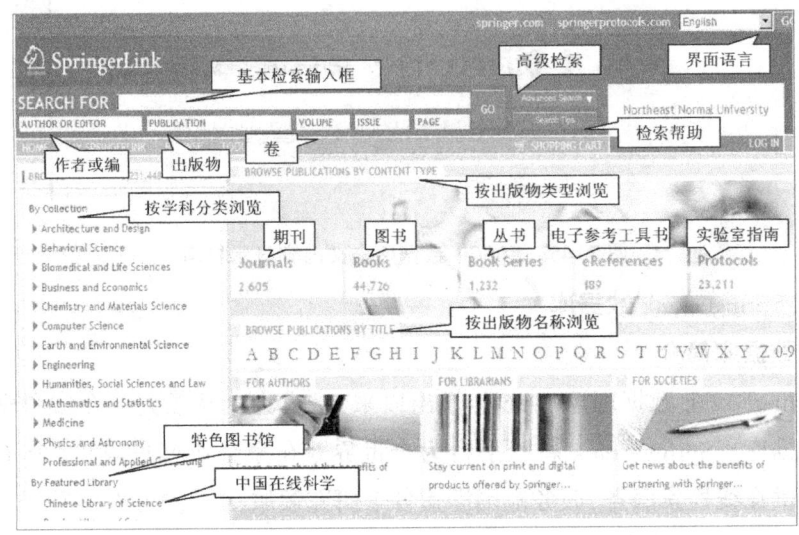

图 7-46  Springer Link 数据库主页

在 SpringerLink 数据库主页中，用户可按学科分类、特色图书馆、出版物类型、出版物名称字顺导航等方式浏览相关信息，也可以在页面上方进行基本检索。同时，还可在右上角语言选择栏中设置相应语言，单击 GO 按钮即可进入相应语言页面。目前 SpringerLink 只支持英语和德语两种语言，其他语言正在开发中。

**3. 检索方法**

SpringerLink 数据库提供了基本检索和高级检索两种检索方法。

（1）基本检索

基本检索是 SpringerLink 数据库默认的检索方式，如图 7-46 所示。基本检索提供检索词输入框和检索项输入框。检索词输入框用于输入检索词，检索项输入框中用于输入作者或编者、出版社、卷期号及页码等相应的检索项内容。用户可以一次检索多个类型的文献，如期刊、图书等。还可以通过作者或编者进行检索，此处的作者既可以是期刊论文作者，也可以是图书编著者，还可以是参考工具书的编制者；既可以是第一作者，也可以是其他作者。

（2）高级检索

单击【高级检索】按钮，进入高级检索界面，如图 7-47 所示。高级检索包括

# 第7章 基于数据库检索的信息采集

多个检索条件输入框以及多个单选项,比基本检索要复杂得多,适合专业人员和检索经验丰富的用户使用。在检索内容控制方面,用户可在【CONTENT】下方输入检索词,选择在【FULL TEXT】全文、【TITLE&ABSTRACT】题名与摘要或【TITLE ONLY】题名中进行查询。在引用文献控制方面,用户可在【CITATION】下方输入引用文献的题名、DOI、ISSN/ISBN 号等相应信息。在出版物类型限制方面,可以选择在【Only Journals】期刊、【Only Books】图书、【Only Protocols】指南或【All Categories】所有类型中检索。在日期控制方面,用户既可以选择在所有日期中检索【ENTIRE RANGE OF PUBLICATION DATES】,也可以设置起讫日期【PUBLICATION DATES BETWEEN】。在检索结果排序方面,可以选择按相关度降序【MOST RELEVANT FIRST】、出版日期降序【MOST RECENTLY PUBLISHED FIRST】和字顺【ALPHABETICAL】等方式排序。另外,用户可以输入数字对象标识符【DOI】、作者【Author】、编者【Editor】、卷号【Volume】、期【Issue】、页码【Page】等进一步精炼检索结果。用户输入检索词及检索项后,单击 GO 按钮,即可获得相应的检索结果。

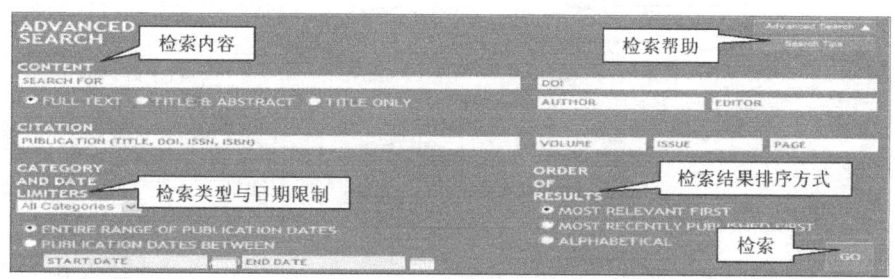

图 7-47 SpringerLink 数据库高级检索界面

### 4. 检索结果处理

在检索结果页面,SpringerLink 提供了检索结果记录数、命中记录具体信息、检索结果排序【Sort by】、二次检索【Filter These Results】、查看摘要【Show Summary】、下载【Download】等多种功能,还在页面右上角提供对检索结果记录的 RSS 订阅、保存和打印的功能,如图 7-48 所示。在每条记录的前方有一个方框,方框无颜色时,表明该文献不能获取全文,如果方框中标有 ■ 符号,表明该文献可以获取全文。系统提供三种全文下载和浏览方法:用户点击记录下方的 Download PDF 按钮,系统会自动在 IE 浏览器或 PDF 阅览器中打开对应的 PDF

## 信息采集

全文,供用户阅读和利用。用户点击记录下方的  按钮,系统会自动用 IE 浏览器打开该文档,供用户在线阅读。用户点单记录下方的 Look Inside 按钮,系统将以 PDF 格式提供章节级预览,可清楚了解其在图书或期刊中的位置,如图 7-49 所示。

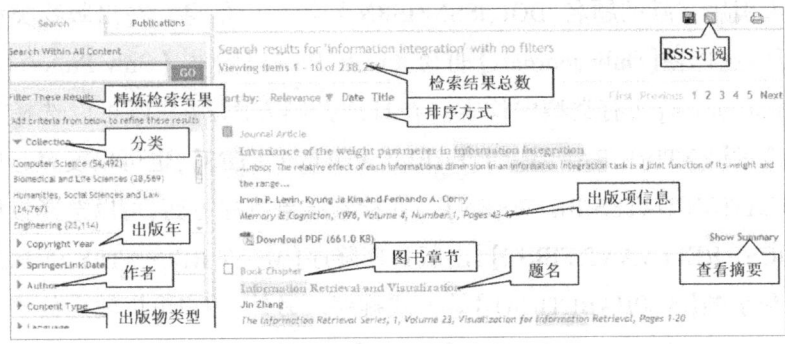

图 7-48　SpringerLink 数据库检索结果界面

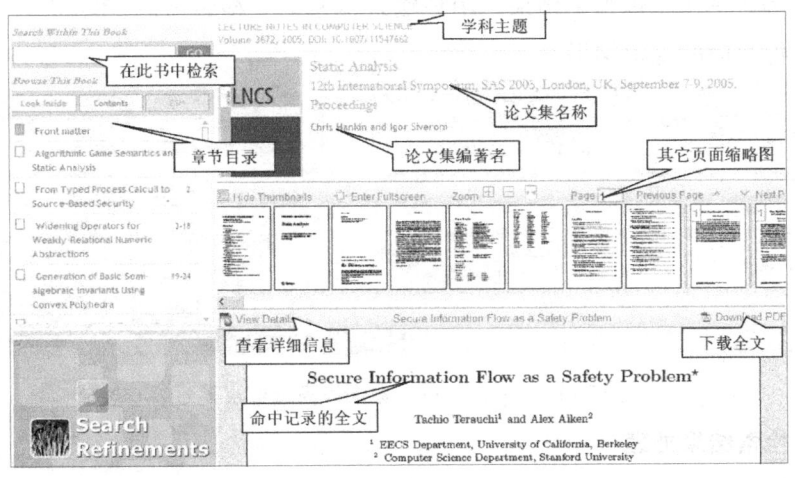

图 7-49　SpringerLink 数据库 LookInside 阅读界面

### 7.3.3　Wiley 数据库

**1. 数据库简介**

Wiley 数据库由约翰威立父子出版公司(John Wiley & Sons Inc)创建,该公司成立于 1807 年,是从事期刊、图书出版的专业公司。公司出版的学术期刊质量很高,尤其在化学化工、生命科学、高分子及材料学、工程学、医学等领域更加突出。在 Thomson ISI(包括 SCI、SSCI 和 A&HCI)中,Wiley 期刊被收录的比例为 59.9%；在 EI 中，Wiley 期刊被收录的比例为 47.8%。Wiley Online Library 在线平台已收录 1 500 多种期刊、10 000 多种在线图书、数百种参考工具书及实验室指南 400 多万条记录，囊括化学化工、生命科学、医学、高分子与材料学、工程学、数学与统计学、物理与天文学、地球与环境科学、计算机科学、工商管理、法律、教育学、心理学、社会学等 14 个学科领域。该平台还实现了与 SCI、EI 等重要的二次文献检索数据库的全文链接，从这些平台可直接查看 John Wiley 全文。

**2. 访问方式**

在浏览器中输入 http://onlinelibrary.wiley.com/，或者在本校或本所的图书馆网站的数字资源中单击 Wiley 数据库链接，在本单位 IP 许可范围内可以直接登录，进入 Wiley 数据库主页，如图 7-50 所示，按学科、资源、出版物等方式浏览相关文献信息。

图 7-50 Wiley 数据库主页

**3. 检索方法**

Wiley 数据库提供了基本检索和高级检索两种检索方式。

（1）基本检索

在 Wiley 数据库主页中提供了基本检索的功能，如图 7-50 所示。基本检索只提供一个检索词输入框和两个检索项单选框。在基本检索中，系统提供了【All content】查询所有字段和【Publication titles】按出版物题名查询两个单选框。如果用户登录个人账号的话，单击【Saved search】便可将检索历史记录保存到个人账号中，以便以后浏览和使用。

信息采集

(2) 高级检索

在主页中,单击【Advanced search】按钮,进入高级检索界面,如图 7-51 所示。高级检索中,用户可以对检索条件进行组合检索。可检索字段包括出版物题名【Publication Titles】、期刊题名【Article Titles】、作者【Author】、全文【Full Text】、摘要【Abstract】、作者单位【Author Affiliation】、关键词【Keyword】、基金代理【Funding Agency】、ISBN/ISSN、文献标识【Article DOI】、参考文献【References】等。在高级检索中,若检索条件不够时,可通过单击 Add another row > 增加检索行来添加检索条件,最多可添加 12 个检索行。单击 Search Tips > 按钮,可查看相关检索帮助信息。

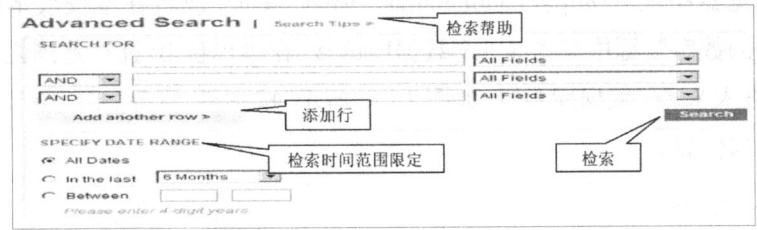

图 7-51　Wiley 数据库高级检索界面

2. 检索结果处理

用户输入检索词,选择相应的检索项后,单击 或【Search】按钮,即可获得检索结果列表,如图 7-52 所示。在此页面中,提供了检索结果记录数显示、排序方式、按文献类型缩小检索结果范围等功能。单击每个检索结果记录前的复选框 或 Select All,可选定检索记录,并对其进行保存到文件夹【Save to profile】或输出题录【Export Citation】等操作。

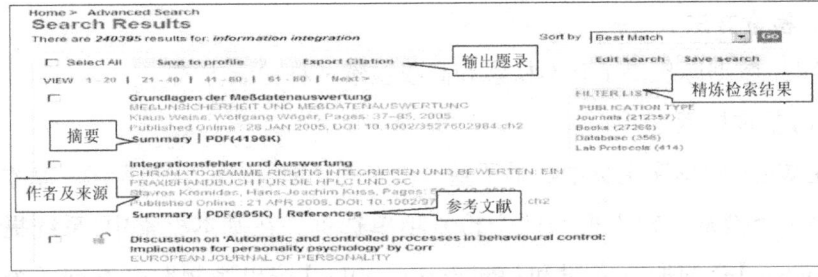

图 7-52　Wiley 数据库检索结果界面

每条检索结果记录下方提供了【Summary】或【Abstract】、【PDF】或【Full

— 216 —

Article(HTML)】、【References】浏览等功能。单击检索结果记录下方的【Summary】或【Abstract】按钮,会出现对应文献的摘要信息,如图7-53所示。图书或实验室指南的摘要信息用【Summary】表示,期刊文献的摘要信息用【Abstract】表示。若检索记录前标有 符号,表明该文献可以获取全文。用户可单击【GET PDF】按钮来获取PDF全文,也可将此文献信息发送到电子邮件中或保存到个人电脑中或输出引用,还可将此文档共享到Facebook或Digg中。另外,用户还可以点击【References】查看参考文献信息。

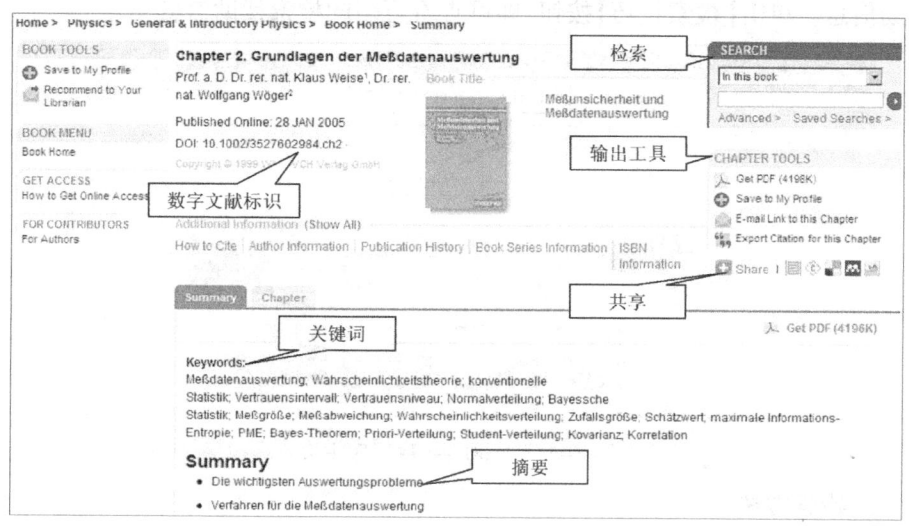

图7-53 Wiley数据库文献的Summary信息

### 7.3.4 ProQuest数据库

**1. 数据库简介**

ProQuest数据库由ProQuest公司开发。该公司前身为UMI,2007年与CSA合并后成立ProQuest公司。该公司提供ABI/INFORM全文库、ProQuest硕博论文数据库、ProQuest学科集成数据库等100多个文字、图像及文摘数据库,并开发了ProQuest在线服务平台,将多个数据库整合到一个平台界面中,轻松实现了多库整合检索。通过ProQuest平台,用户可以了解最新的学科领域信息、新兴的商务策略,甚至好莱坞最近的热门电影。

## 2. 访问方式

ProQuest 数据库提供了旧版和新版两种访问方式,旧版更新速度慢,界面比较落后,功能少,其地址为 http://proquest.umi.com/login。新版更新速度快,使用界面友好,功能丰富,其地址为 http://search.proquest.com/index。本书以新版为例进行讲解。输入新版地址,即可进入 ProQuest 数据库主页,如图 7-54 所示。在 ProQuest 主页中,用户可了解该数据库涵盖的学科领域,如健康与医学、科学和技术、历史、商业、社会科学等。此页还提供个性化检索界面设置和检索帮助信息。单击【检索技巧】按钮,即可查看更多的检索帮助信息。

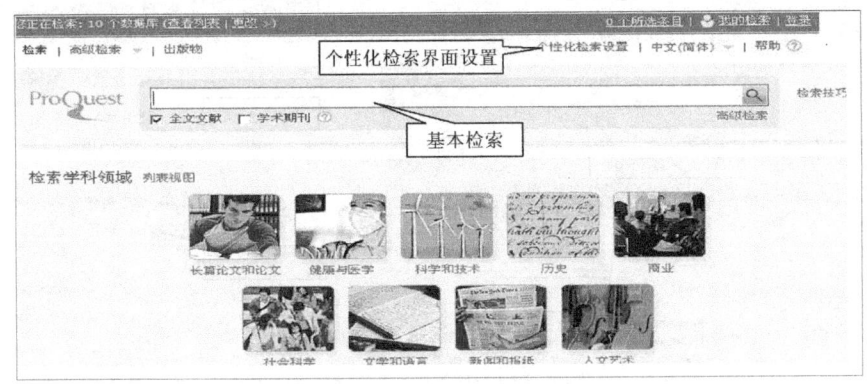

图 7-54　ProQuest 数据库主页

## 3. 检索方法

ProQuest 数据库提供了基本检索和高级检索两种检索方式。

（1）基本检索

在 ProQuest 数据库主页中,提供了基本检索方式,如图 7-54 所示。用户在输入框输入检索词,选择【全文文献】或【学术期刊】复选框后,执行检索操作,系统便会按检索条件查找与检索词相匹配的文献,该方式简单、灵活、易操作,适合初级用户使用。

（2）高级检索

在主页中,单击【高级检索】按钮,进入高级检索界面,如图 7-55 所示。ProQuest 提供普通高级检索、以引文查找全文、命令行检索、查找相似内容、讣告检索等多种检索功能。另外,用户还可通过【近期检索】功能查看检索历史记录。

### 1）普通高级检索

在【高级检索】选项中，提供了 10 多个可检索字段供用户选择，如标签【TAG】、出版物名称【PUB】、文档标题【TI】、主题词【SU】等。若现有检索条件不能满足当前的检索要求时，用户可通过添加行的功能增加检索条件，最多可增加 7 行。若输入的检索词有错误需重新输入时，可通过清空检索表格功能，将其清除后再重新输入即可。在此页面中，还提供了日期限定、排序方式选择、来源类型、文档类型、文档特征、语言等更多选项，用户可根据检索需要选择使用。页面右侧不仅提供词库、领域代码、检索提示等检索帮助，还提供了可检索学科领域图标，用户可使用为各学科定制的检索表单进行检索，如图 7-55 所示。

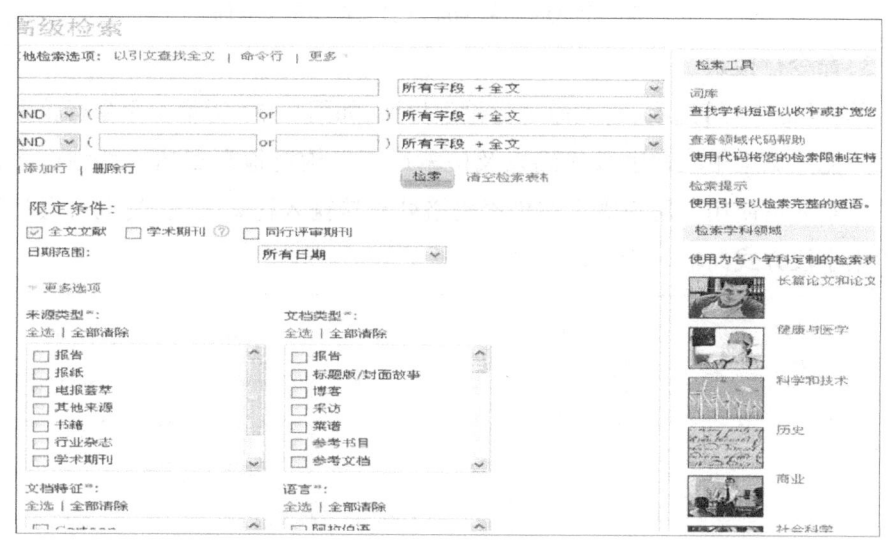

图 7-55 ProQuest 数据库高级检索界面

### 2）以引文查找全文

单击【以引文查找全文】选项，进入图 7-56 所示的检索界面。以引文查找全文是通过对文献引文信息的检索来查找文献全文。提供的检索字段有文档标题、作者、出版物名称、ISSN、ISBN、卷、期、起始页、日期范围、DOI、文档 ID 等。另外，还提供了排序条件和每页显示条目数等两种显示选项功能，页面右侧提供相应的检索提示信息。

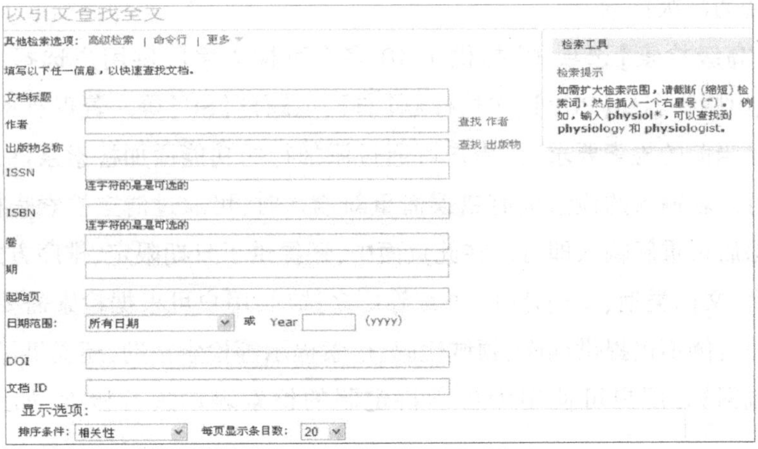

## 信息采集

图7-56 ProQuest数据库以引文查找全文界面

3）命令行检索

单击【命令行】选项，进入命令行检索界面，如图7-57所示。命令行检索要求用户能熟练运用检索字段代码以及检索运算符构造检索表达式，因此，适合专业检索人员使用。用户既可在检索表格处直接输入检索表达式，也可通过添加检索字段方式向输入检索表达式。

图7-57 ProQuest数据库命令行检索界面

4）查找相似内容

单击【查找相似内容】选项，进入查找相似内容检索界面，如图7-58所示。在检索词输入框中输入或粘贴部分文档文本，系统会自动检索与此段内容相似的文献全文，这对于文献查重很有帮助，用户可用此功能来了解相关文章的相

# 第7章 基于数据库检索的信息采集

似程度。

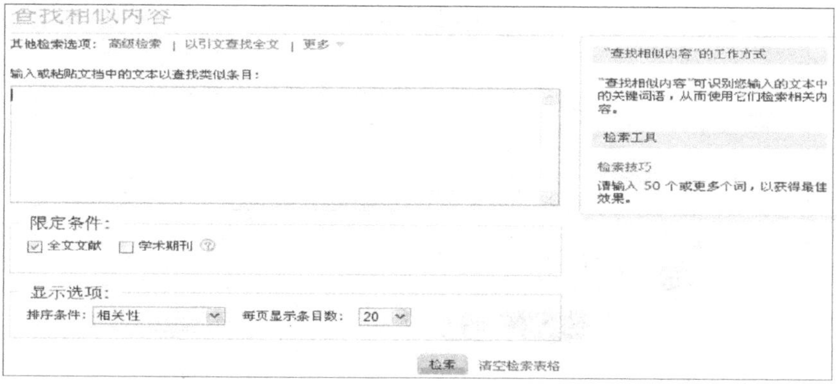

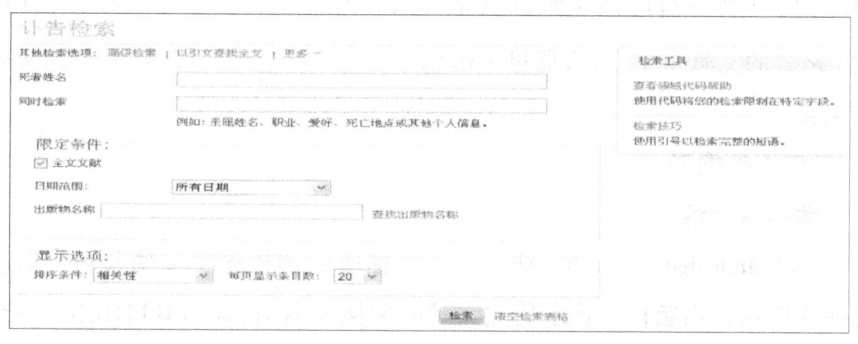

图 7-58　ProQuest 数据库查找相似内容界面

5）讣告检索

单击【讣告检索】选项，进入讣告检索界面，如图 7-59 所示。讣告检索是用来检索已故作者发表的文献内容。用户可通过输入已故作者姓名来查找其相关文献，也可以通过输入已故作者的亲属姓名、职业、爱好、死亡地点等信息来查找相关信息。

图 7-59　ProQuest 数据库讣告检索

## 4. 检索结果处理

检索结果页面除提供检索结果记录数、推荐主题、检索记录详细信息外，还提供配置提醒、排序方式选择等功能。用户单击检索结果记录序号前的复选框，选中需要的检索记录，可采用 RSS 订阅、保存、打印、引用、导出等方式输出检索结果。另外，系统还提供按来源类型、出版物名称、文档类型、主题、分类等多种标准缩小检索结果，如图 7-60 所示。

# 信息采集

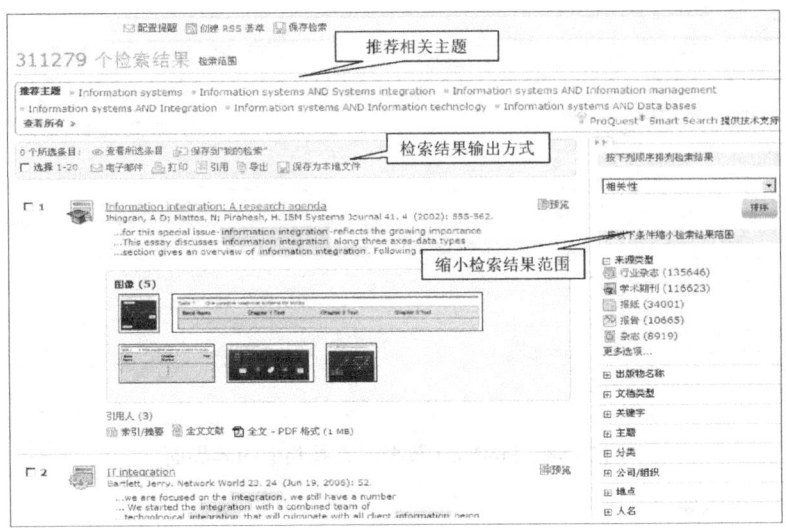

图 7-60　ProQuest 数据库检索结果界面

对每条检索记录,系统除提供题名、作者、出版项等基本信息外,还提供【图像】、【索引/摘要】、【引用人】、【全文】等详细信息。单击检索结果记录下方的【引用人】,可查看引用该文献的文献列表信息。单击 全文文献 按钮,可查看 HTML 格式的文献全文,也可通过单击 全文 - PDF 格式(1 MB) 按钮,下载该文献的 PDF 全文。

### 7.3.5　CSA 数据库

**1. 数据库介绍**

CSA(Cambridge Scientific Abstracts)数据库由剑桥科学文摘公司出版。该数据库主要编辑出版科学技术研究文献的文摘及索引,采用 ILLUMINA 平台提供 100 多个全文及文摘数据库,覆盖了包括生命科学、水科学与海洋学、环境科学、计算机科学、材料科学以及社会科学等多个学科领域。该系统使用界面友好,检索方便,提供多种方式下载检索结果,数据可回溯至 1960 年,每日更新,是获得科技信息的重要信息源。

**2. 访问方式**

CSA 数据库提供了以下两种访问方式:

(1)远程访问。在浏览器中输入 http://www.csa.com/,以用户名和密码登录,可进入 CSA 数据库主页进行远程访问。

(2)镜像访问。CSA 数据库在国内清华大学图书馆设置了镜像网站,镜像网站地址为:http://csa.tsinghua.edu.cn/,各单位可通过此镜像网站进行访问。

**3. 检索方法**

CSA 数据库提供了快速检索、高级检索等检索方式。

(1)快速检索

单击【Quick Search】选项,进入快速检索界面,如图 7-61 所示。快速检索简单、易用。用户在【Search】前的输入框输入检索词,单击【Search】按钮即可进行快速检索。系统提供艺术与人文【Arts&Humanities】、自然科学【Natural Sciences】、社会科学【Social Sciences】、工程技术【Technology】等多个学科领域,用户可选择在某一学科领域检索,不选时默认对所有领域检索。另外,用户可在【Date Range】中对时间范围进行限制,在【Specific Databases】中查询本单位订购的数据库,选择相应的数据库进行检索。

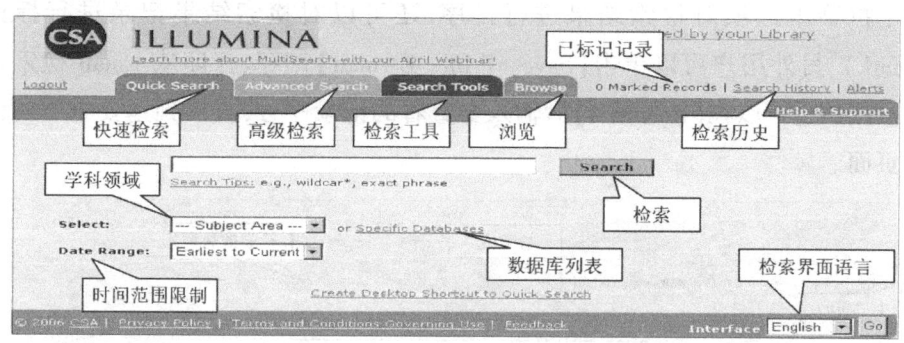

图 7-61 CSA 数据库快速检索界面

(2)高级检索

单击【Advanced Search】选项,进入高级检索界面,如图 7-62 所示。高级检索提供的可检索的字段有关键词(Keywords)、作者(Author)、题名(Title)、摘要(Abstract)、来源(SO)等,用户可对各检索字段使用逻辑算符进行组合检索,还可通过单击【Add Row】或【Remove Row】按钮,来增加或减少检索行。另外,系统还提供已出版著作【Published Works】、图表【Tables&Figures】等检索选项页面,系统默认页面为【All】。

# 信息采集

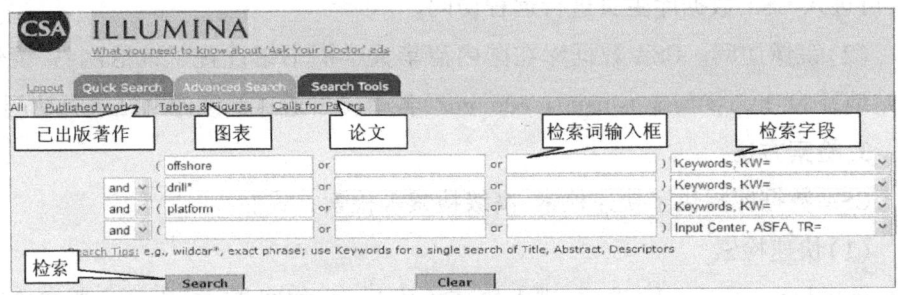

图 7-62 CSA 数据库高级检索界面

### 4. 检索结果处理

在检索结果页面，用户可查看各类资源的检索结果状况，系统提供的资源类型主要有期刊论文【Journals】、同行评审期刊论文【Peer Reviewed Journals】、图书【Books】、会议文献【Conferences】等，如图 7-63 所示。可通过【Sort By】后的下拉菜单选项对检索结果进行排序，还可以对检索结果记录进行标记（Mark），另外用户可以单击【Save，Print，E-mail】储存、打印或 Email 检索结果。用户也可以在【Record #】后输入要查看的记录序号，直接到达要查看的记录页面。

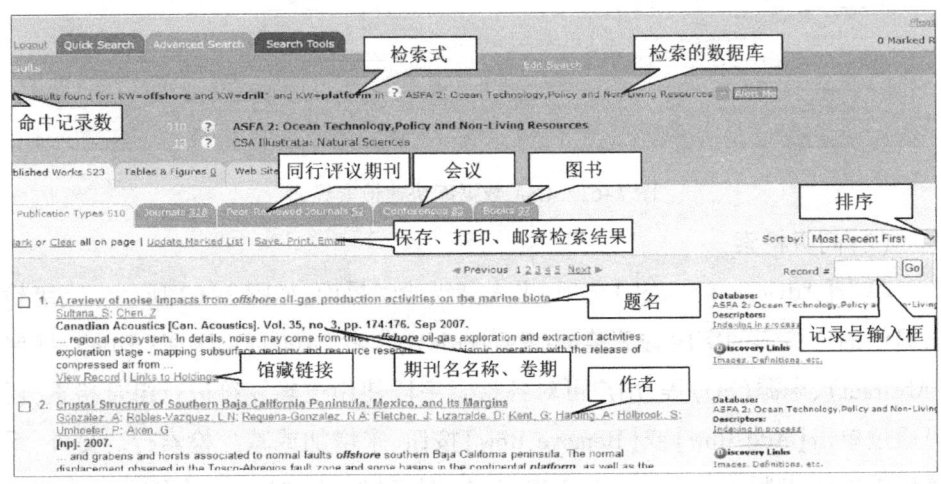

图 7-63 CSA 数据库检索结果界面

每条检索记录均揭示了文章题名、作者、文摘、叙词、馆藏链接等信息，其中,题名和作者还附有超链接。单击题名超链接,可查看该文献的文摘、叙词、来源、出版项、获取号等详细信息,单击作者名的超链接,系统将自动检索该作者的其他文献。

### 习题

1. 什么是信息资源数据库?
2. 信息资源数据库有哪些类型?
3. 信息资源数据库检索包括哪几个步骤?
4. 反映文献外部特征的检索点有哪些?
5. 信息资源数据库的发展历程有哪几个阶段?
6. 利用超星数字图书馆查找作者为"马费成"的著作。
7. 在馆藏书目数据库中查找关于公务员考试的文献资料。
8. 在CNKI数据库中检索题名中包含"网络实名制"的论文。
9. 在维普数据库中查找关键词中包含"知识管理"的文献资料。
10. 利用万方数据库查找近5年来有关Web2.0的会议论文资料。
11. 如何在ProQuest数据库中查找关于"非典"方面的论文?
12. 如何在CSA数据库中检索2008年以来发表的关于"物联网"方面的文献资料?
13. 如何利用EBSCO数据库查找"Group Buying"方面的文献资料?
14. 如何利用SpringerLink数据库查找题名中包含"Data Mining"的期刊论文?
15. 如何利用Wiley数据库查找被SCI收录的关于MIS(Management Information System)方面的论文?

# 第 8 章  基于社会调查的信息采集

**【本章提示】**

本章主要介绍利用社会调查采集信息的基本知识,主要包括社会调查的基本程序、社会调查的主要方法、社会调查信息的加工处理等内容。重点是社会调查的主要方法。通过本章的学习,学生应该理解社会调查与信息采集的关系,掌握社会调查的基本类型,能熟练使用问卷法、访谈法等采集非文献型社会信息,并学会撰写调查报告。

社会调查是对生活在特定地理、文化或行政区域中的人们的事实进行系统的收集[1],一般是指直接收集社会资料或数据的过程、活动与方法。从调查范围的大小来看,其采集信息的类型主要包括普遍调查、抽样调查、典型调查和个案调查;从使用的具体方法来看,其采集信息的方法主要包括问卷调查、访问调查、实地观察、实验调查等方法。社会调查采集来的数据资料通常需要经过审核、汇总、分析,形成结论鲜明、建议或策略合理的社会调查报告,从而为管理决策提供可靠的信息保障。用这种调查方式不仅可以获取记录型信息,还可获取非记录型信息,尤其是零次信息。通过调查采集信息速度快、质量高、准确性好、针对性强,是获取信息的有效方法,尤其是获得非文献信息的最有效的方法[2]。在信息采集领域,以检索为主要方法的文献信息采集受到了较高的重视,各种相关图书层出不穷,但鲜有以调查为主要方法的非文献信息采集理论的详细介绍。本章主要介绍基于社会调查的信息采集理

---

[1] [英]米切尔(Mitchell,G.D.);蔡振扬译.新社会学词典.上海:上海译文出版社,1987:338.
[2] 马费成等.信息管理学基础.武汉:武汉大学出版社,2002.12:126-128.

论与方法,以便为非文献信息采集提供理论依据。基于社会调查的信息采集是针对用户的信息需求,运用问卷、访谈、观察、实验等方法,向特定社会群体收集其活动情况、数据与资料,并做出描述和解释的一种有目的、有意识的社会活动。为了论述方便,文中将基于社会调查的信息采集简称为社会调查采集信息。

## 8.1 社会调查采集信息概述

### 8.1.1 社会调查采集信息的内容

社会调查是深入细致地采集社会事实信息的重要方法。其采集的信息内容包罗万象,不仅包括政治、经济、文化、军事等宏观方面,还包括某一人群生活、婚姻家庭、民俗习惯、行为意见等微观方面。从信息采集者对社会活动考察的角度来看,利用社会调查采集信息的内容主要包括以下几个方面。

(1) 社会基本信息

社会基本信息是社会运行和发展的基本状况的反映,它反映着某一阶段、某一区域社会状况的概貌和趋势,是制定改革和发展规划、推行科学管理的主要依据。社会基本信息的采集是对某一国家、地区或行业的基本情况的信息采集,一般采用分系统、分领域、分层次的调查方式进行,主要包括由国家和各级政府部门以行政统计手段所进行的资源调查、行业调查、社会概况调查等。如:中国人口普查、中国互联网络发展状况调查等。

(2) 专题信息

专题信息是对某一特定群体、特定组织机构或特定事件等基本状况、发展演变状况及趋势前景等情况的反映。专题信息的采集可以通过典型调查或个案调查的方式进行。如:大学生村官调查、××鞋业公司国内市场状况调查、三鹿奶粉事件调查等。

(3) 新生事物信息

新生事物信息是社会发展的新现象、新观念、新经验等状况的反映,它反映着某一时期、某一区域、某一群体的社会发展进步状况和潮流趋势。新生事物信息的采集,一般通过对某一突出的特定区域、特定群体的重点调查的方式进行。如:大学生微博使用行为调查、大学生网络团购状况调查、城市空巢家庭老

年人生活状况调查、新能源汽车消费者接受程度调查等、南京"酒后代驾"调查、品牌家具团购意向调查等。

(4) 社会问题信息

社会问题信息是社会发展症结、弊端等情况的反映,是认识社会问题、推进社会改革的重要依据。社会问题信息的采集,可通过已知问题的深入调查和隐含问题的发现调查两种方式进行。但两者的侧重点不同,前者的主要目的是采集问题的成因、发展演变情况及影响因素等信息;后者的主要目的是采集新问题的表现形式、危害等信息。但两者的最终目标均是为及时解决社会问题提供决策依据。如:网络隐私泄漏调查、青少年网络成瘾调查、快递业年关爆仓调查、大学生买房调查("校园业主"悄然储房)等。

作为社会信息采集的主要方法,社会调查深入社会实践采集社会信息,采集方式灵活多样,采集信息相关度高,针对性强,采集质量较高,但通常需要配备较多的人力、物力和财力,采集成本相对较高。

### 8.1.2 社会调查采集信息的基本程序

依据社会调查的进程,社会调查采集信息的基本程序分准备、调查、研究、总结等阶段。

**1. 准备阶段**

准备阶段是社会调查采集信息的起始阶段,其主要任务是确定调查课题、设计调查方案、组织调查队伍。

(1) 确定调查课题

确定调查课题时,要从社会信息需求出发,在分析课题的必要性、可行性、创造性的基础上,明确需要调查的群体,确定调查对象和主要调查内容。调查课题应具有创新性和独特性,要能够提供新知识、新方法、新观点或新思想,或能够揭示新问题。

(2) 设计调查方案

为了达到调查目的,需要对调查思路、选取的调查对象(信息源)、调查方法、资料收集工具等进行全面周密的设计,其中包括调查指标的设计、调查总体方案的设计和调查方案的可行性研究。通常,为保证调查方案合理可行,一般应通过访问专家、深入实地等方式开展探索性调查,确定调查的类型和方式方法,将调查内容具体化,确定调查对象和调查指标,制订抽样方案,明确调查地区、单位、对象,从而为开展正式的调查信息采集提供依据。

**案例8-1　中国互联网络信息资源数量调查方案①**

1. 调查背景及目的

为了加速我国互联网络信息资源的建设、利用和发展,建立互联网络信息资源指标体系,以便政府把握、引导信息资源的建设,指导企业有目标地、健康有序地开发信息资源;为了充分利用信息资源,建立动态更新的全国互联网络重大信息资源数据库,逐步实现国家信息资源自动登记备案制度和信息资源服务用户评价机制,信息产业部信息化推进司(国家信息化推进工作办公室)决定开展中国互联网络信息资源调查。

本方案主要说明该项目的主要调查内容、调查方法、时间安排和费用预算等。

2. 中国互联网络信息资源的定义

在本次调查中,中国互联网络信息资源定义为:中国互联网络上公开发布的网页和在线数据库的总和。中国互联网络是指所有网站注册单位属于中国大陆的网站总和。在线数据库是指以Web为界面,提供公共检索的收费或免费的数据库。

3. 中国互联网络信息资源核心数据

项目组建议在本次调查中首先测量域名总量、网站总量、网页总量、在线数据库总量等互联网络信息资源的核心数据,为以后建立中国互联网络信息资源指标体系奠定基础。

4. 调查执行方案

4.1　调查对象

所有网站注册单位属于中国大陆的网站总和,包括".com"、".net"、".org"和".cn"域名(包括org.cn,gov.cn,edu.cn等)下的所有网站。

---

① 有删减,具体参见:http://www.cnnic.cn/xzzx/201010/t20101020_16029.html.[2010-10-20]

### 4.2 调查方式

项目组建议结合采用以下方式对中国互联网络信息资源进行调查：①计算机自动搜索；②问卷调查。

### 5. 调查实施

此次调查主要由中国互联网络信息中心、中国电子信息产业发展研究院赛迪数据公司、国家信息资源管理南京研究基地三家单位组成工作组，共同完成此项调查。

### 6. 报告形式和内容

#### 6.1 报告形式

根据报告内容不同分为总体报告（上报信息产业部并向社会公开）和分报告（提供给赞助商及合作单位）。

#### 6.2 报告的内容

包括计算机搜索、问卷调查等获得的各项统计数据。

### 7. 费用预算

总计 440 000 元，主要包括宣传费用（150 000 元）、研讨会费用（20 000 元）、计算机搜索费用（60 000 元）、问卷设计（10 000 元）、抽样调查（150 000 元）、数据处理（20 000 元）、报告撰写（30 000 元）。

### 8. 项目进度

该项目历时三个半月时间，具体的进度如下：①项目方案确认（2001 年 3 月下半月）；②计算机搜索（2001 年 3 月）；③问卷设计、试访、定稿（2001 年 4 月上半月）；④抽样调查（2001 年 4 月下半月至 2001 年 6 月上半月）；⑤调查报告撰写（2001 年 6 月下半月）。

（3）组建调查队伍

调查队伍的组建是调查任务顺利完成的基本保证。主要包括调查人员的选择与培训，建立调查人员的管理机构，制定调查纪律和调查注意事项，筹备供调查人员使用的各种物资等。

**2. 调查阶段**

调查阶段是实施调查方案、进行社会信息采集的阶段，其主要任务是：根据调查方案中确定的调查方法及要求，进入调查现场采集各方面资料。进入调查现场,与调查对象直接接触,是获取第一手信息的重要途径。调查者一般可通过被调查者的上级领导介绍、自我介绍或熟人朋友介绍等方式进入现场,以说明调查的目的、内容和方法,取得对方的支持与协助。进入调查现场后可以采取多种方法收集信息资料。比较常用的有访谈法、观察法、问卷法等。无论采取哪一种方法,都要做好记录,做好口头信息和文字信息的收集。同时要及时集中、整理、审核调查信息,以便随时发现问题,及时进行补充调查和修正。为了组织众多的调查人员按照统一的要求顺利完成采集信息的任务,必须加强调查队伍的内部指导和经验交流,搞好外部协调工作,争取被调查者的充分理解与合作。

### 3. 研究阶段

研究阶段是对采集的信息资料进行整理和分析的阶段,其主要任务是鉴别、整理、统计分析调查信息。信息的鉴别,即将调查阶段搜集到的信息进行全面审核,分清真伪,消除假、错、缺、冗,以保持信息资料的真实、准确和完整。信息的整理,即将鉴别后的信息进行汇总和加工,使之系统化和条理化,并以集中、简明的方式反映调查对象的总体情况。信息的统计分析,就是运用统计学的原理和方法,对所获得的调查信息进行数量关系的研究分析,从中揭示调查对象的发展规模、水平及其与其他事物之间的内在联系。通过统计分析,可以证明或推翻假设,为理论研究提供切实可行的数据,说明调查对象的发展趋势。为了提高统计分析的精度和效度,要尽可能利用计算机来处理各种数据。

### 4. 总结阶段

总结阶段的主要任务是撰写调查报告、总结调查工作。调查报告要侧重说明调查结果或研究结论,并对调查过程、调查方法、调查成果等进行系统的叙述和说明,同时提出政策性建议和解决存在问题的方式方法,尽可能使调查报告在理论研究或实际工作中发挥应有的作用,是整个社会调查成果的集中体现。总结调查工作,是对整个调查过程的回顾与总结,以便为以后类似的调查采集活动提供必要的经验。

上述四个阶段,是互相关联、相互交错在一起的,它们共同构成社会调查采集信息的完整过程,缺一不可。

 信息采集

## 8.2 社会调查采集信息的基本类型

通常,社会调查采集信息的类型一般包括以下几种。

### 8.2.1 普遍调查

**1. 普查的含义与特点**

普遍调查(简称普查)是对全体考察对象逐个进行调查的方式,一般是范围较广规模较大的全面调查,如在全国、全省、全市(县)范围内,或在某一国家或地区的行业范围内进行的调查。如全国人口普查、全国污染源普查、山东省建筑行业信息化普查等。

普查可以全面准确地采集社会的一般状况信息;可以采集有关国情的最基本数字资料;可以采集经济和社会发展方面的专题性信息,是采集国情、国力、资源和行业等全局信息的最重要方法,是政府制定规划、方针政策的重要依据。通过普查采集来的社会信息全面而准确,但由于所需人力、物力、财力较大,组织工作复杂,调查周期长,因而普查的应用范围较窄,它只适于采集有关全局性的基本信息,不适合采集深入细致的过程信息。由于费用过高,因而只能作为经常性统计调查和抽样调查的一种辅助性的调查方式。

作为一种特殊的数据信息采集方式,普查具有以下几个特点:①普查通常是一次性的或周期性的。由于普查涉及面广、调查单位多、耗时耗力,通常需要间隔较长的时间周期性地开展。如:我国的人口普查从1953年至2010年共进行了六次。②规定统一的标准时点。标准时点是指对被调查对象登记时所依据的统一时点。调查信息必须反映调查对象在这一时点上的状况,以避免调查时因情况变动而产生重复登记或遗漏现象。如:我国第六次人口普查的标准时点为2010年11月1日零时。③规定统一的普查期限。在普查范围内各调查单位或调查点应尽可能同时进行登记,并在最短期限内完成,以保证信息的准确性和时效性。④规定普查的项目和指标。普查时必须按照统一规定的项目和指标进行登记,不准任意改变或增减,以免降低采集信息的质量。同一种普查,每次调查的项目和指标应力求一致,以便于进行历次调查信息的对比分析和观察社会经济现象发展变化情况。

## 2. 普查的实施方法

普查的具体实施通常采用逐级普查和快速普查两种方法。

（1）逐级普查

逐级普查是指组织专门的普查机构,逐级布置调查任务,下达统一的调查表格和要求,采取统一计划、统一时间、统一行动的方式,由专门的普查员对调查范围内的各单位全面地、有针对性地进行调查登记,然后逐级上报。该方法耗时较长。我国人口普查就采用该方法。

（2）快速普查

快速普查是由组织领导普查工作的最高机关直接把普查任务布置到基层单位。各基层单位根据已有资料调查统计,把结果直接报送组织普查工作的最高领导机关,进行汇总。整个过程常越过一切中介部门,布置任务和报送信息主要采用传真等通信工具,使信息传递时间大大缩短。该方法采集信息速度快,但要求普查内容简单,易于电传。

## 3. 普查的一般程序

普查的一般程序包括准备、调查登记、汇总公布等阶段。

（1）准备

准备工作主要有:①制订和颁布普查方案,如确定普查对象和单位、普查项目和普查时间等。其中,普查项目的设置最重要,应根据需要与可能相结合的原则进行设置。普查项目设置好以后,要将其进行分类,附加说明和计算方法等。②设置各级普查领导机构,配备和训练普查人员。这是普查工作得以顺利进行和完成的组织保证。③物质条件的准备,包括印制普查文件、设计和印制普查表格、配备录音笔等各种工具。④确定普查试点,修订普查方案、工作细则。⑤宣传动员,主要是通过广播、电视等各种宣传媒介,宣传普查的意义和方法,消除普查对象的顾虑,以保证普查的顺利进行。

（2）调查登记

调查登记是普查中最关键最重要的一项工作,它直接关系到普查的成败和效果。具体做法是:①普查登记,可由被调查者到登记站登记,或由调查员上门访问登记。②复查核实,对于登记中可识别的差错,由调查员根据专门编制的检查细则分组复查。发现错误后,应再次进行检查。③普查质量的抽样检查,

信息采集

复查结束后,要在每个普查区随机抽取一定比例的调查对象作为样本,进行核查。

(3)汇总公布

汇总公布是按照统一的工作流程和进度,制定统一的质量控制标准,统一汇总数据,并录入电子计算机数据处理系统,对普查登记取得的信息进行整理分析,得出结论,然后公布。具体做法是:①汇总主要数字,如人口普查中的总人口、性别、民族、文化程度等。②编码,把普查表上所列项目按编码规定注上数字代码,为计算机汇总做准备。③录入,将普查表按统一标准录入到普查信息库。④统计分析,通过统计分析软件分析调查指标数据。⑤公布结论,通过报纸、电台、网络等渠道全面公布普查结果。

**案例8-2 第六次全国人口普查**

第六次全国人口普查的目的是查清2000年以来我国人口数量、结构、分布和居住环境等方面的变化情况,为科学制定国民经济和社会发展规划,统筹安排人民的物质和文化生活,实现可持续发展战略,构建社会主义和谐社会提供真实准确、完整及时的人口统计信息支持①。人口普查工作,按照"全国统一领导、部门分工协作、地方分级负责、各方共同参与"的原则组织实施。国务院和地方各级人民政府设立第六次全国人口普查领导小组及其办公室,领导和组织实施全国和本区域内的人口普查工作。村民委员会和居民委员会设立人口普查小组,做好本区域内的人口普查工作。领导小组各成员单位按照各自职能,各负其责、通力协作、密切配合。人口普查所需经费,由国务院和地方各级人民政府共同负担,并列入相应年度的财政预算,按时拨付,确保足额到位。人口普查实行严格的质量控制制度。地方各级人口普查机构主要负责人对本行政区域人口普查数据质量负总责,确保人口普查数据真实、准确、完整、及时。人口普查的标准时点是2010年11月1日零时。人口普查对象是指普查标准时点在中华人民共和国境内的自然人以及在中华人民共和国境外但未定居的中国公民,不包括在中华人民共和国境内短期停留

---

① 《第六次全国人口普查方案》颁布. http://www.stats.gov.cn/zgrkpc/dlc/yw/t20100623_402652289.htm.[2010-06-23]

的境外人员。人口普查以户为单位进行登记,普查登记的主要内容包括:姓名、性别、年龄、民族、国籍、受教育程度、行业、职业、迁移流动、社会保障、婚姻、生育、死亡、住房情况等。普查员负责人口普查的入户登记等工作,普查指导员负责安排、指导、督促和检查普查员的工作,也可以直接进行入户登记。人口普查的登记工作,从 2010 年 11 月 1 日开始到 11 月 10 日结束。人口普查登记,采用普查员入户查点询问、当场填报的方式进行。普查员应当按照普查表列出的项目逐户逐人询问清楚,逐项进行填写,做到不重不漏、准确无误。普查表填写完成后,普查员应将填写的内容,向申报人当面宣读,核对无误后,由申报人签字或盖章确认。人口普查表经复查后,按照统一规定的标准进行编码。编码后的普查表经复核、检查验收合格后,方可交付录入。录入采用光电录入的方式,数据录入、编辑、审核、汇总程序由国务院人口普查办公室统一下发。人口普查机构对普查登记的主要数据,先进行快速汇总。国家统计局和国务院人口普查办公室对数据进行审核后发布主要数据公报。各省、自治区、直辖市的主要数据应于国家公报发布之后发布。

### 8.2.2 抽样调查

抽样调查是社会信息采集中最常用的调查类型,它按随机原则抽样,以样本推论总体,且抽样误差可以控制,节省人力、财力和时间。

**1. 抽样调查的定义与特点**

所谓抽样调查,是按照一定的方法抽取一部分对象作为代表进行调查,以此推论总体状况的调查方式。抽样调查可以节省时间、人力和经费,迅速获得数据,可以采集到内容丰富的信息,其准确性比较高,应用范围广泛。但由于抽样调查是由部分来推论总体,而部分与总体之间总会存在差别,因此抽样采集信息的结果只能近似总体而不能等于总体。抽样调查存在抽样误差。同时,在信息处理和分析上,抽样调查对调查人员的要求也较高。抽样调查主要适合大范围的定量调查,其采集信息的深度和广度有限,且需要较多的数学知识,特别是概率论和数理统计方面的知识,专业性比较强,对调查者的要求比较高。

信息采集

### 2. 抽样调查的适用范围

抽样调查的目的不在于说明样本本身的情况,而是要从数量上推断说明总体。抽样调查被公认为非全面调查方法中用来推算总体最完善、最科学的调查方法,它虽然不是一种全面调查,但却可以起到全面调查的作用,因而在社会信息采集中被广泛应用。

一般说来,抽样调查比较适合以下几种情况:①有些现象不可能进行全面调查,但又需要了解全面情况时;②有些现象没有必要进行全面调查时;③需要对普查统计资料的质量进行检验或修正时。

### 3. 抽样调查的一般程序

(1) 界定调查总体

界定总体是指根据调查课题的要求,把所要调查对象的范围加以确定,从而确定抽取样本的对象和依据样本做出推断的范围。如:《2004年中国互联网络信息资源数量调查》将目标总体定义为"全国范围内以Web形式公开提供服务的网站"(包括.com、.net、.org和.cn域名下的所有网站)。

(2) 选择抽样方法

调查者可根据信息采集目的和要求,结合所要考察的总体的具体情况,以及各种抽样方法的特点、适用范围,选取不同的抽样方法。广义的抽样调查包括随机抽样与非随机抽样两大类。随机抽样又叫概率抽样,是依据科学的概率论原理进行的抽样调查,其所得信息经过分析后,可被用来推论总体。常见的随机抽样方法主要有简单抽样、分层抽样、等距抽样、整群抽样和多阶段抽样等。非随机抽样又叫非概率抽样,是根据调查人员的方便,以人的主观经验、设想来有选择地抽取样本并进行调查,主要有判断抽样、偶遇抽样、定额抽样和滚雪球抽样等方法(参见表8-1)。

(3) 确定抽样单位

抽样单位是调查总体中的每一个最基本的抽样对象。从总体中抽取样本,须编制抽样框,并采取一定的抽样组织方式和抽样方法。抽样框是所有抽样单位的名单,或者说是抽样单位一览表。为遵循抽样的随机原则,必须保证抽样框的充分性,即保证总体中的个体不能被重复列入抽样框,也不能漏掉未登。

# 第8章 基于社会调查的信息采集

表8-1 抽样方法一览表

| 类型 | 抽样方法（别称） | 含义 | 特点 | 适用范围 |
|---|---|---|---|---|
| 随机抽样 | 简单随机抽样 | 按随机原则，直接从含有$N$个单位的总体中抽出$n$个样本的方法，分为抽签法和随机号码法两种 | 方便、易理解，结果可推广，但抽样框不易建立，费用低，精度低，不一定能保证代表性 | 适用于总体单位数目不大，总体单位之间差异程度较小的情况 |
| 随机抽样 | 等距随机抽样 | 将总体中的全部调查单位按某一标志排列起来，按固定间隔抽取样本 | 比简单随机抽样易操作，代表性不一定能保证 | 适用于总体调查单位不大多，且能按某一标志排列的情况 |
| 随机抽样 | 分层随机抽样（类型抽样） | 将调查总体按一定的标准分为若干类型，从每一类中按照相同的同的比例随机抽取样本，又分为分类比抽样和分类异比抽样 | 可包括所有重要的子总体，但相对许多变量未说不易分层，费用高 | 适用于总体单位数目多，各单位差异较大，单位数目适多地抽选样本的情况 |
| 随机抽样 | 整群随机抽样 | 随机从总体中成群地抽取集体单位，加以研究，由此推断总体的抽样方法 | 易操作，节省人力物力，但样本集中，代表性差，误差较大 | 适用于调查单位数目多，群间差异性不大或不复杂，各单位在单个地抽选调查样本的情况 |
| 随机抽样 | 多阶段随机抽样（多级抽样） | 将抽取样本单位的过程分为两个以上的阶段进行的抽样方法 | 简便易行，精度较高，计算复杂，偶然性较大 | 适用于较大范围的，层级较为复杂的情况 |
| 非随机抽样 | 任意抽样（偶遇抽样） | 指调查者根据方便原则，任意抽选样本的方法 | 方便经济，偶然性大，样本代表性差 | 适用于调查总体各单位的差异不大的情况，民意测验中常用 |
| 非随机抽样 | 判断抽样（目的抽样） | 由调查者根据调查目的和主观判断选取样本的方法 | 节省时间，费用低，主观性强，结论无法推广 | 适用于探索性研究和样本数量少及样本不易分类的情况 |
| 非随机抽样 | 配额抽样（定额抽样） | 按调查对象的属性或特征将所有个体分成若干类或层，然后在各层中任意抽取一定数量样本的方法 | 在某种程度上对样本进行控制，有选择偏差，不能保证代表性 | 适用于调查人力不足的情况，民意测验和市场调查中常用 |
| 非随机抽样 | 滚雪球抽样 | 找出少数适合的样本，通过它们发展更多的样本，直至抽取满足需要数量的样本的方法 | 样本的代表性有保证，但耗费时间 | 适用于对调查各单位之间有一定联系的情况 |

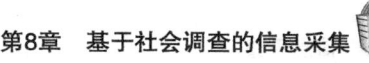

信息采集

### (4) 确定样本规模

样本规模又称样本大小或样本容量，是指样本中含有个体数量的多少。确定样本规模是抽样调查的一个重要步骤。调查者根据选择的抽样方法和确定的样本规模，从抽样框中抽取需要的样本容量，组成调查样本。但在信息采集前，调查者还要对样本进行评估，即对样本和总体进行比较，找出样本对于总体的代表性、准确性程度，以免产生太大的误差。样本规模的确定受到多种因素的影响：①调查总体规模的大小。通常，总体规模越大，所需调查的样本规模就越大。②调查总体的内部差异程度。通常，总体的内部差异程度越大，所需样本规模就越大。③调查要求的可信度和精确度。通常，所要求的可信度和精确度越高，允许抽样误差越小，所需样本规模就越大。④抽样方法。通常，抽样方法不同，所需样本规模也不同。每一种抽样方法都有其计算样本规模的公式。一般来说，随机抽样比非随机抽样所需的样本规模要大。⑤调查者拥有的人力、物力和时间。这些条件越充足，可抽取的样本规模就越大。

### (5) 搜集信息与推断总体

该环节的任务是运用问卷法、访问法等方法对各个样本单位进行实际调查，调查过程中要尽量减少和避免登记性误差，再运用计算机和统计手段对样本信息进行整理和统计分析，然后根据样本指标值推论总体参数值。

**案例 8-3　2004 年中国互联网络信息资源数量调查**①

1. 总体界定

按照互联网络信息资源的定义，将目标总体定义为"全国范围内以 Web 形式公开提供服务的网站"。

2. 调查方法

整个调查以抽样调查和电话访问的方式为主，通过抽样调查对全国的互联网络信息资源的状况做一个全面的了解。

3. 抽样调查

(1) 抽样指标

在确定分层后各层的样本量及用各层样本数据推断全国时，考虑的指标是

---

① 有删减，具体可参见 http://www.cnnic.net.cn/download/2005/2005041401.pdf。

"网站数量"。

(2) 目标量分类

总量：比如说总体中拥有在线数据库的网站数等；比例：本调查的总体目标量大部分都是以比例的形式出现的。

(3) 样本量

在置信度为95%，最大允许绝对误差为3%时，综合考虑设计效应等因素，设计样本量为2 200个，本次电话调查实际得到的有效网站样本数为2 201个。

(4) 抽样方法

抽样方法采用分层多阶段混合型抽样，考虑到各域名类别下网站特征的差别，首先按网站的域名类别分层，之后在每个类别内采用等距抽样的方法来抽取样本，最后对各类别的调查结果进行事后加权处理以估计全国的情况。

(5) 结果估计

由于样本按各类别网站数所占网站总数的比例分配到各类别，在各类别中的样本抽取是等距抽样，故此整个样本可视为近似的自加权样本，采用简单随机样本的公式对估计量进行计算。同时可对结果以各类网站数占网站总数的比例作为权重进行事后加权以校正误差。

### 8.2.3 典型调查

#### 1. 典型调查的定义与特点

典型调查法是指在对考察对象进行初步分析的基础上，选取若干具有代表性的对象作典型，对其进行全面、系统、周密细致的调查，借以认识同类社会现象的本质及其发展规律的方法。其目的是通过深入地"解剖麻雀"，以少量典型来概括或反映全局。典型调查选择最有代表性的典型单位，进行面对面的直接深入的调查。其方式简便灵活，大大节省了人力和资金，缩短了调查时间。但是由于调查中典型的选定受到调查者主观意志的影响，很难完全避免主观随意性，因而典型的代表性程度如何，无法测定。通过典型调查采集的信息只能用于定性分析，难于进行科学的定量分析。

#### 2. 典型调查的适用范围

典型调查通过深入、细致的调查，能搜集到比较真实可靠的第一手资料，掌握生动具体的信息。典型调查大多只适用于范围较小、同质性较强的总体。通

常,可以用典型调查来采集新生事物相关信息,以研究事物变化发展的规律,深入研究事物的不同类型。

**3. 典型调查的一般程序**

典型调查的一般程序主要包括以下环节:

(1) 分析调查总体

主要是根据调查目的和任务,通过查找资料、听取汇报和观察等手段,对总体情况进行初步了解和粗略分析,为选择典型做准备。

(2) 选择典型

正确选择典型是典型调查的关键。要正确地选择典型,一般应在前一阶段科学分析的基础上,根据调查目的,将被研究对象进行科学的分类,然后分别选取典型进行调查。

(3) 拟定调查提纲

为了明确调查的重点和主要内容,做到有计划地进行调查,典型调查实施前,必须根据调查目的设计详尽的调查提纲或调查表。

(4) 深入实地调查

在调查实施的过程中,主要可采用问卷、观察、访问等具体方法,进行深入、全面、细致的调查,以充分掌握第一手资料。调查过程中,要尽可能多地收集与调查目的相关的信息资料,以备分析之用。

(5) 整理分析信息

典型调查获得的信息往往十分丰富,却又十分庞杂。这就需要对搜集到的信息进行细致的整理加工,然后进行深入分析,得出调查结论。一般而言,典型调查得出的结论只能大致推论典型所能代表的同类事物和现象。

**案例 8-4 典型轻工企业信息化现状调查**

为了更好地了解轻工行业信息化的现状,2006 年,《e 制造》记者根据公开资料结合平时采访中积累的大量数据,又从数据库中随机选择了 500 家轻工行业读者名单进行电话访谈[①]。访谈内容包括:典型轻工企业信息化现状、IT 员

---

① 迟谨,谢世诚. 典型轻工企业信息化现状调查. http://www.emanu.cn/Common/Page/Tree.aspx?TagID=20. [2010-09-09]

人数及总投资与规划、网络安全应用等内容,受访者主要是各单位信息中心或财务部门的主管和员工,亦包括极少数大型企业的 CIO 和 CFO。其中大多数企业没有建设局域网、没有购置或是只有极少数自行组装的服务器,甚至有一些企业基本无信息化意识。

### 8.2.4 个案调查

**1. 个案调查的定义与特点**

个案调查是指对特定的个别对象进行详尽的、深入细致的调查的方法。个案调查的目的在于认识个案本身,因而对特定对象的研究比典型调查更为具体、深入细致,常作为其他方法的辅助方法来使用。通过个案调查可以采集到第一手的直观资料,能透视个案的完整、真实可靠的面貌,也可以通过对个别事物和现象的深入了解与分析,有针对性地提出解决问题的方案。个案调查可广泛应用于社会经济、文化、生活等领域的社会问题调研中,适用于采集事件信息、事故信息或案例信息等。

**2. 个案调查的一般程序**

个案调查的一般程序主要包括以下环节:

(1)确定个案

个案的确定既可根据调查的目的及要求主观选择,也可以应请求者的要求立案。

(2)访问案主

对案主的访问是为了详细了解案主的基本情况和背景信息。访问案主是否顺利,谈话内容是否符合需要,所得信息是否正确可靠,与整个调查的成败有密切关系。因此,访谈前要有所准备,应拟定访谈提纲。

(3)搜集信息

除了访问谈话以外,调查者还可以采取阅读文献、观察、问卷等方法搜集有关案主的信息。搜集信息要求深入细致,掌握尽可能多的历史信息。但调查者要充分尊重案主的隐私权,替案主保密。

(4)分析研究

在取得调查资料的基础上,需要对所搜集的信息进行核实、整理、分析和研究,找出问题的症结所在,做出客观的社会诊断。

 信息采集

### 案例8-5 非法网站消费纠纷受理难

最近,东莞市消委会接到多宗来自南京、重庆等地的消费者的投诉,均反映在东莞部分网站上购物被骗的遭遇。针对目前此类消费投诉呈急速上升的趋势,东莞市消委会近日发出消费警示:消费者网上购物须提防陷阱。

消费个案:寄出钱收不到货[①]

金先生(住江苏南京)从东莞宜家数码商城网站(www.yj688.com)看到一台美能达Z1的相机,他按要求汇出1 390元,过了几天,送货员打电话告诉他,说货已到南京,并顺带了一些产品,共计4 800元,只有把款项全部汇到指定账号才能交货,由于金先生购物心切,而且货物所标价格较低,也就按要求将款汇出。可等金先生按要求将款项全部汇出后,送货员又说公司发货发错了,把每一样发成了一件,每件4台,货款共2万多元,并要求金先生汇30%的定金费用,说这些产品用不完可以自己卖掉,如果一个月内卖不掉可以退回公司。金先生拒付,后来金先生还曾与其联络过几次,但货物始终如石沉大海。重庆市肖先生也向东莞市消委会反映,他在东莞万德福商城网站(www.oo44.com/index.asp)搜索到一个自己需要的电脑硬盘,于是按要求通过银行转账390元。几天后,网站送货员给他打电话,说货已到重庆了,要他先汇500元进他们公司的账户才能把硬盘交给他,说这是风险金,等见面后再把钱退给他,不汇钱就不交货。

部门调查:非法网站消费纠纷受理难

针对近段时间来接到投诉,东莞市消委会连同工商部门进行调查发现,消费者投诉的这些网站不是个人网站就是虚拟网站,厂商未经合法的注册登记,网上提供的地址不真实、子虚乌有,联系电话大都是小灵通或路边公用电话,银行账户为个人账户(随时可以销户),提供的商品价格极其低廉。一旦发生消费纠纷,因难以找到被投诉的商家,不仅消委会难以受理,就连工商、公安等部门也都难以查处,给消费维权带来一定的困难。

可见,不同类型的调查对应的调查对象范围和数量不同。信息采集人员可

---

[①] 冯怡驹.非法网站消费纠纷受理难,网上购物提防陷阱.http://www.southcn.com/news/dishi/dongguan/shehui/200501060681.htm.[2005-01-06]

根据信息需求的具体情况,来选择调查类型。当要了解社会总体的相关信息时,可采集普遍调查和抽样调查。当要通过代表性对象了解总体的相关信息时,可采用典型调查和个案调查。

## 8.3 社会调查采集信息的主要方法

社会调查中信息采集方法很多,每一种方法都有其特定的优点和不足,有着各自不同的适用的条件和场合。因此,信息采集人员要综合考虑调查总体性质、样本规模大小、调查目标和重点、调查课题完成的时间要求等多种因素,选择最适合的采集方法。比较常用的有问卷法、访谈法和观察法。

### 8.3.1 问卷法

**1. 问卷法的含义与特点**

问卷法是调查者通过事先统一设计的问卷来向被调查者了解情况、征询意见的一种信息采集方法。根据问卷实际调查方式的不同,人们通常把问卷分为自填问卷和访问问卷两类。自填问卷是被调查者自己填答的问卷,而访问问卷通常由访问员根据被调查者的口头或手势信号来填写。作为一种主要的社会信息采集方法,问卷法能够突破空间限制,在大范围内对众多调查对象同时进行匿名调查,节省人力、物力、财力,有利于对调查信息进行定量分析和研究,避免主观偏见干扰。但通常问卷回收率和有效率比较低,只能获得有限的书面信息,不适合文化程度低的群体。

**2. 问卷法的基本程序**

问卷法采用标准化、书面化、间接性的询访方式,要靠一套完整的运作程序来实施。通常,一般按照如下程序实施:

(1) 设计问卷

问卷设计时,要遵循简明性、适应性、针对性等原则。一般情况下,问卷设计要经过以下阶段:①摸底探索,即问卷设计者通过非结构式访问来熟悉和了解一些基本情况,为设计问题和答案做准备。②设计问卷初稿,通常可以采用卡片法和框图法来设计问卷初稿。③问卷的试用与修改,可以采用客观检验法(大型调查常用)和主观评价法(多用于小型调查)来评价问卷的适用性,并根据试用发现的问题,进行问卷修改。

 信息采集

(2) 选择调查对象

调查对象选择的合理与否,将影响到采集信息的有效性。调查人员可以选择对问卷内容比较熟悉、有一定文字理解能力和表达能力的人,作为调查对象。由于问卷的回复率和有效率一般都不可能达到100%,因此,选择的调查对象应多于研究对象。

(3) 分发问卷

分发问卷有多种方式,最主要的有邮寄分发、送达分发、网络分发、走访分发等。其中,①邮寄分发是通过邮局或E-mail寄发问卷,并要求被调查者按照规定的要求和时间填写后寄回的方式。②送达分发是派人将问卷送给被选定的调查对象,待被调查者填答完后再派人收回问卷的方式,一般适用于集体的有组织的问卷调查。③网络分发是指通过网络调查平台发放回收问卷的方式,比较好的网络调查平台有:问卷星(www.sojump.com)、态度8(www.taidu8.com)、调查圈(www.diaochaquan.com)等。④走访分发是指通过上门访问、交谈分发问卷的方式,通常用于结构式访问中。

(4) 回收整理问卷

问卷回收时,要对问卷填写情况进行检查,剔除那些回答不正确、不完整的无效问卷,保留合乎要求的有效问卷,以提高问卷调查的可靠性和准确性,为问卷的分析研究奠定基础。

3. 问卷的结构

问卷是在一定理论与研究假设的基础上,根据调查项目及调查指标而设计的一系列具体问题,是用来收集被调查者的行为、态度、社会特征或其他信息的一种工具。一般而言,问卷大致包括封面信、指导语、正文(问题和答案)、结束语等部分。

(1) 封面信

封面信即一封给被调查者的短信。其作用在于向被调查者介绍和说明调查者的身份、调查的内容、调查的目的与意义、调查者的期望与承诺等。

(2) 指导语

指导语是用来指导被调查者填写问卷的一组说明。有些指导语集中在封面信之后,并标有"填表说明"的标题,其作用是对填表的方法、要求、注意事项

等作一个总的说明。其他指导语则分别放在某些较复杂的问题后,用括号括起来,其作用主要是指导被调查者填写。如:(可选择多个答案)、(请按重要顺序排列)等。

**案例8-6　建设行业信息化调查问卷封面信及指导语**

尊敬的专家:

您好!首先衷心感谢您在百忙之中填写本问卷。为把握建设行业信息化建设进程,分析建设行业信息化建设发展成就及现存问题,本次将对建设行业信息化建设的现状进行调研。调查只需您10到15分钟的时间,请您在12月30日之前填答完成并寄回＊＊＊@163.com。本调查数据仅用于科学研究,无任何商业目的,并将完全匿名严格保密。感谢您的鼎力支持!

建筑行业信息化调查组<br/>2008年11月

填写说明:

1.每题有若干选项,请在符合情况的选项前"□"内打"√"。

2.没有特别说明,每题只能选择一个答案。

3.第301、302题为自由回答题,请用文字简要写出您的看法。

(3)正文

正文是调查问卷的主体,一般包括若干个问题。从形式上看,问题可以分为开放式问题和封闭式问题,两者可以结合使用。开放式问题就是不为回答者提供具体答案,而让回答者自由填答的问题。如:您在信息检索中遇到的主要困难有哪些?而封闭式问题是在提出问题的同时,还给出若干个答案,要求被调查者选择选项作为回答。如:您是否经常使用外文数据库?答案:1是;2否。封闭式问题通常有填空式、选择式、量表式、等级式(顺序填写式)、相倚式等呈现方式,问题形式规范、填答方便、省时省力,采集到的信息比较集中,也便于定量分析,但对设计者的要求更高、更具体。设计问题时,不能提抽象的、笼统的、复合性的问题,问题必须适合被调查者的特点,尽量做到通俗易懂,要避免问题带倾向性和诱导性,不要直接提敏感性或威胁性问题。设计答案时,答案要符合实际情况,应按同一个标准分类,答案的选项应具有互斥性和穷尽性。问卷中的题目数目,20分钟以内能顺利完成为宜。问题排列应先易后难,先闭合式

问题,后开放式问题,互相检验的问题必须分隔开。

**案例8-7　××大学图书馆数字资源建设与利用调查问卷正文节选**

1.您的专业:_____性别:_____院系:_____

2.您使用图书馆数字资源的频率为(单选):

　　A.每月15次以上　B.每月8~14次　C.每月3~7次　D.每月2次以下

3.您使用过的阅读软件有(可多选):

　　A.CAJViewer　B.Acrobat Reade　C.超星(ssreader)　D.其他_____(请您描述)

4.您是否使用过图书馆数字资源导航?　A.是　　B.否

若"是",请问您的满意度如何?

　　A.非常满意　B.比较满意　C.一般　D.比较不满意　E.非常不满意

5.请您对图书馆数字资源建设存在的问题进行编号:(从1到5,问题最大为1,最小为5)

　　(　)数据库包含的学科门类少

　　(　)数字资源语种单一

　　(　)检索反应速度较慢

　　(　)提供全文的比例较小

　　(　)视频资源少

6.您觉得我校图书馆数字资源建设应如何改进?_____

(4)结束语

结束语主要用来表示对被调查者的谢意或是征询被调查者对问卷及调查本身的意见。如:"因题目较多,请您再检查一下是否有遗漏的题。最后,再次表示衷心的感谢!"、"您对本次调查有何建议?"

### 8.3.2　访谈法

**1.访谈法的含义与类型**

访谈法,也称访问法,指访问者通过有计划地向被调查者口头提问、当场记录其答案并以此采集有关社会信息的方法。访谈的过程实际上是访问者与被访问者双方面对面的交流互动过程。访谈法的特点是:容易、方便可行,双向沟通可获得可靠有效的信息,适用范围比较广,成功率比较高。但需要较多的人力、物力和时间。因此,访谈法一般在调查对象较少的情况下采用,且常与问卷法、测验法等结合使用。

按照不同的标准,访谈可以分为不同类型。根据对访问过程的控制程度不同,可分为结构式访谈(标准化访谈)与无结构式访问(非标准化访谈),结构式访谈按照统一设计、有一定结构的调查表或问卷表进行访问。无结构式访谈按照一个粗线条的提纲或题目,由访问者与被访问者在这个范围内进行交谈。根据访问中访问者与被访者的交流方式不同,分为直接访谈和间接访谈(如电话访谈、在线访谈等)。根据一次访问的人数多少,可分为个别访谈和集体访谈。个别访谈是对单个调查对象的访问。集体访谈是邀请若干个调查对象,通过集体座谈的方式搜集有关资料的方法,即开座谈会。

**2. 访谈法的基本程序**

访谈一般包括以下几个阶段:

(1)访谈前的准备

由于访谈是一种社会交往过程,调查者只有在社会互动中与被调查者建立起相互信任、相互理解的关系,才能使被调查者愿意积极提供信息。被调查者一般不会主动向"陌生人"提供信息,这就需要调查者认真地做好访谈前的准备工作,与被调查者建立起良好的关系。访谈前的准备工作主要包括以下几个方面:①选择适当的访谈方法,准备访谈问卷或提纲。若目的是验证某种假设或要获得多数人的某种反应,一般选择标准化访谈,并须设计好统一的调查表或问卷;若是探索性研究,一般选择非标准化访谈,同时必须有一份详细的访谈提纲(参见表8-2),提纲内容主要包括谈话目的、谈话步骤、谈话对象、问题设计等,并要将访谈提纲具体化为一系列访谈问题。②确定适当的访谈对象,并对访谈对象进行了解。访谈对象选择的是否恰当,直接决定着访谈的成功与否。一般而言,所确定的访谈对象应该是对调查的问题最了解、最具有发言权的人。访谈对象确定以后,访谈开始之前,还要对访谈对象的情况有所了解,以便访谈中针对不同的访谈对象设计开场白,准备访谈问题,灵活地运用访谈技巧等。③确定访谈的时空。为了访谈能顺利进行,应确定访谈的时间、地点和场合。一般而言,访谈时间应选择在访谈对象工作或劳动不太繁忙、心情愉快的时候。访谈的地点和场合应该以有利于被访者准确回答问题和畅所欲言为原则。

④选择培训访谈人员。访谈调查能否成功很大程度上取决于访谈人员的个人品质、业务水平和交谈能力。对于一些需要抽调专人进行的大规模访谈调查,调查组织者还需对访谈人员进行筛选和业务培训。培训内容包括访谈的目的、意义、访谈范围、被访对象、访谈步骤、工作要求、时间安排、规章制度等事项,必要时应实施模拟访谈。⑤拟订访谈计划。访谈调查的组织者应拟订一个内容详细的访谈计划,以使访谈者在实际访谈工作中能有章可循。计划内容包括访谈时间与地点安排、访谈步骤、访谈方式、与访谈对象如何联系、访谈过程如何进行控制、遇到意外的处理办法等。⑥准备访谈工具。进入实地访谈之前,还需要准备访谈工具。访谈工具包括:笔、纸等记录工具;访谈过程中所需要的特殊工具,如:访谈表格、问卷、照相机、录像机、计算器等;证明访谈身份的介绍信、调查证件等。

(2)进入访谈现场

访谈成功与否很大程度上取决于访谈者与被访谈者最初接触时的表现,如果一开始就引起被访谈者的反感,整个访谈就难以顺利进行。访谈员进入访谈现场应当做到:①约定要提前。事先招呼或约定后再进入现场,一般不易遇到拒绝,访谈关系也能顺利形成。因此,实地访谈前,应先与被访者所在地区或单位取得联系,以争取支持和帮助,如由一位熟悉被访者的人带路或陪同,能明显增强被访者对访问者的信任感,若有关部门能派人参加联合调查,则效果更佳。②称呼要恰当。接近被访谈者的第一句话就是如何称呼的问题。一般说来,称呼恰当,就为接近被访者开了一个好头,称呼弄错了,就会闹笑话,甚至引起对方的反感,影响访谈的正常进行。③衣着要得体。访谈者要给被访者良好的第一印象,要注意自己的衣着、打扮,尽可能与被访者相类似,给对方易于接近和交往的感觉。如:在发达地区访谈,穿戴应该比较整齐;而在经济落后地区访谈,衣着应尽可能朴实。另外,要根据被访者的衣着和打扮,来确定自己接触对方时应采取的态度,对穿着比较随意的被访者可以坦率和随意一些,对讲究打扮的被访者,言谈举止则应庄重,彬彬有礼。④接近要积极。访谈员与被访者接触之后,应采取各种有效方法与被访谈者进一步接近。一般来说,可采用正面接近、自然接近、求同接近、友好接近、隐蔽接近等方式。

## 第8章 基于社会调查的信息采集

**表8-2 济南市工业和信息化"十二五"规划访谈提纲(企业适用)**[①]

| 姓 名 | | 联系方式 | |
|---|---|---|---|
| 单 位 | | 职 务 | |
| <td colspan="4">1. 了解企业业务发展现状；<br>2. 了解企业以及所在行业两化融合发展情况；<br>3. 了解企业两化融合的经验和问题；<br>4. 征求企业对两化融合的建议。</td> |
| 序号 | 内容列表 | | 备注 |
| 一 | 企业业务发展现状 | | |
| | 1. 请简要地介绍一下贵公司情况（如发展史、规模、主营业务、主打产品、行业地位等）<br>2. 您认为贵公司发展主要成功因素有哪些？主要制约因素有哪些？<br>3. 贵公司业务及所处行业的主要特点有哪些？ | | |
| 二 | 两化融合现状和发展 | | |
| | 4. 介绍企业在研发设计、企业管理、业务支撑和电子商务几个方面利用信息技术的情况，简要介绍已建、在建重大信息化项目。<br>5. 请介绍企业在生产过程中采用了哪些信息技术，生产自动化程度在行业内的水平，生产过程采用信息技术后产生了哪些效果。<br>6. 请介绍企业产品采用了哪些信息技术，产品智能化在行业内的水平，未来打算采用哪些信息技术提高产品的智能化水平。<br>7. 请介绍企业是否通过利用信息技术拓展出新的产业，未来企业哪些方面可以通过与信息化的深度融合产生新的产业。 | | |
| 三 | 在两化融合方面的经验和问题 | | |
| | 8. 您对两化融合是否了解？请结合企业的实际情况，谈一下您对企业所在行业两化融合的想法。<br>9. 您认为济南市所在行业和企业在两化融合方面存在哪些问题？ | | |
| 四 | 对两化融合的建议 | | |
| | 10. 政府在贵公司两化融合过程中在哪些方面给予了支持？（如政策、培训、资金等）<br>11. 您认为今后政府在推进两化融合方面应该提供哪些服务或支持？ | | |

---

① 济南市工业和信息化"十二五"规划访谈提纲. http://www. jn. gov. cn/Lists/article/_uploads/8128_1% E3% 80% 81% E4% BC% 81% E4% B8% 9A% E8% AE% BF% E8% B0% 88% E6% 8F% 90% E7% BA% B2. doc. [2011-03-06]

### (3) 正式进行访谈

访谈者在进入访谈现场，建立了访谈关系后，便要转入到访谈主题上，进行正式访谈。整个访谈过程，要运用各种访谈技术（包括提问、引导、追问、倾听、回应和记录等技术）控制访谈过程；同时，访谈中除了通过语言交流外，还可通过非语言进行交流，达到对访谈过程的控制。非语言控制包括表情、目光、动作、姿态等。访谈中访谈员自始至终都要使自己表现出有礼貌、谦虚、诚恳、耐心，要用目光观察被访谈者的表情，同时又不致引起被访谈者的不快。要通过观察被访谈者的表情、目光、动作、手势、姿态、行为及其周围环境来捕捉被访谈者的思想、感情及各种非语言信息。总之，访谈者要运用各种方式与被访谈者进行交流，使双方的互动过程变成情感交流过程，从而顺利采集到各种信息。

### (4) 适时结束访谈

结束访谈是访谈活动的一个必经环节，访谈者应善于适时结束访谈。一般情况下，每次访谈的时间不宜过长，一般以一个小时左右为宜，但也不能过于机械，整个访谈过程的持续时间应根据访谈内容和访谈过程中的具体情况灵活掌握。访谈者在所要了解的问题得到了较为圆满的回答以后，应适时结束访谈；或者当被访谈者疲劳、厌倦，或者良好的交谈气氛被破坏，被访谈者难以合作下去时，应适时结束访谈。访谈结束的方式应尽可能轻松、自然。访谈者可以有意地给被访谈者一些语言上和行为上的暗示，如："你对今天的访谈有什么看法？"、"你今天还有什么活动安排？"；也可以做出准备结束访谈的姿态，如收拾录音机和记录本，以表示访谈可以结束了。结束访谈时，访谈者要对被访谈者对工作的支持表示衷心的感谢。必要时，还应表示可能再次登门求教，为以后的调查打下良好的基础。

## 8.3.3 观察法

### 1. 观察法的含义与类型

观察法是指调查者带有明确目的，凭借自己的感觉器官及其辅助工具，直接从社会生活的现场采集社会初级信息或原始资料的方法。观察法属于一种在自然状态下的现场调查，因此，采集的信息真实可靠，该方法主要靠人的感觉器官以及延伸物采集信息，因此，简便易行，但通常观察到的只是被调查者的外显行为，且带有一定的表面性和偶然性，对观察者的素质要求高，要花费较多的人力和时间。

观察的类型很多,按观察者是否参与被观察对象的活动,可分为参与观察与非参与观察(局外观察);按对观察对象控制性强弱或观察提纲的详细程度,可分为结构性观察与非结构性观察;按是否借助观察仪器,可分为直接观察和间接观察。

**2. 观察法的基本程序**

观察法的一般程序包括以下三个环节:

(1) 观察准备

做好观察前的准备工作,是进行科学观察的基础。准备工作包括以下内容:①明确观察目的。为了明确观察目的,应作大略的调查和试探性观察,以掌握一些基本情况,了解观察对象的特点,确定观察范围和观察重点。②制订观察计划。观察计划一般应包括观察目的、观察重点和范围、观察提纲、观察过程(时间、次数、位置)、观察方法、注意事项、记录表格(参见表8-3)、观察仪器、人员的组织分工等内容。③做好物质准备。包括准备观察仪器和印制观察记录表格等。

(2) 实地观察

观察时,应尽量做到:①选择最佳观察位置,但要保证不影响被观察者的常态。②善于辨别重要的和无关的因素,提高观察效率。③善于抓住引起各种现象的原因,使获得的观察信息具有科研价值。④善于与观察对象建立良好的关系。进行实际观察应尽量按计划进行,不要轻易更换观察的重点、超出原定的范围,致使离开了原定的观察目的。如果原定计划确实不妥,或观察现象有所变更,则应按计划中的应变措施或实际变化情况随机应变,但应力求妥善地完成原定任务,尽可能取得最全面可靠的信息。

(3) 记录和整理观察材料

做观察记录,应符合准确性、完整性和有序性的要求,为此,必须及时进行记录,不要依赖记忆。一般的记录方法有:①等级评定法。观察者对观察对象评定等级,如:在观察记录学生在某一集体活动中的表现时,可以分为十分活跃、活跃、一般、不活跃、很不活跃五级。记录的方法可以在预先印好的表格上按等级记录。②频率法。观察者事先将要观察的对象和观察项目印成表格,一旦出现某一现象,就在表格的相应框格内标记。③连续记录法,即当场在笔记上作连续记录,或借用录音机、摄像机等将现场连续录下。观察结束后,还应及

信息采集

时整理材料,对大量分散材料利用统计技术进行汇总加工,删去一切错误材料,然后对典型材料进行分析。如有遗漏,及时纠正,对反映特殊情况的材料另作处理。

表 8-3　北京亿元百货商场中年女性女装消费购物行为记录表①

商场编号_____开始时间_____人流量(进/出)___/___

顾客编号_____年龄___手提包数量____陪伴_____

| 地　点 | 动作 | 是/否 | 时刻 | 次数 | 描述 |
|---|---|---|---|---|---|
| | 进入 | | | — | — |
| | 拿衣服 | | — | | |
| | 看价格 | | — | | |
| | 翻吊牌 | | — | | |
| | 试穿 | | — | | |
| | 问导购 | | — | | |
| | 照镜子 | | — | | |
| | 决策 | | — | | |
| | 休息 | | — | | |
| | 离开 | | | — | — |
| 停留时间 | | | | | |
| 购买数量 | | | | | |
| 地　点 | 动作 | 是/否 | 时刻 | 次数 | 描述 |
| 商场活动 | 新品 | | | | |
| | 促销品 | | | | |
| | 其他 | | | | |

结束时间_____手中包数量_____调研人员_____页码_____

## 8.4　社会调查信息的加工处理

通过社会调查实施阶段所获得的原始信息,还较粗糙、肤浅和零碎,需要经过整理加工,才能得出科学的采集结论。因此,调查信息的加工处理是调查过程中的一个必不可少的环节。

---

① 北京亿元百货商场中年女性女装消费购物行为调查方案. http://wenku.baidu.com/view/cf163d6e58fafab069dc 020d. html. [2010-09-28]

## 8.4.1 调查信息的整理

### 1. 调查信息整理的含义

调查信息整理是指运用科学的方法,按调查目的、任务和要求,将调查采集的原始信息资料进行审核、编码、汇总、分析,使之系统化、条理化,并以集中、简明的方式反映调查对象总体情况的过程。调查信息的整理过程是对调查信息资料进行全面审视、检查的过程。该过程应遵循真实性、准确性、完整性、统一性、简明性原则。

### 2. 调查信息整理的一般步骤

调查信息的整理主要是文字信息和数字信息的整理。其一般步骤是:

(1) 审核

由于在采集信息的过程中难免会存在虚假、差错、短缺、冗余等问题,所以对调查信息的审核十分必要。审核的目的主要是解决原始信息的真实性和有效性问题,要着重审查信息的真实性、准确性与完整性。要保障调查信息来源的客观性和调查信息本身的真实性。调查者必须根据已有知识和经验,辨别信息的真伪,把那些明显违背常理的、前后矛盾的信息舍去。同时,要注意审查信息的完整性,保证完成所有设计的调查项目,保证调查问卷的回收率,舍去严重漏填、错填的问卷。审核的方法包括经验判断、逻辑审核和计算审核等。

(2) 编码

如果所采集的调查信息要输入计算机处理,则必须对原始信息进行编码,并将编码值输入计算机,为进一步处理与分析做准备。编码设计是确定各问卷或调查表及其问题和答案对应的代码名称、形式、范围及其与原数据的对应关系的过程,是整个编码过程的基础。编码设计的具体内容包括问卷(或调查表)代码、变量的定义(名称、类型、位数、对应问题等)及取值的定义(范围、对应含义等)。如:某问卷的代码为"1031102",第一位数字"1"代表上海航空公司,后面两位数字"03"代表652次航班,再后面两位数字"11"为访问员编号,最后两位数字"02"表示该访问员在此航班成功完成的第2份问卷。通过问卷代码不仅可以方便查找问卷,审核调查人员的工作,还有助于子总体间的对比分析。根据编码设计的时间与方法,编码可分为前编码设计和后编码设计两种。前编码设计主要适用于事先已知答案类别的问题,如结构式问卷中的封闭题。后设计编码指的是给某个事

先没有编码的答案分配一个代码,主要适用于开放式问题。

[例8-1]封闭题编码设计——单选题

＊Q18 请问您最近一年内买过DVD光盘吗?(1)

1. 买过　　　2. 没买过

＊编码:Q18　　码值:1

[说明]对单选题只需规定一个变量,取值为选项号。设计编码时,问题Q18对应的取值范围为1、2或9,其中"1"表示买过,"2"表示没买过,"9"表示该题无回答。

[例8-2]封闭题编码设计——多选题

＊Q19 请问您购买计算机软件时考虑的主要因素是?(2,3)

　　　1. 价格　2. 功能　3. 服务　4. 界面　5. 公司信誉　6. 其他

| ＊编码: | Q191 | Q192 | Q193 | Q194 | Q195 | Q196 |
|---|---|---|---|---|---|---|
| ＊码值一: | 0 | 1 | 1 | 0 | 0 | 0 |
| ＊码值二: | 0 | 2 | 3 | 0 | 0 | 0 |

[说明]对多选题需要规定多个变量,一般有两种做法:一是将各个可能回答的答案选项取值范围都设为0和1,如被调查者选择了该答案,此变量的码值为"1",否则为"0"。按此编码法,例8-2中各变量对应的是码值一。二是当调查者选择了某项答案时,该答案的码值为对应的选项号,按此编码法,例8-2中各变量对应的是码值二。

[例8-3]封闭题编码设计——排序题

＊Q21 请您在括号内填写对各类广告的信任度(信任度最高的填1,次之为2,以此类推)。

| ＊ | 编码 | 码值 |
|---|---|---|
| (4)1. 电视广告 | Q211 | 4 |
| (3)2. 报纸广告 | Q212 | 3 |
| (6)3. 广播广告 | Q213 | 6 |
| (2)4. 杂志广告 | Q214 | 2 |
| (1)5. 路牌广告 | Q215 | 1 |
| (5)6. 网络广告 | Q216 | 5 |

[说明]变量个数即为选项个数,各变量的编码即为对应的选项序号,编码取值为次序号。

(3)汇总

汇总是对搜集到的数据信息进行录入、计数,从而将分散的信息资料以集中的形式显示出来。汇总可以用手工汇总，也可以用计算机汇总。手工汇总的方法主要有点线法（划记法）、过录法、卡片法、折叠法等。计算机汇总要在编码和数据录入的基础上进行。目前计算机汇总方法已普遍使用，Excel 提供了数据分组、计数等分类汇总功能，如利用 Excel 的数据透视功能可以将表 8-4 汇总为表 8-5。计算机汇总大大地缩短了汇总的时间，而且保证了汇总的质量。

表 8-4  某地区移动电话调查表

| 数字移动电话类型 | 性别 |
|---|---|
| 长白行 | 男 |
| 长白行 | 女 |
| 长白行 | 男 |
| 长白行 | 男 |
| 全球通 | 女 |
| 全球通 | 男 |
| 全球通 | 男 |
| 全球通 | 男 |
| 全球通 | 女 |
| 全球通 | 女 |
| 神州行 | 男 |
| 神州行 | 男 |

表 8-5  某地区移动电话类型汇总表

| 计数项:性别 | 性别 | | 总计 |
|---|---|---|---|
| 数字移动电话类型 | 男 | 女 | |
| 长白行 | 37.50% | 25.00% | 33.33% |
| 全球通 | 37.50% | 75.00% | 50.00% |
| 神州行 | 25.00% | 0.00% | 16.67% |
| 总计 | 100.00% | 100.00% | 100.00% |

（4）制作统计图表

统计表和统计图是调查信息整理的表现形式，也是进行统计分析的有用工具。资料汇总的结果，可以通过编制统计表和统计图，以集中、简明、直观的形式显示出来。统计表的结构一般由标题、横标目（行字段名）、纵标目（列字段名）和字段值组成，具有简明、集中等特点，便于计算、阅读和分析。统计图是用几何图形或象形图来显示调查信息的重要工具,具有直观、形象、生动等特点。常用的统计图有条形图、柱形图、饼图、折线图、雷达图等。另外,可以对数据信息进行统计分析,如分析频数分布状况、计算平均数、计算标准差等,在此不再赘述。

### 8.4.2 调查报告的撰写

调查报告是根据调查所得的信息,经整理、研究,用于反映实际情况、总结调研成果的一种书面报告,属于公文中的说明性文体。调查报告具有针对性、实证性、时效性等特点。

**1. 调查报告的类型**

根据不同的标准,调查报告可分为不同的类型。主要有以下三种分类方法:

(1)按调查报告的目的划分

按照调查报告的目的不同,可分为学术性调查报告和应用性调查报告。学术性调查报告是以学术研究为目的而撰写的报告,主要为理论研究服务。应用性调查报告是以解决现实问题为主要目的而撰写的调查报告,大体上又可分为以下类型:①社会情况调查报告,其主要目的是认识社会现象、了解社会问题、把握社会脉搏。在写法上,该类调查报告以突出事实信息为主,在事实的叙述上要力求全面、系统、具体、深入,如《中国互联网发展状况调查报告》。②政策研究类调查报告,主要是为正确制定政策或正确执行政策服务。撰写时,不仅要叙述必要的调查信息,而且要进行深入的分析和论证,并对今后的实际工作提出政策性的具体建议。如《网络实名制调查报告》即应对我国是否应采取网络实名制及其实施方法提出建议。③总结经验类调查报告,其主要目的为总结推广先进经验,同时也有树立典型、表彰先进的作用。撰写时,应具体说明其产生的社会历史条件、发展阶段和过程,特别是要详细介绍曾经遭遇过的困难、问题和解决办法,以及已经取得的成绩和推广意义等,如《房地产标杆企业管理制度调查报告》应调查企业管理制度较为完善的房地产企业的制度建设情况,为其他房产企业提供参考。④揭露问题类调查报告,其主要目的是揭露现实生活中存在的突出问题,以引起社会的重视,使人们从中吸取教训,同时也为有关部门了解情况、解决问题提供依据。撰写时,不仅要如实地揭露问题,而且要深入地分析原因,指出问题的严重性和危害性,还要提出解决问题的办法和建议,如《青少年网络成瘾调查报告》。⑤新生事物类调查报告,主要是通过反映新人、新事、新思想、新创造,以达到宣传、发展新生事物的目的。撰写时,应着重说明新生事物"新"在何处,如何解决前进过程中的矛盾和困难,并指明其发展方向以及应该采取的对策等,如《2010 年物联网发展现状及前景的调查报告》。

(2)按调查报告内容的广度划分

按照调查报告内容的广度,可分为综合性调查报告和专题性调查报告。综合性调查报告的内容比较广泛、全面,反映的信息比较丰富,篇幅一般也较长。专题性调查报告的内容比较狭窄、专一,问题比较集中,有较强的针对性和时效性,篇幅一般也比较短小。一般来说,综合性调查报告的内容较广、较"全",相对而言,专题性调查报告的内容较窄、较"专",但两者之间并没有绝对分明的界限。

(3)按调查报告内容的深度划分

按照调查报告内容的深度,可分为描述性调查报告和因果性调查报告。描述性调查报告,是对社会真实情况进行具体描写和叙述的调查报告,回答"是什么"和"怎么样"的问题。因果性调查报告是以揭示社会现象之间因果联系为主要内容的调查报告,它不仅要说明"是什么"和"怎么样"的问题,而且要回答"为什么"和"怎么办"的问题。描述性调查报告尽管在内容层次上比较浅,却是任何调查报告都不可缺少的基本组成部分,因果性调查报告则是在描述性调查基础上深入研究的结果。

**2. 调查报告的结构**

一般说来,调查报告的基本结构由标题、导言、正文、结尾 4 部分组成。

(1)标题

标题是引起读者注意的关键因素之一,用得较多的调查报告标题形式主要有:①主题式,即直接在标题中陈述调查对象及调查问题,如《大学生择业观现状调查》、《当前大学生网络资源应用状况调查》等。其优点是调查内容和调查对象一目了然,其缺点是难以吸引读者的阅读兴趣。②结论式,即用某种结论式的语言或警句、格言、判断句等作标题,如《网络支付安全是阻碍电子商务发展的主要原因》、《网上不良信息"猛"于网络游戏》。这种形式的标题,表明了作者

的结论或观点,十分醒目,针对性强。③问题式,即以一个问题作为标题,如《当今大学生在追求什么》、《大学生创业难在何处》等。这类标题有利于调动人们进一步阅读的欲望。④双标题式,即由主标题和副标题共同构成复合式标题,如《他们的烦恼是什么——对我院1 000名大学生的调查》、《爱在校园——关于大学生谈恋爱现状的调查》等。这类标题具有以上三种标题的优点。

(2)导言

导言也称前言或引言,是调查报告的开头部分,主要是介绍调查目的与意义、调查内容、调查对象、调查方法、调查时间与地点等,文字一般不宜太长。具体写法有:①直述式,即开门见山,平铺直叙,直接把调查的目的、意义、内容、对象、范围、时间等一一写出,如例8-4所示。②悬念式,即先描述某种社会现象和社会问题,然后对这种社会现象和问题产生的原因及其影响等提出一系列疑问,最后介绍调查的基本情况,如例8-5所示。③结论先行式,即在描述现象、提出问题的同时,直接写出结论,如例8-6所示。调查报告的前言部分还有其他的一些写法,究竟采用哪种方法,要视报告的种类、目的,主体部分展现的信息,以及报告的篇幅等情况作适当选择。

[例8-4]直述式调查报告导言

为了全面了解我院大学生的上网状况,加强对大学生健康上网的引导,我院社科部于2008年2月至5月,在我院一、二、三年级在校生中调查了300名大学生的上网情况。以下是这次调查采用的方法和获得的主要结果。

[例8-5]悬念式调查报告导言

如今,上网已是大学生生活不可缺少的一部分。近年来,上网带来的众多社会问题备受人们关注。我院大学生能否健康上网?能否有效上网?上网给他们的学习、生活、身体健康等带来了哪些影响?怎样引导大学生健康而有效上网?为了弄清这些问题,我院社科部于2008年2月至5月,在全院学生中抽取300名进行了调查。

[例8-6]结论先行式调查报告导言

青少年犯罪是全社会普遍关注的社会问题之一。据统计,去年一年中,我市因各种犯罪而被劳教的青少年达600多人。这么多的青少年是怎样误入歧途,走上犯罪道路的呢?导致青少年走上犯罪道路的主要原因是什么呢?笔者今年3月对我市两个劳教所400名犯罪青少年的调查表明：家庭破裂、择友不当以及黄色文化的影响，是导致青少年走上犯罪道路的主要原因①。

(3) 正文

正文是调查报告的主体部分，大概要占整篇调查报告70%~80%的篇幅。正文的结构主要有3种常见形式：①纵向结构式，即按调查对象发生、发展的先后顺序或调查过程来组织信息、叙述事实。其优点是事实完整、过程清楚，使整篇报告脉络清晰、结构畅通。②横向结构式，即把调查到的事实和形成的观点根据内容的内在联系，按照所反映的性质和类型分成几个并列的部分分别叙述，从不同的角度共同说明调查报告的主题。其优点是问题展得开，论述较集中，条理清楚、观点突出。如：《柳州职业技术学院大学生职业价值观调查报告》中，第二部分在分析调查结果即大学生职业价值观现状及成因时，分别从性别、年级、生源地三方面展开分析。③纵横结合式，即将上述两种方式相结合，以一种方式为主。这种结构常用于较大规模调查的调查报告，以便于反映出比较复杂的内容。

(4) 结尾

结尾是调查报告的小结或总结部分，除了简单概括结论外，还要提出政策或工作方面的建议和意见。常见的结尾方式有：①概括式结尾，即概括地提出调查报告的结论，说明其主要观点，可以深化主题、增强报告的感染力和说服力。②总结式结尾，即以点带面，从较高层次上来总结经验、说明观点、形成调查的基本结论。③建议式结尾，即针对所调查的情况和问题，在最后提出解决问题或改进工作的具体建议。④展望式结尾，即通过说明所调查的问题的意义，在结尾部分对调查对象的发展做出预测和展望。⑤启发式结尾，即在报告正文结束时根据调查对象的发展状况提出引人深思的问题，引导读者进一步思考文章的主题。

另外，一些正文写得较为精炼的调查报告还会提供附录，以补充说明问题。附录一般附在正文之后，内容主要包括调查问卷、抽样方案、统计表等有关材料。

---

① 社会调查报告的撰写. http://www.dzjkw.com/html/20100203/7107995375962.html. [2010-02-03]

### 3. 调查报告的写作程序

调查报告的写作，主要包括以下几个环节：

**(1) 确立主题**

调查报告的主题就是调查报告所要表达的中心问题，它是整个调查报告的灵魂。在一般情况下，调查报告的主题就是调查的主题。如：进行一项以大学生手机消费问题为中心的社会调查，其调查报告的主题就是大学生手机消费的状况、特点及其存在的问题。

**(2) 拟定提纲**

确立了调查报告的主题后，接着就要构思好调查报告的整体框架，并进一步将这种框架转变为具体的写作提纲，它是调查报告的骨架。提纲拟定的越具体，调查报告写作就越顺利。

[例8-7] 大学生手机消费问题调查报告提纲

一、大学生手机消费的现状（包括消费数量、内容和形式、费用来源等）

二、大学生手机消费的特点

三、大学生手机消费的趋势

四、大学生手机消费中存在的主要问题

五、正确引导大学生手机消费的建议

**(3) 选择素材**

一项调查所得到的信息资料，在撰写调查报告时并非一定都要用上，必须对所用的素材进行选择。选择材料时，要以写作提纲的范围和要求为依据，选择那些典型的、具有代表性和说服力的素材。

**(4) 撰写与修改调查报告**

撰写调查报告时，应依据拟定的提纲，合理使用调查得到的信息资料。同时，在语言的运用上要力求通俗易懂、准确、简洁。

**案例8-8  2010年度广东省互联网发展状况研究报告**

从2007年起，中国互联网络信息中心（CNNIC）中心受原广东省信息产业厅委托，对广东省21个地市的互联网发展状况进行统计调查①，并发布了《2010

---

① 2010年度广东省互联网发展状况研究报告. www.cnnic.cn/research/bgxz/bgxz.../P020110407501548617387.pdf. [2011-04-07]

年度广东省互联网发展状况研究报告》。研究报告分为三部分,第一部分为:广东省互联网调查方案与方法,介绍了调查内容、范围与调查对象、研究方法、报告术语界定、调查方法;第二部分为:广东省互联网发展状况分析,主要包括内容摘要、重点调查数据比较、广东省网民规模、广东省网民特征结构、广东省互联网基础资源、网络接入、网络应用、结论与建议。第三部分为附录,附有广东省21地市互联网对比分析、广东省农村互联网发展状况、广东省青少年互联网应用状况等表格。

## 习题

1. 通过社会调查主要可以采集哪些信息?

2. 社会调查的基本类型包括哪几类?

3. 调查信息整理的一般步骤是什么?

4. 访谈前一般要做哪些准备工作?

5. 在问卷设计中,问题和答案的设计有一定的基本要求。简要分析下列问题和答案设计各存在什么问题?并请您重新进行设计。

(1) 您喜欢看杂志、图书、报纸吗?

A. 喜欢　　B. 不喜欢

(2) 绝大多数人认为电子图书将不会代替印刷型图书,您认为呢?

A. 会　　B. 不会

(3) 您对我们学校图书馆电子资源数量的满意程度如何?

A. 很满意　B. 很不满意　C. 不太满意　D. 比较满意　E. 一般

(4) 您喜欢使用哪些类型的数据库?

A. 期刊数据库　B. 报纸数据库　C. 产品数据库　D. 电子图书数据库

(5) 您认为中国全面实施网店实名制是否有可能获得成功?

A. 不可能　B. 比较困难　C. 有可能　D. 很困难

# 第 9 章  信息采集的效率与质量

【本章提示】

本章主要介绍信息采集效率、质量评价指标以及信息采集的优化措施。通过本章的学习,学生应掌握信息采集效率评价和质量评价的主要指标,理解信息采集的优化策略。

信息采集完成后,应对信息采集的效率和质量进行评价。用户的信息需求是否得到满足,是信息采集评价的主要依据。对于大型的信息采集项目,采集人员应在用户反馈的基础上,总结分析信息采集的经验教训,并根据用户的要求,及时补充完善采集结果,提高用户的满意度。

## 9.1  信息采集的效率评价

信息采集的效率,可以采用采全率、采准率、及时率、费用率和劳动耗费率等指标来进行评价。

### 9.1.1  采全率

采全率是指采集到的相关性信息占全部相关信息的比例,用以衡量信息采集的完整程度。若用 $P$ 表示采全率,$r$ 表示采集到的与信息需求相关的信息,$R$ 表示与信息需求相关的全部信息(即采集到的相关信息与未采集到的潜在相关信息之和),则信息采全率可表示为:

$$P = \frac{r}{R}$$

采全率的高低主要取决于相关信息源的分布、用户信息需求、信息流的特征以及对切题信息总体的预测数据等。当采集信息来自于某一具体范围或具体信息源时,则采全率较高;当采集信息来源广泛且来自于多种载体类型时,则采全率较低,且采集内容容易交叉重复。因此,在开展信息采集前,要根据用户的信息需求、信息源的分布状况、采集经费、人力及物力情况,初步确定一个采全率,以确定信息采集的范围和主要目标,使信息采集过程有的放矢。另外,采集人员的采集技能及方法、选取的信息源、所用的采集工具、采集人员所属机构的经济实力、物质条件及信息管理水平等都将影响到采全率。

### 9.1.2 采准率

采准率是指采集到的切题信息占采集到的所有信息的比例,用来衡量信息采集的针对性。若用 $E$ 表示采准率,$r$ 表示采集到的切题信息,$Q$ 表示采集到的所有信息,信息采准率可表示为:

$$E = \frac{r}{Q}$$

采准率的高低主要取决于采集人员的采集技能、采集信息源的质量等。其中,采集人员的采集技能主要指其掌握采集工具的种类和熟练程度、采用合理的采集方法及渠道的能力、信息筛选和评价能力等;采集信息源的信息质量主要是指所利用信息源的信息数量、可靠性、新颖性等状况。通常,采集人员的采集技能越高,采集信息源的质量越高,信息采集结果的准确率也就越高。

### 9.1.3 费用率

费用率是指单位信息采集所使用的资金数量,用以衡量信息采集的资金效率。它取决于采集过程的组织、各环节的技术装备及其他因素。通常,用可采用信息的条数或件数来大致表示信息的单位。若 $C$ 表示单位信息的费用率,$F$ 表示某次采集信息的总花费,$G$ 表示本次搜集到的信息量(总条数或件数),费用率可表示为:

$$C = \frac{F}{G}$$

值得注意的是,有时单位信息很难确定,不同性质的信息其价格也不一样(如:二次信息和一次信息的价格就有较大差别),因此,在进行费用率计算时,首先要对单位信息的计算方法进行界定。在单位信息确实难以界定时,可以对同类信息的费用进行比较,来衡量信息采集的费用水平,如:将采集结果报告与类似的调研报告平均价格比较来衡量信息采集费用的高低。

### 9.1.4 劳动耗费率

劳动耗费率指信息采集过程所有环节的劳动消耗总量。若用 $L$ 表示搜集信息的总的劳动耗费量,$L_i(i=1,2,\cdots,n)$ 表示单位(件或条)信息在第 $i$ 个环节的劳动耗费量,$n$ 表示总的环节数。劳动耗费率可表示为:

$$L=\sum_{i=1}^{n}L_i$$

劳动耗费率取决于信息采集过程的难度、采集人员业务水平、信息源分布及获取难易程度、采集工具的性能等多方面因素。

### 9.1.5 其他指标

在信息采集评价过程中,还可以使用及时率、误采率、响应时间等其他指标来衡量信息采集的效率。对于一次具体的信息采集过程而言,其及时率越高、误采率越低、响应时间越短,其信息采集效率越高。总之,进行信息采集效率评价时,要结合用户的信息需求,采用定性或定量评估方法,尽可能客观科学地对采集效率进行评价。

## 9.2 信息采集的质量评价

高质量高水平的信息采集,必须有相应的信息采集质量评价标准。信息采集的质量评价一直是国内外学者关注的焦点,但至今尚未取得一致性意见。大部分学者认为,信息采集质量评价的宗旨是"使用户感到满意",对信息采集质量的评价应该结合行业和应用领域的特点从多个角度进行,但主要应从用户的视角出发。因此,可以从内容、表达和效用三方面对信息采集的质量进行评价,如图9-1所示。

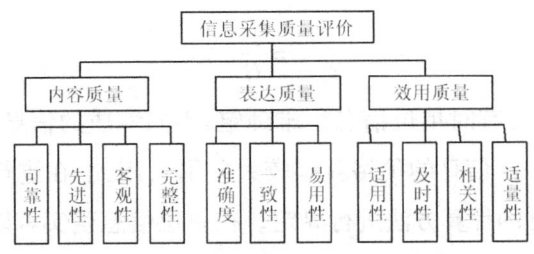

图9-1 信息采集质量的评价指标体系

## 9.2.1 内容质量评价

内容质量评价是指对采集到的信息集合的内在质量进行判断和估算,是最根本、适用性最广的评估方式,主要包括可靠性、先进性、客观性、完整性等指标。

### 1. 可靠性

可靠性是评估信息采集内容质量的首要指标。它指的是采集到的信息真实、准确的程度。评价信息的可靠性,既可以采用"交叉检验"的方法对来自不同信息源的同一信息进行检验,也可以采取对信息的"5W1H"要素①进行分解比较,将各要素的共同点与原信息进行比较检验。要保障采集信息的可靠性,要求信息采集人员采集信息时,尽可能采集观点明确、推理严密、来源可靠、公开发表、事实和结论符合客观事实的信息。通常,来源于图书、期刊、政府或学术研究部门的信息,可靠性高。来源于网络论坛、个人聊天等非正规渠道的信息可靠性低。另外,还可以从外界的评论、被引用频率、实践应用等角度来评价信息的可靠性。不符合行业规范和道德伦理、被引用频率低、未通过科学鉴定的信息被认为是低质量的信息。在进行信息采集质量评价时,要分析可靠性信息和非可靠性信息各自所占的比例,通常,采集到的可靠性信息比例越高,信息采集质量越高;反之,则越低。

### 2. 先进性

先进性是指采集信息的新颖、领先程度。在时间上,主要表现为信息的内容新颖,比原先已掌握的信息更优良,或者以前未掌握这些信息;在空间上,主要表现为信息在一定范围内(如某一地区、国家甚至国际范围)领先超前于同类其他信息。要保障采集信息的先进性,信息采集人员应注重对以下信息的采集:①在同类领域内提出的新理论、新原理、新观念、新发现;②在同一原理的基础上创造的新方法、新技术;③在原有实验的基础上发现的新事实、新现象、新数据、新结果;④对现有理论、技术、方法在不同领域和地区的新应用和新效果;⑤新发明的新技术、新材料、新工艺、新设备、新器件、新产

---

① 5W1H 要素是指内容(What)、原因(Why)、时间(When)、地点(Where)、人(Who)、方法、途径或状况(How)。

品等信息。在进行信息采集质量评价时,要分析先进性信息占所有采集信息的比例,通常,采集到的先进性信息比例越高,信息采集质量越高;反之,则越低。

### 3. 客观性

客观性是指采集信息反映事物本身属性的一致性程度。信息反映的是某客观事物某一方面或多方面的属性,其本身具有客观性。要保障采集信息的客观性,一方面要求采集人员采集信息时按照事物的本来面目去采集信息,而不将个人感情、偏好等主观因素掺杂其中。另一方面,要求采集人员尽量采集不带强烈感情色彩的信息。在进行信息采集质量评价时,要分析非客观性信息占总采集信息的比例,通常,采集到的非客观性信息的比例越高,信息采集质量越低;反之,则越高。

### 4. 完整性

完整性是指采集信息的要素或结构的完整程度。通常,采集到的信息为一个或多个信息集合。良好的信息集合应能完整地表述某一思想、事实或描述某一事物。如:采集某一教职工的基本信息,其中姓名、性别、出生年月、民族、职称、职务、学历、所在院系、主要工作及受教育经历、讲授课程、研究方向、研究课题及成果、联系方式等信息要素必须具备,它们组成了一个完整的信息集合。如果缺少了其中的某一项或几项,则其信息结构不完整,不能够完整地反映该教职工的基本信息。值得注意的是,完整性是相对于信息使用目的而言的。由于不同用户的信息需求和使用目的不同,同样的信息集合提供给不同的用户,可能会出现不同的完整性评价结果,因此,评价信息采集的完整程度时,还应以信息用户的意见为主。另外,还可以从信息内容的深度(反映主题的详细程度)和广度(反映主题的地域、时间范围)两个方面来度量其完整性。在进行信息采集质量评价时,既要关注主要信息的完整性,也要注重整个信息采集结果的完整性。当采集信息的完整性较低时,还应尽快与信息提供者或信息用户进行积极沟通,以便及时调整采集策略,提高信息采集质量。

**案例 9-1　确保就业信息采集的质量**

某市劳动行政部门所属的公共职业介绍机构,因受资金、场地等条件的制约,尚未建立全市劳动力市场信息网络系统,各职业介绍机构职业供求信息的采集大多数是由工作人员向用人单位和求职者直接采集,在采集过程中,往往会遇到一些招聘行为不规范的现象,工作人员在采集信息的同时,还要按照市场招聘规范对供求双方予以相应的指导,从而保证采集信息的质量,提高职业中介的成功率。

某星期三上午,该市某职业介绍服务中心职业介绍部电话铃声响起,职业指导员小周立即拿起电话。

小周:"您好!这里是职业介绍服务中心,您请讲。"

对方:"我是华峰饭店,现急需5名清洁工,请你们介绍几位过来,越快越好。"

小周:"非常感谢您对我们的信任,我们一定会为您推荐所需人员,请您到我们这里来,按有关规定办理招聘手续。"

对方:"要办什么手续呀?"

小周:"请您将贵单位营业执照(副本)复印件、单位介绍信、承办人身份证及招聘简章提供给我们,办理招聘备案手续,我们即可为您办理招聘洽谈事宜。"

对方:"我们就用几个人,还得办这么麻烦的手续,不能简化一下吗?"

小周:"按照本市《劳动力市场管理条例》的有关规定,为确保招聘信息的真实性,对求职者负责,必须要按照上述规定办理相关手续。这也是保障用人单位权益的需要,请您给予理解和配合。"

对方:"既然是这样,我们只好照办了,请问,招聘简章怎么写呀?"

小周:"写明贵单位概况、提供的用工条件和对所招用人员的从业要求、工资报酬与福利待遇、试用期约定和其他需要说明的问题等,加盖公章就可以了。"

对方:"好的,谢谢您的耐心解释,我马上去,一会儿见。"

小周:"一会儿见。"①

由于严格执行劳动力市场信息采集的相关规定,详细向用人单位讲解招用

---

① 张春林,田光哲.职业指导典型案例.东营:石油大学出版社,2001:142-143.

**信息采集**

人员信息采集的相关制度和操作流程,防止了虚假信息、错漏信息,保障了采集信息的可靠性、完整性、准确性和有效性,从而保障了职业信息采集的质量,维护了用人单位和求职者双方的利益。

### 9.2.2 表达质量评价

表达质量评价是指从信息采集结果的表达方式合理性和科学性角度对信息采集质量进行评价。由于信息的内容需要靠信息符号来表达和传递,用户只能借助数字、文字、图表、代码、缩略语、简称等信息符号来理解和利用采集来的信息。因此,信息采集结果的表达形式是评价信息采集质量的重要方面。主要可从以下方面进行评价:

**1. 准确度**

准确度是指信息符号所表达的信息的准确程度。即要审核采集到的数据或事实是否前后矛盾,是否经得起推敲和验证,是否符合采集数字的位数和格式要求,通过信息符号表达的信息与真实信息值是否相一致或相近等。若信息符号值与真实信息值相同或误差在要求的范围内,则可以认为该信息符号符合准确性要求。如:某地区的电话号码已升级为 8 位数,而采集来的电话号码为 7 位,则说明采集信息的准确度方面存在问题。在进行信息采集质量评价时,要通过分析信息表达符号的歧义性、模糊性和错误的比例,来判断信息表达的准确度。通常,信息表达的准确度越高,信息采集的质量越高;反之,则越低。

**2. 一致性**

一致性是指信息表达符号格式和表达意义的一致程度。要保障信息采集质量,必须要选用一套规范、完整、具有较强表达能力的符号体系表达采集结果,而不能选用意义含糊、有多重语义的符号,如:同一个代码 T 不能前边表示时间,后边表示篇名;对于同一个数据的统计,应尽量使用统一的计量单位等。值得注意的是,来自不同采集渠道的信息可能彼此矛盾、冲突,信息采集人员必须分析审核造成矛盾的原因,去伪存真,保证采集信息的逻辑和语义的一致性。通常,信息表达的一致性越高,信息采集的质量越高;反之,则越低。

**3. 易用性**

易用性是指信息表达符号易于理解和便于使用的程度。信息用户是通过信息符号来理解和使用信息,因此,信息表达符号必须能够理解且易于理解,并要尽可能地简单明了。另外,由于不同的用户群,其理解力和知识背景不同,同样的信息不同用户的理解程度也不同,因此,要保障信息采集结果的易用性,应对用户的理解力和知识背景有所了解,必要时可对信息符号的含义、编码格式进行说明。如:《1997—2009:中国电子商务十二年调查报告》中对C2C的含义说明如下:"按电子商务的交易对象分类,即C2C,全称是Customer to Customer,是指消费者与消费者之间的电子商务模式。由于是个人与个人之间的交易,C2C的特点就是大众化交易。"

**案例9—2　1997-2009:中国电子商务十二年调查报告**

《1997-2009:中国电子商务十二年调查报告》[①]由中国电子商务研究中心编制,该中心采用了问卷调查、会议座谈、征集企业上报数据、企业调研、人物访谈、文献检索(政府部门、行业协会、上市公司历年财务报表与第三方机构的正式文件)等方法,分析描述了我国电子商务市场的现状、趋势、拐点、模式和规律,以及典型厂商的发展现状,以供行业人士、专家学者、媒体记者和政府部门了解与参考。报告由前言、电子商务十二年发展史、中国电子商务发展现状与产业规模、三大领域主要服务商调查、电子商务十二年发展特征与发展趋势、主流B2B商业模式、行业领军人物、杰出贡献企业、投融资与并购事件、创新创业城市/地区、"网络热议"事件、"悲情事件"、有望近年上市企业、最具投资价值与成长性网站、领先的第三方支付平台、创新型电子商务产品、附录(常用名词解释、重要法律法规、报告编制说明与发布机构)等十七部分组成。报告由中国B2B研究中心研究员、中国电子商务专家曹磊带头主编,负责报告的架构设计与内容规划。报告以文字、数据、统计图、排行表等多种符号,以发展史、大事记、人物和企业榜单、事件表单等形式,直观客观地展现了我国电子商务十二年的发展历程,图文并茂,格式规范,调研数据丰富,是一份难得的电子商务发展调研报告。图9-2、图9-3、图9-4均摘自《1997—2009:中国电子商务十二年调查报告》。

---

① 曹磊等.1997—2009:中国电子商务十二年调查报告.http://b2b.toocle.com/zt/1997/.[2010-11-08]

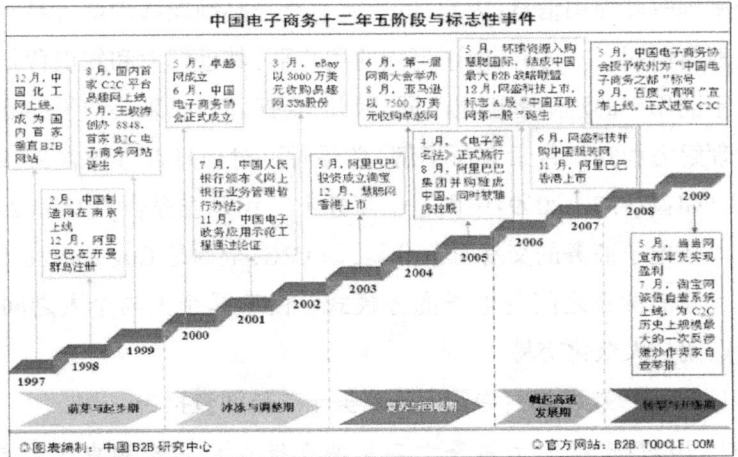

图9-2　中国电子商务十二年五阶段与标志性事件图

| 中国电子商务十二年：十大杰出贡献企业榜单 | | |
|---|---|---|
| 类别 | 入选企业 | 上榜理由 |
| B2B类 | 阿里巴巴(1688.HK) | 全球B2B电子商务领导者，也是中国最大电子商务服务公司 |
| | 网盛生意宝(002095.SZ) | 是我国首家B2B电子商务网站，带动了3000余行业网站发展；打造了"中国互联网第一股"，改写了资本市场和互联网历史 |
| | 慧聪网(08292.HK) | 第一家海外上市的B2B电子商务企业(线下业务为主) |
| | 环球资源(GSOL.NASDAQ) | 来自海外B2B的典型，是线下B2B向线上B2B拓展的先驱 |
| B2C类 | 8848 | 是"中国第一家B2C企业"，由此揭开了电子商务时代的序幕 |
| | 卓越网 | 国内垂直B2C先驱，后被亚马逊并购并开始实施多元化战略 |
| | 当当网 | 打造了全球最大中文网上书店，并向跨行业购物中心转型 |
| C2C类 | 易趣网 | 是"中国最早的C2C企业"，是我国网购的先驱 |
| | 淘宝网 | 是"中国最大的C2C企业"，为网购理念与习惯普及做出了贡献 |
| | 拍拍网 | 有力牵制了C2C收费的进展，避免了"一起独大"的垄断局面 |
| | 有啊 | 促使C2C良性竞争大环境的形成，为卖家买家提供了更多选择 |
| ©榜单编制：中国B2B研究中心 | | ©官方网站：B2B.TOOCLE.COM |

图9-3　中国电子商务十二年十大杰出贡献企业榜单

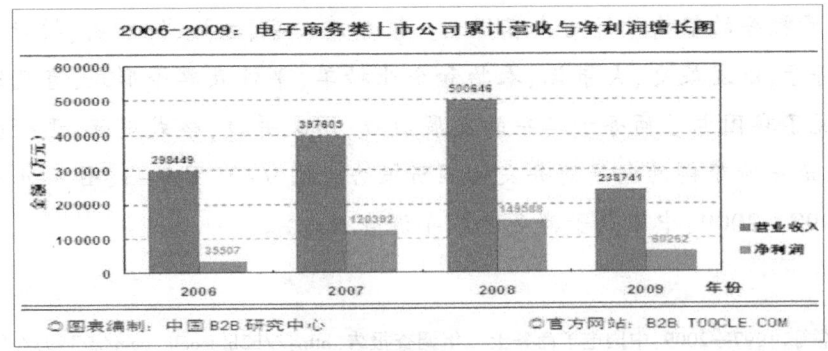

图9-4　2006—2009年：电子商务类上市公司累计营收与净利润增长图

### 9.2.3 效用质量评价

效用质量评价是指从用户的信息需求出发，通过评价信息采集结果的适用性、性价比等指标来确定信息采集的质量。对用户而言，有用的信息才是高质量的信息。效用质量评价主要可从以下方面进行：

**1. 适用性**

适用性指采集信息对信息需求主体的可利用程度。判断信息的适用性，主要可从以下两方面进行：①内容适用性。主要是看信息采集结果中介绍的理论、方法、事实或技术，是否适合我国国情，是否适合用户的信息需求，是适合近期需求，还是适合远期需求，是主要需求，还是次要需求等。凡能适合信息用户需求的资料，就具有一定的适用性。②适用范围。主要看信息采集结果适用的学科领域，是仅适用于某一方面，还是适用于多个方面；是适用于局部，还是适用于整体；是适用于少数人员，还是适用于组织机构全体人员；是适用于一般水平，还是适用于较高水平；是适用于科技发展较先进的地区，还是适用于比较落后的地区。总之，要从信息采集的目的、要求、范围等多个角度，对信息采集结果的适用性具体分析。信息采集结果的适用性越高，信息采集的质量越高。值得注意的是，信息是否适用在很大程度上还取决于信息用户自身的条件和外部环境，其所具备的外语水平、专业知识水平、信息接收和转化应用能力、经济能力、时间保障、社会环境等都是影响信息适用性的重要因素，因此，要提高信息采集的质量，还要注意事先了解用户自身的条件和外部环境，并将采集信息的必要背景资料提供给用户，以便于用户更好地了解和使用这些信息。

**2. 及时性**

及时性是指采集信息从信息源（A）到信息用户（B）之间传递时间的差异度，用以衡量用户利用采集信息的时间充裕程度。信息是有时效性的，过时信息将失去利用价值。A 点到 B 点的时间差异越趋向于零，则表示信息传递的速度越快、越及时，信息采集质量越高。在进行信息采集质量评价时，可分析信息采集结果中过时信息和及时信息各自所占的比例。通常，及时信息比率越高，信息采集质量越高，而过时信息比率越高，则信息采集质量越低。

### 3. 相关性

相关性是指采集信息与用户信息需求相匹配的程度，主要用于从用户角度衡量信息的有用性。信息的相关性不仅取决于信息内容，还取决于用户某一阶段内的主要任务目标和主次信息需求状况。如：开设网店之前，主要需要采集的是进货渠道、商品选择、开店流程等方面的信息；开设网店时，需要采集的是网络交易平台、网店申请、网店装修建议等方面的信息；开设网店后，需要采集的是商品的交易量、客户信用、用户反馈意见、店铺推广渠道等方面的信息。在进行信息采集质量评价时，可以分析信息采集结果中不相关信息所占的比例。通常，不相关信息的比率越低，信息采集质量越高；反之，则越低。

### 4. 适量性

适量性是指信息采集的数量的合理程度。信息采集要花费人力、物力、资金和时间，适量的信息采集将会产生较高的性价比。信息采集的数量不足，会使用户得不到所需的详细信息；而信息过量，不仅会产生大量的信息冗余，还会造成用户筛选有用信息的麻烦，降低信息采集的质量和效率。信息采集的适量性，要求信息采集人员针对用户的信息需求，采用科学合理的采集方法，提供数量适当、相关度强的信息。在信息采集质量评价时，可定性分析采集信息的数量是否符合用户需求，当信息量过多时，要进行一定的筛选和精简，当信息量过少时，要适当扩大信息源，通过多种途径和方法充实采集信息。

**案例 9-3　扩大用人信息采集渠道**

某市职业介绍服务中心交流大厅宽敞、明亮、气派，是该市劳动力市场投资近 300 万元建设的重点项目，建成以后吸引了大批人群来此进行求职活动。然而，在场面火爆的背后，劳动力市场信息网络系统中供求信息比例却存在着严重的不平衡：求职信息大大超过用人信息。不久，有场无市现象出现了，不少求职者满怀希望而来，却失望而去。意见簿上经常可以看到"岗位太少了"这样的抱怨。职业介绍中心负责人很快意识到问题的严重性，用人信息数量的严重不足将会成为中介服务发展的瓶颈。为此，他们连续三天召集各部门业务骨干会议，确定以大力加强用人信息采集为主攻方向，号召大家出谋划策，群策群力，制定了以下主要措施:面向社会,采取专职与兼职相结合的办法,建立信息采集队伍,扩大和形成信息采集的骨干力量;采取走出去的办法,分门别类到各行业的经营状况较好的企业了解、采集当前用人信息和潜在用人需求;成立用人单位联合会,进一步巩固和形成相对稳定的用人需求关系;借助媒体,采集媒体上的用人需求信息,扩充用人需求信息来源渠道。在上级领导和有关部门的大力支持与配合下,经过不到半年的运作,该中心的用人需求信息大幅度增加,供求信息比例严重失衡的局面有了较大程度的改观,职业介绍服务中心向社会公开做出了"天天有市场,时时有岗位"的承诺,一举扭转了开业之初有场无市的被动局面,获得社会的广泛赞扬。①

## 9.3 信息采集的优化策略

随着 Internet 的飞速发展,全球网络化、信息化的进程正不断推进,信息资源日益丰富,信息采集手段和工具日益先进科学,较好地满足了用户的信息需求。然而,网络科技的迅速发展也推动了信息资源数量的海量增长,由于缺乏必要的信息审核和控制机制,信息资源整体庞杂无序,信息内容组织程度不高,信息资源之间交叉重复,关联程度较低,用户需要在不同的信息空间来回切换,因此,如何快速、准确地从浩瀚的信息资源中采集到所需的信息已经成为困扰人们的一大难题。信息采集面临着采集结果相关度低、信息源可靠性差、采集系统繁多且异构性强等新的形势与挑战。因此,为了优化信息采集效果,提高信息采集的效率与质量,主要应采取以下措施:

### 9.3.1 推进采集过程的标准化管理

标准化管理不仅有利于提高信息采集的质量和效率,还有利于保证信息采集的长期可获取性与完整性。针对信息采集过程,实行标准化管理,具体可从以下几方面入手:

**1. 制订合理可行的信息采集计划**

在对用户信息需求分析以后,就要制订信息采集计划。信息采集计划方案要明确信息采集对象(信息源)、时间安排、主题范围、人员分工、采集费用、考核

---

① 张春林,田光哲.职业指导典型案例.东营:石油大学出版社,2001:144.

信息采集

条例、采集工具的选择、采集方式、采集频率等内容,并留有一定的余地,保持信息采集的灵活性,以进行信息采集策略的调整,提高信息采集效率。必要时,还应实行采集计划方案审批制度,对采集计划的科学性、可行性,采集目标和范围的合理性,采集对象的代表性和权威性,采集方式和采集工具的科学性和先进性等进行审核,从而确保信息采集计划的合理实施。

**2. 采用科学的信息采集策略**

信息采集的策略有定题、定向、跟踪、积累、委托、现场采集等多种类型,在实践工作中应根据实际情况组合利用,充分发挥各种策略的优点。另外,信息需求和信息源不同,需要的信息采集策略也不相同,信息采集人员应依据信息需求和选用信息源的具体情况,优选信息采集工具和方法,采用合理的采集策略,并将采集过程中发现的新动向、新变化及时向用户反馈,以确定新的信息需求和信息源,扩大信息采集途径,提高信息采集速度和效率,不断调整优化信息采集策略。

**3. 科学整理信息采集结果**

能否科学地整理采集到的信息,将直接影响到信息采集的效果。通常,采集来的信息杂乱无序,要经过筛选、鉴别、分类、汇总等加工处理后,才能更好地被运用。对于信息的筛选鉴别,可从信息的准确性、相关性、经济性等角度进行。对于信息的分类汇总,要根据用户的信息需求状况,结合采集结果具体情况,采用地区、时间、内容等标准进行分类整理或统计分析,从而提高采集结果的有序性和增值性。

## 9.3.2 提高信息采集人员的素质

信息采集人员的素质直接影响信息采集的质量。总的来看,信息采集人员要加强以下方面的素质与能力:

**1. 良好的个人素质**

一个优秀的信息采集人员应具备强烈的事业心、高度的责任感、良好的沟通能力和团队协作意识、较高的政治和法律素养等。信息采集是一项严谨细致的工作,要求采集人员以严谨求实的态度对每一条信息进行筛选、比较、鉴别和分析,并规范保存所需要的信息。因此,具备高度的责任感和强烈的事业心是信息采集人员必备的基本素质。由于用户的信息需求可能涉及多个领域和行业,因此,要求信息采集人员具有良好的沟通能力,能协助用户明确其信息需求,完成信息采集分工与协作。另外,信息采集人员必须了解和熟悉国家制定的各项方针政策,包括国民经济发展方针、科技发展方针、技术引进政策等,并将其作为信息采集的指导方向。良好的法律素质对于保证合法的信息采集工作,以及维护各种正当权益,具有重要意义。

**2. 良好的业务能力**

信息采集人员主要应具备良好的信息素养、高超的信息采集技能、良好的信息筛选鉴别能力、优秀的信息组织能力等业务素质。其中,良好的信息素养是指信息采集人员应具备强烈的信息生存意识、信息先行意识、信息商品意识和信息产业意识,明确信息的价值和信息采集的重要意义。高超的信息采集技能是指信息采集人员熟悉各类信息源、信息采集方法、途径与策略,能准确的分析预测用户的信息需求,能熟练合理地利用各类采集工具完成信息采集业务。良好的信息筛选鉴别能力是指信息采集人员应具备快速评价、鉴别信息的可靠性、准确性、经济性、时效性的能力,能迅速识别选择有用信息。优秀的信息组织能力是指信息采集人员应具备良好的信息分类序化、汇总分析、文字表达、图表绘制等采集结果处理能力。

**3. 合理的知识结构**

信息用户是多层次的,其信息需求也是多元化、多方面的,信息存在方式更是多种多样的,因此信息采集人员的知识结构也要向综合化方向发展。只有博学多才、锐意进取的高质量高层次的信息采集人员,才能迅速准确地采集到用户所需要的信息,更好地满足用户需求。通常,信息采集人员除充分掌握信息采集与服务的理论知识和基本技能外,还应具备一定的经济学和管理学方面的理论知识,要具备较好的外语水平和计算机应用能力,最好对某一专业领域或行业有较为深入的了解。

### 9.3.3 形成有效的信息采集保障环境

良好的信息采集环境是优化信息采集效果的重要基础。主要可以从以下几方面加强信息采集保障环境的建设。

**1. 推进信息采集的立法工作**

为了有效解决信息采集过程中的一些问题,信息采集的相关立法工作必不可少。首先,要建立数字信息的登记与呈缴制度。要以国家法律形式规定数字作品的作者向指定机构提交数字资源。国外的实践表明,如果不制定相关的呈缴制度,数字作品就会有丢失的危险。一些国家对呈缴法法案进行了修改,增加了数字资源呈缴的内容,我国也应尽快在相关法律中明确数字作品的呈缴义务。二是要重视作者的版权或知识产权问题,将传统版权法中的合理使用制度扩展到信息采集领域,加强与版权人的协作来解决相关知识产权问题。

### 2. 实施信息采集质量评价制度

信息采集质量评价是信息采集质量保障的前提,它既是信息采集的最后一个环节,又是信息采集的新起点。科学的信息采集质量评价机制有利于了解信息的价值、信息源的选择是否合理、信息采集效率是否有所提高、信息需求的发展变化状况等,有利于增强信息采集的质量和效率,也有利于加强信息采集人员队伍的建设,从而不断提高信息采集业务水平。

另外,信息采集服务机构还应加强信息质量管理控制工作。各信息机构和相关部门必须对产生于本地的信息负责,保证由此通过的信息准确、完整、及时、可靠,并能及时检查和纠正信息偏差;同时,采用提示、报警、不予通过等技术手段,控制转载传播信息的不完整、不符合逻辑、与事实不符现象。

### 习题

1. 信息采集的效率评价主要有哪些指标?
2. 如何进行信息采集的质量评价?
3. 一个优秀的信息采集人员,应具备哪些素质?
4. 阅读下述材料,并回答问题。

2007年12月7日,阿里旺旺用户 comet7703 接收到了来自于陌生人 tsoasj0rw 发来的离线信息:"祝贺您,您的淘宝网旺旺已被后台系统抽中为十二月'双重礼包活动'中奖名单!请复制活动网站登陆→[taobaoni.cn]领奖,通行证:(8893),请妥善保管。如果有什么疑问,请您直接与淘宝网客服热线电话:0755-8899277 联系,为您在线解答!",如图9-5所示。

# 第9章　信息采集的效率与质量

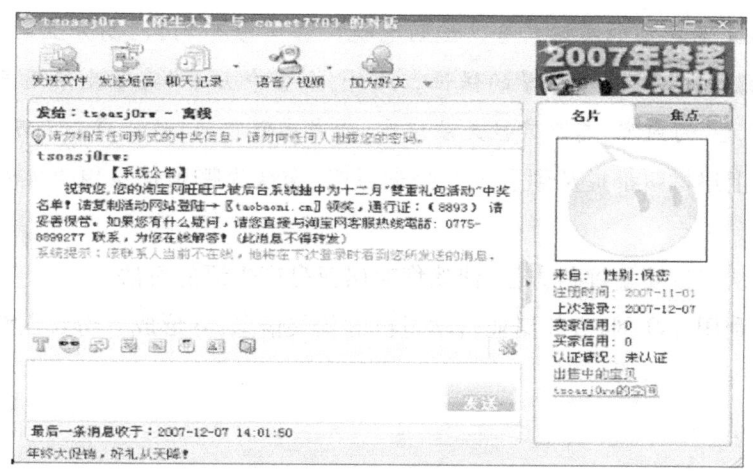

图 9-5　阿里旺旺中奖信息截图

(1) 图 9-5 都提供了哪些信息？

(2) 请判断图 9-5 中所反映的信息是否可靠？说明你的理由。

5. 阅读下述材料，并回答问题。

材料一：

学习机行业作为近年来发展迅猛的新兴行业，似乎一直处于人们关注和争议的焦点：从铺天盖地的报纸电视广告，到媒体对一些品牌产品质量问题的曝光；从某些广告对产品功能过于夸张宣传而遭受的重重质疑，到去年部分厂商卷入的版权法律纠纷就在这样的风口浪尖，诺亚舟却可谓一路"乘风破浪"：以遥遥领先的销量荣获 2006 年度 ELP 行业冠军，并在全国同行业中率先荣获"国家免检产品"称号，同时其"新状元"学习机还成为国家"十一五"教育技术研究重点课题实验用机，目前已应用于全国 20 余所中小学校的日常课堂教学。(来源：百度百科.http://baike.baidu.com/view/74383.htm)

材料二：

新华社上海 9 月 25 日电(记者俞丽虹)：2007 年 9 月 25 日，上海工商部门对近期查处的 8 则典型虚假广告案件进行了公示，并提醒消费者加强防范。一度频繁露面的"操盘手"股票软件、诺亚舟学习机等广告，均被列入"黑名单"。此次被公示的 8 则典型虚假广告，涉及保健食品、医疗服务、房地产、美容、电子学习产品、股票软件等诸多领域。频繁出现的诺亚舟学习机广告，也被上海工

 信息采集

商部门认定为典型的虚假广告。这则电视广告中含有"门门高分上名校"、"内容好,成绩当然好"等不科学的保证。此外,广告中关于"某学生使用产品后成为学习状元"的内容,其真实性无法证实,构成虚假宣传,被处罚金5万余元。[1]

(1) 上述材料都提及到了诺亚舟学习机,您认为哪条信息更真实?说明你的理由。

(2) 从表达质量评价方面,谈谈您对诺亚舟广告语的看法。

(3) 利用互联网,查找诺亚舟学习机的相关信息,并形成一份观点鲜明的信息采集报告。

---

[1] （俞丽虹.工商部门:"操盘手"股票软件等属典型虚假广告（中央政府门户网站）. http://www.gov.cn/jrzg/2007-09/25/content_761464.htm.[2007-09-25]）

# 第 10 章　大学生与信息采集

【本章提示】

本章总结了大学生信息需求的内容与特点,介绍了课程、科研、考试、就业等专题信息采集方法。最后,介绍了大学生采集信息管理的理念与工具。通过本章的学习,学生应该了解大学生信息需求的主要内容,学会利用信息采集理论与方法采集所需信息,并能运用个人信息管理工具对采集来的信息进行有效管理。

大学生学习与生活的方方面面都离不开信息采集,接受新知、科研创新、升学就业、日常生活等都需要及时、准确地采集信息,来指导实践,做出决策。

## 10.1　大学生信息需求的内容与特点

### 10.1.1　需求内容

大学生精力充沛,思维活跃,信息需求的内容广泛。概括起来主要包括以下方面:

**1. 课程信息**

课程信息是指与大学生的课堂学习内容相关的信息,如课程参考书、课程复习材料、课程视频等。课程信息需求以成熟、定型的知识体系为主,强调可靠性、系统性与完整性。

**2. 科研信息**

科研信息是指与大学生毕业设计、论文写作、科技创新等活动相关的信息,如学科前沿、专业热点问题、科技创新项目指南等。科研信息需求强调新颖性和可靠性,对系统性和完整性要求相对较低。

信息采集

**3. 考试信息**

考试信息是指与等级考试、升学深造等相关的非课程类考试信息,包括大学英语四六级考试、计算机等级考试、研究生入学考试、公务员选拔考试等多种类型,主要需求有关考试报名、复习、笔试、面试、录取及其考试政策等多方面的信息。考试信息需求强调信息的新颖性、及时性和可靠性,是大学生信息需求的重要组成部分。

**4. 就业信息**

就业信息是指与大学生求职相关的信息,如就业形势、就业政策、用人单位信息、岗位要求及待遇等信息。在当前我国大学生就业形势严峻、就业压力加大的情况下,及时、可靠、准确、适用的就业信息需求与日俱增。

另外,生活信息需求也是大学生信息需求的主要方面。大学生的生活信息需求范围较广,既包括服装、美食、美发、住宿、通信等日常生活信息需求,也包括游戏、影视、音乐、健身、郊游等休闲生活信息需求。通常,前者带有较强的针对性与目的性,后者带有较强的随意性。生活类信息需求一般以事实或数据型信息为主,可以通过人际交流、搜索引擎检索、门户网站浏览、BBS 交流、博客圈子、贴吧交流等方式获得所需信息。

## 10.1.2 需求特征

大学阶段是人生学习新知识、接受新思想的特别时期,大学生信息需求的特征反映了该时期的特点,同时也受到当代信息环境的影响,呈现出以下特征:

**1. 信息需求的多样性**

大学生除了需求本专业相关学科领域的信息外,还需要各种与完善知识结构、提高文化素养和生活品位相关的综合性信息,涉及政治、经济、文化、教育、科技、体育、金融、娱乐、旅游等多个方面。另外,由于大学生思想活跃,对新鲜事物和精神文化生活具有浓厚兴趣,因此,根据新生事物的发展、个人交际圈和个人爱好的不同,还会广泛涉猎大量的课外信息,包括时事动态、热点专题、人际交往、技能特长等信息。

**2. 信息需求的个性化**

大学生的个性化成长决定了其信息需求方向与内容的个性化。每个大学生都有不同的成长经历、个人爱好、院校和专业背景,因此会形成不同的载体类

型和信息内容的偏好,进而导致其对信息需求主题、信息源及信息采集工具等方面需求的个性化。

**3. 信息需求的阶段性**

大学生信息需求的阶段性是由其学习特点决定的。大学生学习阶段的周期性和学习内容的层次性决定了其信息需求的阶段性。如:期初、期中、期末信息需求的阶段性变化,大一、大二、大三、大四需求内容的阶段性变化等。

**4. 信息需求的网络化**

"事事求诸网络"是当代大学生的特点之一。大学生信息需求的网络化体现在大学生对网络信息源和网络信息采集方式的偏好。互联网已成为我国在校大学生信息采集的主流方式。尤其在出现重大新闻事件时,有2/3的大学生选择通过网络查找信息,而传统的报纸、电视等媒体却被远抛其后①。2009年12月,美国华盛顿大学信息学院发表的《数字时代的大学生如何搜索信息》报告中指出,网络正日益成为大学生最重要的信息源,Google 搜索引擎和维基百科成为其日常生活信息需求满足的首选信息源,EBSCO、ProQuest 等学术数据库则用于课程及学术信息需求的满足②。

## 10.2 面向大学生的专题信息采集

### 10.2.1 课程信息采集

课程信息的采集,是大学生信息采集的主要内容之一。其信息源以成熟系统的图书为主,采集方式以纸质图书借阅、复印为主,以电子图书数据库检索为辅。另外,还可以利用精品课程网站、网络课件与视频检索等方式获取知名教授学者的讲座视频作为补充。

**1. 图书馆馆藏图书借阅**

高校图书馆拥有丰富的文献信息资源,能够为大学生课程学习提供有效的

---

① 韩丽. 当代大学生信息搜索行为的变化及图书馆的应措施略. 现代情报,2011(1):133-136.
② 数字时代大学生如何搜寻信息. http://catwizard.blogbus.com/logs/52986996.html.[2010-01-19]

信息采集

参考资料。大学生可利用图书馆的书目查询系统找到所需资料的书目信息,并根据馆藏地址和索书号①,到馆借阅相关图书。如:大学生在学习"管理信息系统"课程时,可以根据授课教师推荐,在校图书馆书目查询系统中,检索作者为"李兴国"题名为"管理信息系统案例"的书目信息,如图10-1所示。根据该书目信息提示,可到该校文理馆新书借阅处借阅索书号为 C931.6/109 的图书。

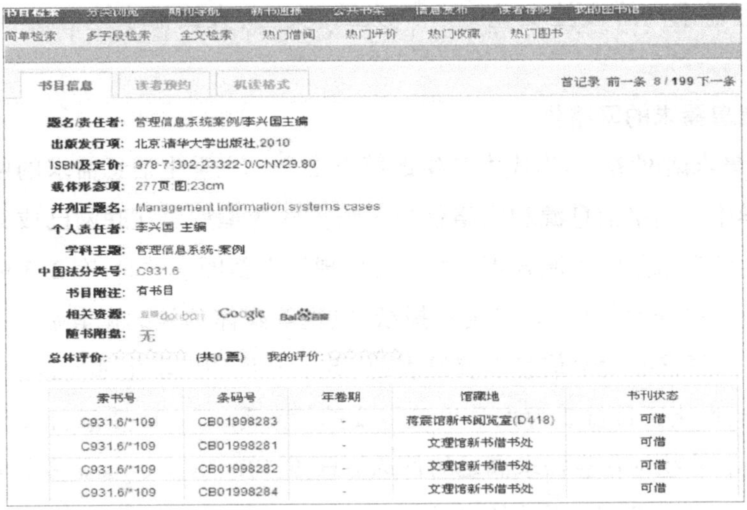

图10-1 《管理信息系统案例》馆藏书目信息

### 2. 电子图书数据库检索

大学生可以充分利用所在院校购买的电子图书数据库采集课程参考信息。如超星数字图书馆、读秀知识库、书生之家数字图书馆、Apabi 教学参考书数据库等。另外,还可利用一些视频数据库来采集课程信息,如:超星名师讲坛、爱迪科森网上报告厅等。

[例10-1]利用超星名师讲坛查询"电子商务"课程视频

背景:某学生由于病假耽误了"电子商务"课程的学习,其教师推荐其到超星名师讲坛观看相关视频,他该如何采集相关视频信息?

---

① 索书号标示了图书的排列位置,是图书馆排书、检书、借书、还书、登记统计的主要依据之一,一般由分类号、书次号两部分组成。如:C931.6/109 表示社会科学总论(C)大类下管理学类目(C93)下管理技术与方法子类(C931)中的"管理信息系统"分类号(C931.6)中的第 109 种馆藏图书。

\* 需求分析:指定信息源为超星名师讲坛,需求课程为电子商务,类型为视频信息。

\* 采集过程:登录校图书馆网站,找到超星名师讲坛链接,即可进入超星名师讲坛。在数据库首页检索词输入框中输入"电子商务",选择【讲座名】为检索字段,检索结果如图 10-2 所示。另外,也可以在首页左侧的【讲座分类】中,单击【管理学】,通过【专题列表】,找到由中国人民大学经济学院程大为教授主讲的电子商务专题,查看相应的讲座列表。点击感兴趣的讲座名称链接,即可观看视频,如图 10-3 所示。

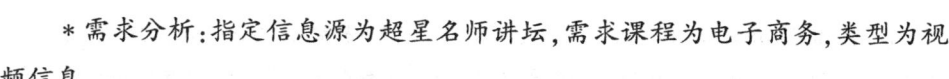

图 10-2 超星名师讲坛电子商务相关视频信息

图 10-3 程大为主讲的电子商务视频

 **信息采集**

[说明]超星名师讲坛又称超星学术视频,自称"从不下课的教室",由超星公司与北京大学、清华大学、中山大学、中国社会科学院、中国科学院、美国斯坦福大学、台湾大学等200多家国内外教育科研机构,3000余位专家名师合作,为用户提供终身学习的教学资源和技术服务。目前已覆盖文学、历史学、哲学、经济学、法学、工学、理学、医学等学科门类,形成了内容丰富、结构完整的学术体系,并提供讲座名、讲座人、专题名等字段检索,且具有按专题分类浏览的功能。

### 3. 网络免费课程信息检索与浏览

不同于电子数据库需要订购或去图书馆使用,网络上还有大量的免费课程信息,为大学生自主学习提供了丰富的资源,主要包括精品课程、国外开放课程、网络课件等。通过搜索引擎查询获可获得相关资源链接。

(1)精品课程

一般地,国家级和省级的精品课程均建立有精品课程网站,提供知识共享服务。精品课程网站的内容包括课程大纲、教师介绍、教学讲义、课件、教学视频、参考资料、试题库、作业等信息。目前,我国有1 000多门国家级精品课程,数千门省级精品课程与上万门校级精品课程,大学生们既可通过搜索引擎来采集精品课程信息,也可通过登录国家精品课程资源网(www.jingpinke.com)及各高校精品课程网站获取相关信息。目前,国家精品课程资源网已收集各级各类精品课程24,742门,提供按类浏览及精确检索方式(参见图10-4)。

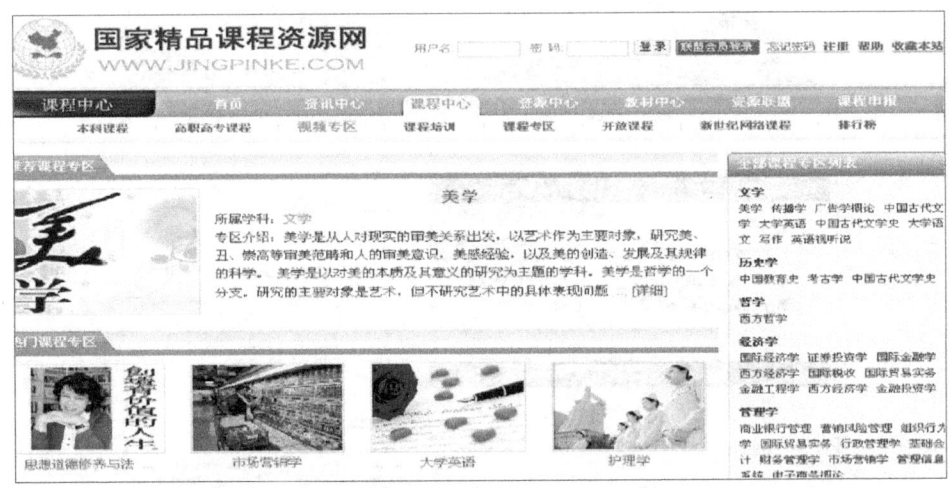

图10-4 国家精品课程资源网的课程专区

(2) 国外开放课程

不少国外知名大学都设有网络开放课程,供全世界人们共享。如:麻省理工学院的 3000 多门课程全部开放,其中已经有 1000 多门翻译成中文,可通过中国开放教育资源协会网站(www.core.org.cn)访问翻译后的课程。如:根据网站的学校搜索,可进入麻省理工学院的开放课程页面,页面提示:"已译完的课程 468 门,点击中文课程名称进入中文版,点击英文课程名称进入英文版。"根据学院与课程名称浏览可查看感兴趣的网络开放课程,并获取相应课程的教学大纲、教学日程、参考读物、讲义、作业等信息,如图 10-5 所示。另外,国内也有不少网站提供国外开放课程资源,典型代表当属网易公开课(v.163.com/open/)。网易公开课整合了 9 所世界级著名大学 21 个专业门类 59 门课程的 1 200 多集课程视频节目,并提供按内容专题与学校检索服务。其义务字幕制作机制降低了大学生听课的难度。

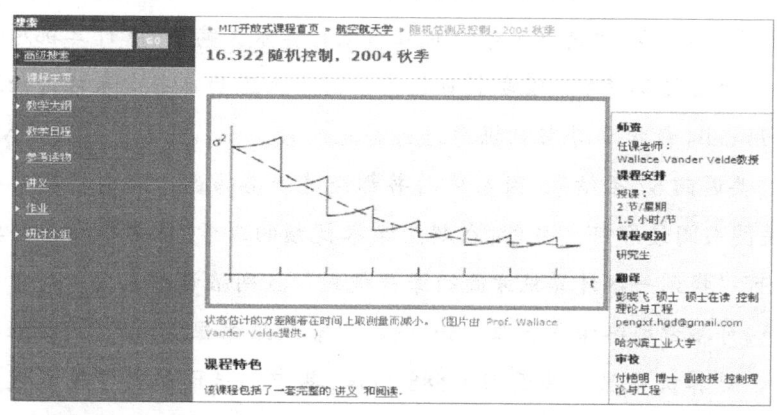

图 10-5　CORE 提供的 MIT 已翻译开放课程《随机估测及控制》

(3) 网络课件

利用搜索引擎的高级检索或命令检索功能,在检索框中输入要查询的课件名称,将文件格式限制为 PPT 格式,即可找到相关的网络课件资源。如:在百度的高级检索界面输入关键词"工程力学",限定搜索网页格式为"PPT",或者在检索框中输入"工程力学 filetype:ppt",即可找到有关工程力学的课件,点击相应链接,即可直接浏览或下载这些课件资源,而不需支付任何费用或网络经验值。需要注意的是,不少教师、技术人员习惯将课件转成 PDF 格式上传,查找时

 信息采集

需考虑此因素。

**[例10-2]采集《计算机原理》课程的相关信息**

背景：某信管专业学生对《计算机原理》课程十分感兴趣，但本专业未开设此课程，因此欲自学该课程，他该如何采集相关信息？

\*需求分析：由于该同学采集信息的目的是自学课程内容，因此，需要《计算机原理》课程的图书、课件、教学视频等多方面信息，对信息的系统性、可靠性要求较高。

\*采集过程：根据该同学的信息需求，此课程信息采集以优秀教材为主，辅以精品课程、公开课教学视频等，以加深对课程的理解与消化。采集的信息源及方式如下：①馆藏图书检索。在校图书馆书目查询系统中输入"计算机原理"，检索出多条记录。由于计算机技术发展变化快，因此，将出版社和出版日期作为教材筛选的主要标准，选择高等教育出版社出版的唐朔飞编著的《计算机组成原理》和2009年清华大学出版社出版的姜咏江编著的《计算机原理综合课程设计》为主要参考书。②数据库检索。对于上述两本书中未详细论述的章节，可利用calis教学参考书数据库进行补充阅读。如：在题名字段输入"计算机原理"，共返回67条结果，因入库图书都经过严格筛选，因此，根据自身需要选择相关图书阅读即可。另外，在超星学术视频的工学/计算机科学与技术大类下，也可以找到一些计算机方面的课程视频。③网络资源采集。对于难于理解的章节，可参考网络课程资源。如：进入国家精品课程资源网站，在课程搜索框中输入"计算机原理"，共返回1 588门课，其中包括国防科学技术大学唐玉华老师的《计算机原理》、北京邮电大学白中应老师的《计算机组成原理》等国家级精品课程，注册后可获取教学视频、电子教案等学习资源。另外，打开网易公开课首页，在自然科学中的计算机科学大类下，可以看到哈佛大学的《计算机科学》以及麻省理工的《计算机科学及编程导论》等课程，有部分课程已提供翻译字幕。还可以在百度搜索引擎中输入"计算机原理 filetype:ppt"，或在百度高级检索界面，输入"计算机原理"，限定文件格式为PPT或PDF，检索出大量的相关课件。总之，通过不同的方式可采集到多种课程资源，满足课程学习不同阶段的信息需求。

[说明]上述馆藏书目和教参数据库的检索结果来自于中山大学图书馆相关资源的检索。

## 10.2.2 科研信息采集

科研信息具有信息总量庞大、内容交叉重复、信息分布广泛、文献语种繁多、信息载体类型多样、信息传播网络化等特点。大学生科研信息采集的目的是,了解分析课题的研究现状,把握国内外最新研究动态,为论文写作、课程设计、课题研究分析提供依据。因此,大学生在进行科研信息采集时,可以学术数据库为核心信息源,以数据库检索为主要采集方式,开展科研信息采集。这里结合大学生学位论文写作进行具体介绍。大学生学位论文写作主要可参考本校学位论文资源、CNKI 或万方提供的全文数据库及网络学术资源。

**1. 本校学位论文检索与借阅**

校学位论文是反映本校学生学术水平和科研成果的重要自有文献资源。一般学校都建有优秀学士学位论文数据库和硕博士学位论文数据库,供学生检索和利用。由于同一指导教师所从事的研究领域和方向较为固定,因此,可检索相应教师近年来指导的学位论文,了解本校学位论文的选题重点、格式、结构、重点研究方向与领域等信息。另外,也可以到院资料室或校图书馆借阅纸质学位论文进行参考。

**2. 全文数据库检索与下载**

大学生撰写毕业论文所需要的大量文献资料,通过高校图书馆的数据库检索更为方便快捷。一般可通过图书馆数字资源入口进入学术数据库的本地镜像或远程网站,按题名、关键词、主题、作者、摘要等字段进行检索,直接阅读、下载或打印全文。充分利用数据库检索可起到事半功倍的效果,各数据库的具体使用方法可参见第 7 章。

**3. 网络学术资源检索利用**

大学生在撰写毕业论文过程中,还可以通过互联网采集学术信息资源。尤其是外出面试或实习期间,无法使用校图书馆数字资源时,可使用数据库的免费检索服务采集论文的关键线索信息,如:在 CNKI 网站(www.cnki.net),可免费检索其数据库产品,查看相关文献的题名、关键词、作者、摘要等信息。对于确实需要查看全文的,再设法通过同学朋友下载。另外,还可利用 Google schoolar(scholar.google.com)、CNKI 知识搜索(search.cnki.net)等专用的学术搜索引擎搜索网络学术信息。如:通过 CNKI 知识搜索可查询学术定义、翻译、

信息采集

数字、图表、学术趋势等信息,为论文文献综述、摘要翻译、数据引用、参考文献整理等提供信息。此外,通过网络还可以采集到统计图表、源代码、写作(设计)思路等信息,为开展科研提供重要参考,而这些信息难以在数据库中采集。

**[例 10-3]** 本科学士学位论文"工程造价审核方法"的相关信息采集

*背景*:某学生是 2010 年造价专业的本科毕业生,要完成"工程造价审核方法"的论文写作,他该如何采集相关信息?

\*需求分析:由于该同学采集信息的目的是完成论文写作,因此,需要的主要是论文全文信息,对采集信息的要求是新颖、可靠、准确。

\*采集过程:根据该同学的信息需求,其信息采集应以学位论文和期刊论文为主,辅以实践案例。采集的信息源及方式如下:①在所在院系资料室或图书馆检索本专业往届学士学位论文,为论文格式、篇章布局及研究思路等提供参考。②登录学校图书馆网站,利用学术数据库,采集与"工程造价审核方法"主题相关的论文信息。如:在 CNKI 期刊全文数据库中,以题名为检索字段,输入检索词"工程造价审核方法",可检索出相关文章 51 篇;另外,还可以查找优秀硕士论文数据库。③利用网络查找相关实例。如:在百度中输入"工程造价审核方法",可返回大量检索结果。其中,"深圳市住房和建设局关于印发《深圳市非财政性国有资金投资建设工程造价审查办法》的通知(深建规[2009]4号)"有重要的参考价值。

[说明]学位论文信息采集也有一定的阶段性特征,开题阶段和论文修改阶段的信息需求有较大的区别,因此信息采集的内容和方式也会有所不同,应根据需求的具体情况来选择恰当的信息源和合理的信息采集方式。

### 10.2.3 考试信息采集

考试与大学生的学习生活密不可分。及时、准确、全面地采集各类考试信息,将使大学生在考试中占得先机。这里仅以最为常见的大学英语四六级考试、研究生入学考试和公务员考试来说明考试信息采集方法。

**1. 大学英语四六级考试信息采集**

我国大学英语等级考试至今已有 20 多年的历史,所有在校大学生均要参加该项考试。有关大学英语等级考试的相关信息也非常得多,内容包括历年试题、模拟题、单项复习指导(阅读、词汇、语法、听力、作文)、经验交流、政策改革等多个方面。主要的信息源类型有纸质图书、门户网站、数据库等。通常,可利用纸质图书获取专项指导训练习题集和综合性真题及模拟题,利用门户网站采集考试大纲、考试新闻、考试成绩等信息,利用数据库进行在线答题,测试英语水平,采集易错和失分较多的题型信息。有关四六级考试的门户网站可参见表10-1。有关四六级考试的数据库主要有新东方多媒体学习数据库、宝成多媒体外语学习库、环球英语多媒体资源库、VIPExam维普网络考试学习资源库、VERS维普考试资源系统等,大学生们可根据本校数字资源实际情况选择使用。

**2. 考研相关信息采集**

考研是大学生追求自身发展的重要途径。考研成功与否,除了与备考者自身努力的程度相关外,考研信息采集准确、全面、及时也至关重要。考研信息采集贯穿于考研过程的各个阶段。

(1) 报考阶段信息采集

报考阶段大学生需要采集报考学校的招生专业目录、拟报考院校历年报考与录取情况、研究生导师等信息。其中,招生专业目录是报考及复习的依据,考生可到考研门户网站(参见表10-1)或目标院校的研究生院(处)网站查询招生目录和招生简章,以了解报考院校的专业设置、研究方向、招生数量与导师等信息。拟报考院校、专业的历年录取信息采集对确定报考院校非常重要,如历年报考的报录比、分数线等,一般也可以在目标院校的研究生院(处)网站上查询到。如:山东大学研究生院网站上"历年数据"栏目中提供该校各专业近年来的录取分数线等信息。对于导师信息,一般可通过目标院校的导师介绍、师资队伍介绍等来查询导师的研究方向、科研项目及成果、联系方式等基本信息,也可以通过数据库查询导师近期的研究方向和主要成果。另外,还可以通过百度知道、考研论坛等途径来采集相关信息。如:在百度知道中输入关键词"建筑学考研",可找到很多相关问题及其回答,若在相关问题和答案中找不到需要的信息,也可以提出问题,等待热心网友解答。

(2) 复习阶段信息采集

复习阶段的信息采集至关重要,准确及时地获取相关信息将直接影响考研成绩。复习阶段主要需采集考试大纲、全真试题、考研辅导书及各种教学参考书、复习经验和技巧等资料和信息,主要可通过购买、门户网站浏览、搜索引擎

## 信息采集

检索等方式采集。如:考研专业课真题信息一般可以向报考学校招生部门咨询,部分学校在其网站上公布历年专业课试题,也有部分学校提供邮购服务。另外,还可以通过网络购买专业课试题,但要注意通过网络评论及信息来源辨别真伪,谨防上当。

(3) 复试阶段信息采集

近年来考研复试难度加大,部分学校采取差额复试,因此,复试信息采集也至关重要。复试信息采集的内容主要包括:复试条件及要求、复试内容、复试方式、复试技巧等信息,主要通过报考院校网站及论坛、考研论坛、往届师兄师姐等信息源获取。另外,异地考生还要采集天气、交通、住宿等信息,以保证复试顺利进行。

[例10-3] 天津大学管理科学与工程专业研究生复试信息采集

背景:2010年3月,济南某同学接到天津大学管理学院管理科学与工程专业的复试通知,他该如何进行复试信息采集?

*需求分析:需求信息内容包括:复试通知、复试方式及内容、复试技巧、交通信息、天气信息、住宿信息等。对采集信息的要求是准确、可靠。

*采集过程:针对该同学的信息需求,主要可通过网络采集相关信息。采集信息源及方式如下:①复试通知信息采集。登录天津大学管理与经济学部网站采集研究生复试通知。在主页的公告信息栏目中,采集到3条重要信息:"2010年硕士研究生招生复试信息回执"、"2010年硕士研究生招生复试工作通知"以及"硕士研究生招生复试社会实践、社会热点问题等知识复习资料"。在"复试工作通知"中获知复试的时间安排、复试内容及各项内容所占的分数等重要信息,并以此为基础开展进一步的信息采集。②复试内容信息采集。根据通知提示:"复试的内容在网站上查询",仔细浏览学院网站,在研究生教育栏目下,可采集到"管理与经济学部硕士生入学考试(复试)业务课程大纲"。指定参考书为朱秀文等编著的《管理概论》与《管理学教程》。在超星数字图书馆,以作者为检索字段,可以采集到这两本书的电子版全文。另外,为获取专业课前沿信息,还可利用CNKI学位论文数据库了解报考专业、导师等近来来的主要研究成果等信息。③复试技巧信息采集。主要通过搜索引擎查询相关信息线索,如以"天津大学管理学复试"、"天津大学管理学研究生复试经验"等为关键

词采集复试相关信息,检索到"考研论坛"上的某篇帖子,介绍了 2007 年天大管院复试经验,从中获悉当年的面试问题之一为"用 2 分钟介绍下自己的核心竞争力"。浏览报考院校论坛有时会获得意外的惊喜,如:在天津大学求实 BBS 上,可找到以前管院《管理学》复试题目。④交通信息采集。可在"全国列车时刻表在线查询"(qq.ip138.com/train)等类似网站查找合适的车次信息,在图行天下(www.go2map.com)搜集天津市市内交通信息。在天津大学网站上的"校园导游"了解校内场所的位置。⑤住宿信息采集。在搜索引擎中输入"天津大学宾馆",天津大学附近的住宿情况基本可以一览无余。⑥天气信息采集。复试期间天气状况可查询中国气象局(www.weather.com.cn)等网站发布的相关信息。

表 10-1　大学生考试信息相关网站

| | 名称 | 网址 | 特色 |
|---|---|---|---|
| 综合类考试 | 考试吧 | www.exam8.com | 专业考试培训门户网站,提供学历类、计算机类、外语类、资格类、会计类、工程类、医学类等七大类 128 种考试信息和培训服务 |
| | 考试大 | www.examda.com | 综合性教育考试网站,提供财会类、职业资格类、建筑类、医药类、外语类、外贸类、学历类、计算机类及公务员等九大类 100 多种考试的新闻资讯与教育辅导服务 |
| | 无忧考网 | www.51test.net | 提供职业资格、英语、学历、计算机、财经、医药、建筑、出国留学等权威考试资讯、培训课程信息 |
| | 去考试 | www.7kaoshi.com | 综合性考试导航网站,提供中考、高考、自考、成考、考研、公务员等多种考试的考试动向、考试资料等导航信息 |
| 国家四六级英语考试 | 全国大学英语四六级考试 | www.cet.edu.cn | CET 官方网站,提供 CET 概览、笔试、口试、分数查询、相关报道和下载专区等服务 |
| | 中国四六级考试网 | www.china-cet.com | 提供 CET 新闻、政策、真题、考试策略、模拟试题、网上授课等多种信息及服务 |
| | 文都四六级考试网 | www.cet-46.com | 提供考试资讯、考试政策、名师指导、辅导资料、在线答疑、网络课堂、CET46 期刊、报考手册等多种信息及服务 |

信息采集

续表

| | 名称 | 网址 | 特色 |
|---|---|---|---|
| 研究生入学考试 | 中国研究生招生信息网 | yz.chsi.com.cn | 隶属于教育部的以考研为主题的官方网站,是教育部唯一指定的研究生入学考试网上报名及调剂网站,主要提供研究生网上报名及调剂、专业目录查询、在线咨询、院校信息、报考指南和考试辅导等多方面的信息和服务 |
| | 考研网 | www.kaoyan.com | 最早最大的考研门户网站,下设考研加油站、研招信息网、考研论坛、考研网校等子网站,提供院校信息、考研动态、政策法规、复习指导、热门专题、辅导班资讯、院校专区、复习资料、考研题库、考研分数与调剂等全方位多方面信息 |
| | 中国考研网 | www.chinakaoyan.com | 建有考研信息、院校平台、考研圈子、考研问答、考研书城等多个频道,内容丰富,贴近考生需求,更新速度快 |
| 公务员考试 | 国家公务员考试网 | www.chinagwy.org | 提供新闻通知、考试政策、报考公告、笔试面试资料、试题、问题专区、报名查分、论坛、教材、地方网站链接等多种公务员考试相关信息及服务 |
| | 公务员考试在线 | www.gwyks.com | 按国家公务员、事业单位、三支一扶、教师招考、政法干警、大学生村官、选调生、在线考试、考试论坛等模块提供公务员考试相关信息及服务 |
| | 华图网校 | www.htexam.net | 国内首家专注于公职考试高清网络课程服务的大型专业网站。涵盖公务员、事业单位、招警、法院、检察院、军转干、选调生、村官、政法干警、三支一扶、乡镇公务员、党政公选等热门考试 |

**3. 公务员考试信息采集**

多年来,公务员考试一直热度不减,公务员考试信息数量也急剧增加。公务员考试信息采集内容主要包括:公务员报考指南、各地招考信息、政策资讯、经验交流、试题集锦等。公务员考试过程与研究生入学考试有些类似,都要经历报考、复习及复试三个阶段,因此,在信息采集内容与方法上可以互相借鉴。

(1)公务员报考信息采集

报考阶段主要采集考试政策、招考公告、考试日程等信息,可通过相关门户网站浏览和搜索引擎检索方式采集。公务员报考要依据国家或地方发布的报考公告进行。中央、国家机关公务员招考时间固定,报名时间一般在每年10月中旬,可以通过国家人力资源和社会保障部(www.mohrss.gov.cn)的公务员专题信息网站和各公务员门户网站采集(参见表10-1)。省级以下公务员考试的时间一般不固定,有时还有临时性招考,报考者应密切关注各级、各类、各地新闻媒体有关公务员的招录信息。如:山东省报考者可关注山东省人事考试信息网(www.rsks.sdrs.gov.cn)、山东公务员资讯网(www.sdgwy.org)等。网络上公务员考试的信息非常丰富,考生要注意采集权威可靠的招考信息。

(2)公务员备考信息采集

备考阶段主要应采集公务员考试大纲、复习参考书、笔试面试真题、考试分数、面试经验技巧等信息,主要采集方式为购买、课程培训、网络浏览与检索等。如:山东潍坊一名考生想报考本市公务员岗位,可关注山东公务员资讯网(www.sdgwy.org),通过站内搜索,采集到"2011年潍坊市公务员考试招考公告"、报名人数统计表、2006—2010年山东公务员考试面试真题及解答。另外,在百度视频检索中,输入"山东省公务员面试",可以得到大量的面试场景模式及面试辅导视频资料。

### 10.2.4 就业信息采集

就业信息采集对大学生至关重要。对一个大学生来说,其采集的就业信息越及时越广泛,其就业视野就越开阔,求职谋业的成功率就越高。大学生就业信息采集的内容包括就业形势与政策、招聘岗位要求及待遇、用人单位信息、求职经验和技巧等。

(1)就业形势与政策信息采集

在就业形势与政策方面,要了解大学生整体的就业形势、社会需求状况、国家的方针政策倾向以及相应的就业法律法规等信息。主要可以通过综合性的大学生就业类网站(参见表10-2)、大学生就业杂志等采集此方面信息。

(2)招聘岗位信息采集

在招聘岗位方面,要采集岗位的主要职责、工作内容与特点、需求的知识与

**信息采集**

技能、岗位发展前景、薪酬待遇等信息。一般而言，招聘岗位信息仍以所在院校就业主管部门为主要信息源。由于所在院校的就业主管部门与本专业、本行业的企事业单位有大量的人才交流合作经验，是沟通学生和企事业单位的桥梁，因此，大学生既可以通过院校主办的专场招聘会获得招聘岗位信息，也可以通过院系就业主管获得招聘岗位信息及就业指导，还可以通过学校就业信息网采集招聘信息、发布个人简历。为了扩大招聘岗位信息采集渠道，大学生不仅可以关注本校就业信息网，还可以通过浏览其他同类型或同地区的高校信息网获得招聘信息。如：山东理工大学的毕业生，除了可以在本校就业信息网（www.sdutjob.com）采集就业政策法规、就业动态、招聘会、招聘信息外，还可以访问山东大学就业信息网（job.sdu.edu.cn）的招聘信息。另外，通过网络采集招聘岗位信息也是毕业生就业信息采集的重要途径。大学生可以利用招聘求职门户网站（参见表10-2），搜索职位信息，及时发布个人求职简历和求职申请；还可以直接访问感兴趣的企事业单位网站，查询其人才引进或人才招聘栏目获取招聘信息。另外，各种新闻媒体、区域人才市场等也经常发布招聘信息，但由于不针对大学生群体，因此，信息的相关度较低，可作为大学生求职信息采集的补充和参考。

（3）用人单位信息采集

在用人单位方面，要了解用人单位的性质、地理位置、发展历史、主营业务或产品、行业知名度、组织机构文化、发展前景、工作环境、经济效益及福利待遇等信息。通常，可以通过浏览意向用人单位网站来采集相关信息，若有机会，也可以通过实地考察、实习或索取相关宣传文件获取相关信息。另外，还可以通过搜索引擎搜索意向用人单位的相关信息。

（4）求职经验和技巧采集

在求职经验和技巧方面，要采集简历制作与发放、笔试内容与题型、面试着装与问题回答、签约程序与注意事项等信息。通常，可以通过门户网站浏览、搜索引擎检索、咨询就业指导教师、阅读就业指导报纸杂志等方式获取。

总之，就业信息来源广泛，时效性强，良莠不齐。因此，在就业信息采集过程中，要尽可能筛选来源可靠、信息准确、及时有效的信息。此外，大学生求职过程中，通过亲朋好友等社会关系获取招聘信息和就业指导帮助，也是较好的

第10章　大学生与信息采集

途径。通过亲朋好友作为中介,既可以帮助毕业生更好地了解用人单位的实际情况,也可以使用人单位快速认可毕业生。通过这种渠道采集的就业信息,往往价值较大,就业成功率较高。

表 10-2 大学生就业信息相关网站

| | 名称 | 网址 | 特色 |
|---|---|---|---|
| 综合性就业网站 | 前程无忧 | www.51job.com | 综合性人才招聘求职网,设有校园招聘频道,提供职位搜索、简历指导、高校就业网导航等服务。 |
| | 中华英才网 | www.chinahr.com | 综合性人才招聘求职网,设有校园专区,提供职位搜索、校园专题招聘、应届生职位信息等。 |
| | 智联招聘 | www.zhaopin.com | 综合性人才招聘求职网,2002年开始校园招聘信息服务,提供求职黑板报、名企校园行、校园网络招聘会、求职快讯、校园宣讲会等信息及服务。 |
| | 卖我网求职百科 | wiki.maiwo.net | 提供IT互联网、通讯设备、电子电气、银行等15类企事业单位的面试经验、笔试经验、待遇等信息。 |
| 大学生就业专题网站 | 应届生求职网 | www.yingjiesheng.com | 专门面向大学生及在校生的求职招聘网站,提供校园全职招聘、实习招聘、兼职招聘、企业宣讲会等招聘信息,并提供职业测评、应聘指导等求职就业资讯及辅导。 |
| | 大学生就业网 | job.chinaue.com | 中国大学生网设立的就业频道,提供面向大学生的校园招聘、兼职实习、简历模板与范文、面试指导、笔试经验、签约指导等信息,支持RSS订阅。 |
| | 新职业 | www.ncss.org.cn | 由教育部主办的全国大学生就业公共服务立体化平台。提供招聘信息、实习信息、就业动态、法律法规、求职指导等信息,设有单位专区和学生专区。 |
| | 大学生就业信息网 | www.eol.cn/html/c/job.shtml | 由中国教育在线校园招聘频道推出,提供省级毕业生就业信息网站和全国各地高校毕业生就业信息网导航,其所在的校园招聘频道还提供校园招聘、实习生招聘、事业单位招聘、简历制作、面试技巧等信息。 |

[例 10-4] 网络采集招聘信息

背景:2011年3月,建筑学专业应届毕业生A同学想在其家乡潍坊市找一

 **信息采集**

份事业单位工作,他该如何通过网络采集招聘信息?

\* 需求分析:需求信息内容为潍坊市事业单位招聘信息,且较注重信息的针对性、及时性、可靠性。采集信息源为网络信息。

\* 采集过程:针对该同学的信息需求,主要通过以下途径采集相关信息:①登录综合性求职网站,以采集地区性的招聘信息,如中华英才网、智联招聘等。但是发现综合性网站提供的企业招聘信息较多,事业单位招聘信息很少。②登录针对大学生的招聘网站,如应届生求职网(www.yingjiesheng.com),在网站检索框内输入"潍坊",通过对检索结果的浏览筛选,获取到"潍坊建校2011招聘",有建筑学专业的需求,并未说明学历要求,可以进一步联系。③利用搜索引擎采集相关信息。如:在百度搜索引擎中输入"潍坊事业单位招聘",可以找到中国事业单位招聘网潍坊站(www.51test.net/sydwzp/shandong/weifang/),该网站提供潍坊本地的事业单位招聘资讯、事业单位招聘真题、考生经验等信息。其中,"2011山东潍坊经济开发区公开招考事业单位工作人员简章"信息,招聘建筑学专业人员1名,但要求硕士学历,是否报考,可供斟酌。还可以找到"潍坊事业单位招聘考试"(www.sydwzp.com/shandong/weifang)网站,该网站提供潍坊地区事业单位的招聘简章、招聘考试信息等。其中,"潍坊市政工程设计研究院有限公司2011年度招聘信息"最具吸引力,潍坊市政工程设计研究院有限公司原为事业单位改制,基本符合求职要求,而且在所招聘职位中刚好有建筑学专业需求,并且本科亦可。另外,搜索引擎的结果中还可以直接检索到一些事业单位招聘的公告等。如:2011年潍坊市诸城市事业单位招聘公告(www.gjgwy.org/2011/0401/15591.html)、潍坊事业单位招聘信息、潍坊经济开发区公开招考事业单位工作人员简章(blog.sina.com.cn/s/blog_66e0f2f30100omhz.html)等,可供参考。④直接登录意向单位网站,如:在潍坊市教育局的网站(www.wfjyxxg.com/)的公告栏上,可以看到下属区域教师的招聘简章等。

## 10.3 大学生采集信息的管理

### 10.3.1 采集信息管理理念

相信很多大学生都经历过以下类似的场景:采集到大量电子信息,习惯上放在一个目录下,文件增多后建立子目录,过一段时间后发现子目录的分类不合理，资源太多又懒得去整理，只能新建一个文件夹重新存放后续资源。很快硬盘目录乱成一锅粥，一段时间后就回忆不起来这些资料是干什么用的；偶然的机会遇到自己非常感兴趣或对自己非常有价值的信息，但是无法用有效的手段及时将其记录下来；记忆中确实将某张照片或某个电话号码保存到了个人计算机或其他存储介质中，但是需要用到这个信息时，却始终查询不到，或者查询费时费力；自己积累的信息，往往随机记录在纸上或保存在个人计算机内，因为版本问题、存放位置问题、信息组织方法问题，往往不能随时随地访问所需信息；网络浏览器收藏夹的列表越来越长，查找需要的网址成为问题……

为什么会产生这些问题？主要因为缺乏信息管理的理念与意识。如何最大限度地避免这些问题，应引起大学生们的重视。大学生孜孜不倦地寻求信息，千方百计地采集信息，但如果对于采集到的信息缺乏有效的管理，无法在恰当的时间查找到已采集信息，信息采集就变得无足轻重；而且对于曾经采集到的信息，如果无法快速有效地加以利用，甚至利用时需要重复信息采集过程，也会严重影响信息采集的积极性。因此，大学生在信息采集与利用的过程中，必须有意识地加强对采集信息的分类存储和有效管理，有意识地学习管理信息的知识和技巧，摒弃那种只顾着获取采集信息，而懒于对信息进行整理、加工、分享、应用的思维和做法。

有了信息管理意识，还要明确采集信息管理的内容。从信息的表现形式上看，大学生需要管理的采集信息可分为文献信息与非文献信息两大类，文献信息包括图书资料、期刊论文、网站文章等；非文献信息包括地址簿、重要日期日历、电子邮件、通讯录、快讯、交谈记录等。

利用信息创造价值是大学生信息采集的最终追求目标。大学生要花费尽可能少的时间去管理个人采集信息，提高采集信息管理的效率，因此，可利用个人信息管理工具进行管理。

### 10.3.2 采集信息管理工具

个人信息管理目的是有效地存储信息，建立信息之间的联系，方便日后查找和使用。同时，也要通过评估信息，确立信息过滤规则，剔除无用和相关度不大的信息。大学生的个人采集信息管理的有效方法是使用专门的信息管理软件管理采集信息。

**1. 文献信息管理工具**

目前较为流行的个人文献信息管理工具有北京爱琴海软件公司的

**信息采集**

NoteExpress、美国汤姆孙公司(Thomson Scientific)的 EndNote 等。

(1) NoteExpress

NoteExpress 是北京爱琴海软件公司开发的一款专业级别的文献信息检索与管理系统。其核心功能是帮助用户在整个科研流程中高效利用电子资源,检索并管理得到的文献摘要、全文,在撰写学术论文、学位论文、专著或报告时,可在正文中的指定位置方便地添加注释,然后按照不同的期刊、学位论文格式要求,自动生成参考文献索引。NoteExpress 支持导入数以百计的全球图书馆书库和电子数据库的检索结果(如 OCLC、美国国会图书馆、万方、维普、CNKI、Elsevier、Science Direct 等),分门别类管理电子文献题录和全文。并可对检索结果进行多种统计分析,从而使研究者更快速地了解某领域内的重要专家、研究机构、研究热点等。同时,NoteExpress 具有与文献相互关联的笔记功能,能随时记录阅读文献时的思考,方便以后查看和引用。NoteExpress 对数据库的检索结果可以长期保存,并能自动推送符合特定条件的相关文献,为长期跟踪某一专业的研究动态提供便利。NoteExpress 支持 Word 文件,因此,在论文写作时可以随时引用保存的文献题录,并自动生成符合要求的参考文献索引。NoteExpress 内置多种国内外期刊和学位论文的格式,可以自动根据所引用参考文献语言的不同实现差异化输出。

(2) EndNote

EndNote 是一款参考书目管理工具。通过 EndNote 可搜索在线书目数据库、组织参考书及图片、快速创建参考书目。EndNote 兼容 Word、WordPerfect、StarOffice 等文字处理软件和文本格式,可用来创建个人参考文献库,并且可以加入文本、图像、表格和方程式等内容及相关链接,进行当地及远程检索。撰写文章时,利用 EndNote 可以方便地插入所引用文献并按照格式进行编排,实现检索、分析、管理、写作、投稿的整合。

以上两款个人文献信息管理工具提供文献组织、管理以及投稿格式化等多种功能,极大地节省了用户的时间,让用户更专注于创新性的科研活动。

**2. 非文献信息管理工具**

在信息采集过程中,大学生除了采集文献信息之外,还将接触大量的非文献信息,如网页、电话、地址等,对于这些非文献信息的管理,也可以借助软件工具来完成。

第10章 大学生与信息采集

个人信息管理软件中比较有代表性的是 iSpace Desktop。iSpace Desktop 是一款集成化的个人信息管理系统,可用于个人信息的记录、分类、整理。它以个人信息管理与知识管理为基本任务,帮助个人实现工作、学习、生活等相关信息和个人社会关系信息的有效管理。iSpace Desktop 提供通讯录管理、文档管理、日程管理、网摘管理等多种功能。官方下载地址为 http://www.ispacesoft.com/default。

下载安装好 iSpace Desktop,在使用前需先注册。新用户注册登录后的界面如图 10-6 所示。登录 iSpace Desktop 后,可在快捷区内选择不同的功能。在任务管理模块中,大学生可以将自己的日常工作、学习、生活中的各种信息(如计划、任务、工作记录、读书笔记、备忘录等)分类管理,供日后浏览和重新编辑。利用网摘管理可以采集网页信息,如:可以设立"就业信息"网摘,将采集到的重要的大学生就业网站进行归类建档,以便随时浏览。文档管理其实就是一个文档库,它可以把各种格式的文档导入到库中,进行集中的管理与阅读,方便文档的分类存取。通讯录管理将大学生的联系人按同学、老师、朋友等结构进行分组管理,即使联系人很多,也能比较快速方便地找到某一联系人的基本资料。

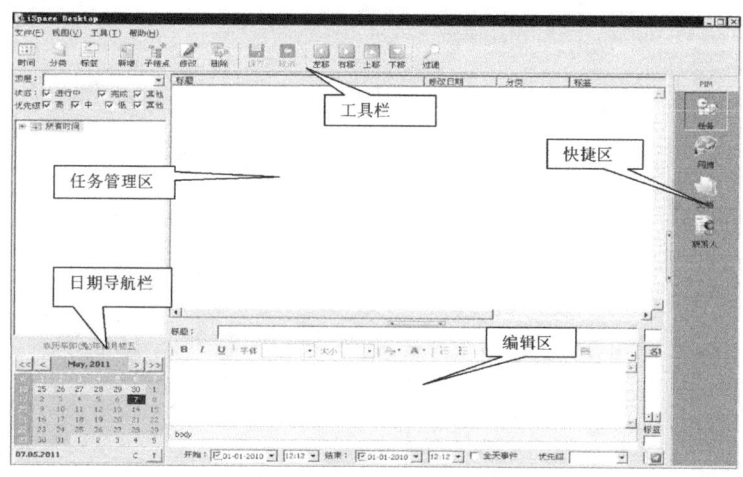

图 10-6　iSpace Desktop 登录界面

iSpace Desktop 的使用比较简单,界面友好。除 iSpace Desktop 外,还有多种个人信息管理软件,如高效 e 人(www.gaoxiaoeren.com/download.htm)、个人信息管理精灵(www.newhua.com/soft/7784.htm)、个人信息系统(www.onlinedown.net/soft/93133.htm)等,它们各具特色,可根据需要选择

 **信息采集**

使用。

  总之,大学生应树立采集信息管理意识,学会运用信息管理工具软件提高采集信息管理的效率,进而通过对采集信息的有效利用,提升学习效率。

**习题**

1. 采集《多媒体制作技术》的相关课程信息。
2. 练习使用 iSpace Desktop 管理个人采集信息。

# 主要参考文献

[1] [美]菲利普·R.凯特奥拉,约翰·L.格雷厄姆.国际市场营销学.周祖城,等,译.北京:机械工业出版社,2005.

[2] [美]沙克尔.吉姆比克依;企业竞争情报作战室.王知津,等,译.北京:人民邮电出版社,2005.

[3] 陈次白,等.信息存储与检索技术.2版.北京:国防工业出版社,2008.

[4] 陈泉.网络信息资源检索与利用.北京:清华大学出版社,2010.

[5] 方少华.市场营销咨询方法、工具与案例.北京:中国经济出版社,2008.

[6] 符绍宏.信息检索.北京:高等教育出版社,2004.

[7] 甘利人.数字信息组织与管理.北京:科学出版社,2010.

[8] 甘英,李剑桥.信息源与信息收集.济南:山东教育出版社,1995.

[9] 郭春燕.网络信息采集.中央广播电视大学出版社,2007.

[10] 何斌,张立厚.信息管理:原理与方法.北京:清华大学出版社,2006.

[11] 胡昌平.信息服务与用户.武汉:武汉大学出版社,2008.

[12] 胡昌平,等.信息资源管理研究进展.武汉:武汉大学出版社,2008.

[13] 贾朝辉.网络信息采集与利用.北京:中国人民大学出版社,2010.

[14] 靳小青.医学文献检索.北京:人民邮电出版社,2010.

[15] 李志刚,马刚.数据仓库与数据挖掘的原理及应用.北京:高等教育出版社,2008.

[16] 李志刚.知识管理原理、技术与应用.北京:电子工业出版社,2010.

[17] 刘勤侠.市场信息采集与分析.北京:科学出版社,2009.

[18] 罗爱静,李后卿.卫生信息管理概论.北京:科学出版社,2002.

[19] 马费成,赖茂生.信息资源管理.北京:高等教育出版社,2006.

[20] 马费成.信息资源开发与管理.北京:电子工业出版社,2009.

[21] 马费成等.信息管理学基础.武汉:武汉大学出版社,2002.

[22] 孟雪梅.信息采集.长春:吉林人民出版社,1995.

[23] 祁延莉，赵丹群. 信息检索概论. 北京：北京大学出版社，2006.

[24] 任洪润. 市场信息的收集与处理. 北京：电子工业出版社，2006.

[25] 宋学清，王双. 信息工作概论. 西安：西安地图出版社，2008.

[26] 谭云明. 网络商务信息采集. 北京：中国经济出版社，2008.

[27] 王延飞. 经营战略信息管理. 北京：北京大学出版社，2005.

[28] 王知津. 工程信息检索教程. 北京：机械工业出版社，2008.

[29] 王知津. 竞争情报. 北京：科学技术文献出版社，2005.

[30] 王忠诚，孙明凯. 电子商务概论. 北京：机械工业出版社，2010.

[31] 魏中海. 大学信息技术基础教程. 北京：中国农业出版社，2002.

[32] 吴增基，等. 现代社会调查方法. 3版. 上海：上海人民出版社，2009.

[33] 夏立新，等. 数字图书馆导论. 北京：科学出版社，2009.

[34] 肖明. 信息资源管理. 2版. 北京：电子工业出版社，2008.

[35] 许征尼. 信息素养与信息检索. 合肥：中国科学技术大学出版社，2010.

[36] 颜瑞武，王曰芬. 信息获取与用户服务. 北京：科学出版社，2010.

[37] 燕今伟，刘霞. 信息素质教程. 武汉：武汉大学出版社，2008.

[38] 叶继元. 信息检索导论. 北京：电子工业出版社，2003.

[39] 叶鹰. 信息检索：理论与方法. 北京：高等教育出版社，2004.

[40] 游春山，狄九凤. 信息组织理论与实践. 北京：北京大学出版社，2006.

[41] 禹柯夫. 应用信息学引论. 北京：中国铁道出版社，1995.

[42] 袁军鹏. 科学计量学高级教程. 北京：科学技术文献出版社，2010.

[43] 张安珍，张翔. 信息采集、加工与服务. 长沙：湖南科学技术出版社，2002.

[44] 张安珍. 经济信息学理论与应用研究. 长沙：湖南科学技术出版社，1996.

[45] 张春林，田光哲. 职业指导典型案例. 东营：石油大学出版社，2001.

[46] 张厚生. 信息检索. 南京：东南大学出版社，2006.

[47] 张景元. 信息存储与检索. 北京：高等教育出版社，2004.

[48] 张凯. 信息资源管理. 北京：清华大学出版社，2005.

[49] 赵安忠. 领导决策力18法则. 北京：中华工商联合出版社，2006.

[50] 赵丹群. 现代信息检索：原理、技术与方法. 北京：北京大学出版社，2008.

[51] 周海英. 数字新媒体论. 长沙：湖南师范大学出版社，2009.

[52] 邹志仁. 信息学概论. 南京：南京大学出版社，2007.